阅读成就梦想……

Read to Achieve

思考者
系列

思考，
让人成为人

人类思想的起源

What Makes Us Human
How Minds Develop through Social Interactions

［加拿大］杰里米·卡彭代尔（Jeremy Carpendale）
［英］查理·刘易斯（Charlie Lewis） ◎著

凌春秀 ◎译

中国人民大学出版社
·北京·

图书在版编目（CIP）数据

思考，让人成为人：人类思想的起源 /（加）杰里米·卡彭代尔，（英）查理·刘易斯著；凌春秀译. -- 北京：中国人民大学出版社，2024.1
书名原文：What Makes Us Human:How Minds Develop through Social Interactions
ISBN 978-7-300-32295-7

Ⅰ. ①思… Ⅱ. ①杰… ②查… ③凌… Ⅲ. ①思想史－世界 Ⅳ. ①B1

中国国家版本馆CIP数据核字(2023)第210763号

思考，让人成为人：人类思想的起源
[加拿大] 杰里米·卡彭代尔（Jeremy Carpendale）
[英] 查理·刘易斯（Charlie Lewis）　著
凌春秀　译

SIKAO, RANG REN CHENGWEI REN : RENLEI SIXIANG DE QIYUAN

出版发行	中国人民大学出版社			
社　址	北京中关村大街31号		邮政编码	100080
电　话	010-62511242（总编室）		010-62511770（质管部）	
	010-82501766（邮购部）		010-62514148（门市部）	
	010-62515195（发行公司）		010-62515275（盗版举报）	
网　址	http://www.crup.com.cn			
经　销	新华书店			
印　刷	北京联兴盛业印刷股份有限公司			
开　本	720 mm×1000 mm　1/16		版　次	2024年1月第1版
印　张	18.75　插页2		印　次	2025年7月第5次印刷
字　数	225 000		定　价	89.00元

版权所有　　侵权必究　　印装差错　　负责调换

序　言

之所以想写这本书，首先，是因为它与我们两人的专业领域有关，我们研究的主题就是儿童对外界社会的思考是如何发展的，他们的语言和道德又是如何发展的。其次，关于这方面的现有书籍往往只呈现了其中的一面，而我们想告诉人们另一面。例如，麻省理工学院的心理学教授史蒂芬·平克（Steven Pinker）将他的一本书命名为《心智探奇》（How the Mind Works），作为对该书的回应，哲学家杰里·福多（Jerry Fodor）创作了一本名为《这并非心智的运作之道》（The Mind Doesn't Work that Way）的书。虽然我们也不同意平克的观点，但理由和福多完全不同，本书就是我们对平克及与其持相同立场者的回应。其实我们大可以将本书的副标题命名为"心智的真正运作之道"。想撰写本书的最后一个理由是，我们想借此回答我们的孩子提出的一些问题。杰里米的女儿汉娜在三岁半时问："爸爸，什么是意义？""我要怎样才能记住事情？""思考是什么意思？"问完这些问题，她就高高兴兴地出去玩耍了，而我们在接下来的几年里一直在吭哧吭哧地努力工作，试图解答她抛出的这些既迷人又复杂的问题。在汉娜进入青春期后，她又向父亲询问他对心身问题的看法。汉娜和她的弟弟马克斯都问过人们是怎样为世间万事万物命名的问题，杰里米认为这是在问语言的工作原理。马克斯在九岁时问道："万物是怎么开始思考的？"他还说，他的所有其他问题，如蚂蚁是否睡觉，宇宙是否永远存在，都可以归结为一个大问题，即"你是如何从一群细胞变成能够思考的东西的？"到他16岁时，他又问杰里米如何看待"高贵野蛮人"这个概念，对"利他主义"的演变持何看法，有没有哪些知识是人类能够完全确定的，还顺便询问了"是否存在着自由意志这种东西"。虽然我们不敢夸海口说要解决上述所有复杂问题，但确实想在此提出一个关于人类思维发展的观点，作为对这些问题的一种解答。

如果你对心智、语言、道德及思维的本质感兴趣，最重要的是，你对人类发展的过程感兴趣（因为它促发并解释了上述这些技能），那么，这本书就是为你准备的。这些神奇的发展过程就在我们的眼皮子底下，在我们自己的家里发生，也正是因为如此，才被我们视为寻常不过的事情，因为它们看起来并不像世界上其他奇迹那样复杂和神秘。但是，心智是人类试图理解的最复杂的事物之一，它的发展是那么令人目眩神迷。我们相信，以一种让所有感兴趣的读者（无论其背景如何）都能理解的方式来介绍发展心理学中一些有趣且重要的观点是可能的，也是合乎时宜的。我们不会预设读者都具备发展心理学的背景，因为我们认为不应该要求读者在攻读多年的研究生课程后才能理解这些仍在持续学术辩论中的关键内容。任何对人类思维和心智的本质及其发展问题感兴趣的人，都应该在这本书中找到兴趣所在，包括父母、教师以及对儿童发展人类社会技能所需条件感兴趣的读者。对那些就在眼前发生的人类发展过程了解得越多（例如婴儿是如何学会做出手势的），我们对身边儿童的了解就越深刻，就越能领悟到，让我们生而为人的到底是什么。

目 录

第1章　　生而为人 / 001

社会物种的多样性 / 004

评估我们的假设 / 010

认真看待发展 / 016

生物学与发展 / 017

心智计算理论 / 022

接下来的内容 / 024

注释 / 028

第2章　　社会摇篮 / 033

漫步婴儿世界 / 035

从怀抱到沟通 / 037

无助也是优势 / 040

微笑的意义 / 044

眼睛是窗户 / 048

关于"注视"的研究 / 050

本章小结：创造社会也被社会创造 / 055

推荐阅读 / 057

注释 / 057

第 3 章　语言发展 / 063

什么叫作"意义" / 066

"固定"说法的问题 / 068

如何传情达意 / 072

维特根斯坦的观点 / 075

在共识中寻找意义 / 081

推荐阅读 / 084

注释 / 084

第 4 章　手势交流 / 089

学习手势的重要性 / 093

一切从行动开始 / 094

沟通的社会基础 / 097

指物的方式 / 100

理解手势的含义 / 105

婴儿如何学会指物 / 107

如何研究指物的发展 / 108

手势的多种含义 / 110

动作与行为 / 112

本章小结 / 113

推荐阅读 / 115

注释 / 115

第 5 章　理解他人 / 119

了解他人心思 / 122

理解力发展有先后 / 126

社会理解的发展 / 127

"他心问题" / 131

本章小结 / 138

推荐阅读 / 139

注释 / 139

第 6 章　道德发展 / 145

婴儿有道德生活吗 / 147

乐于助人的幼儿 / 152

展示与给予 / 155

情感与道德 / 157

道德与神经科学 / 159

道德模块：从基因到正义 / 162

本章小结：进化和道德发展生态位 / 163

推荐阅读 / 164

注释 / 165

第 7 章　　明辨是非 / 171

什么是道德 / 174

道德观的传递方式 / 175

推理与道德 / 182

皮亚杰的道德论 / 184

米德的"道德方法" / 187

提供理由的原因 / 190

本章小结 / 192

推荐阅读 / 193

注释 / 193

第 8 章　　遗传影响 / 199

再论本能和天性 / 202

对双胞胎的研究 / 208

基因有什么用 / 210

从分子到思想 / 215

本能与卵子 / 218

构建大脑 / 219

在大脑中寻找思维 / 221

大脑的作用 / 224

本章小结 / 226

推荐阅读 / 227

注释 / 228

目录

第9章　　荒岛婴儿 / 235

计算机与心智 / 239

心智表征理论 / 240

计算机是祸根 / 245

构建知识 / 249

皮亚杰的反对者 / 253

对反对者的批评 / 255

皮亚杰的另一面 / 256

本章小结：思维与社会过程 / 261

推荐阅读 / 264

注释 / 265

第10章　　自我意识 / 269

人类思维的本质是什么 / 271

人类思维是如何发展的 / 272

哥白尼式的革命 / 273

自我意识的结果 / 276

人类是文化生物 / 280

本章小结 / 284

推荐阅读 / 286

注释 / 286

第 1 章

生而为人

在本章中,我们要描述的是人类的思维方式,并讨论有哪些可能的解释。

通过与他人的关系,我们成为现在的自己。

乔治·赫伯特·米德(George Herbert Mead)[1]

当我们仰望星空，好奇宇宙之始或思考生命起源时，很少注意到让我们提出这些问题并试图寻找答案的，正是我们人类特有的心智。人类的存在方式和思维方式是如何发展形成的呢？这是同样奇妙而令人着迷的问题。要解释这一过程的微妙性和复杂性，恐怕穷尽我们的理解也无法企及。本书的主题就是人类心智的本质及其发展，比起遥远的星系或古老的化石，显然它与我们的生活更息息相关。也许正是因为在人们心目中，人类的生活方式和思维方式是如此熟悉，如此理所当然，所以和其他科学领域研究的关键过程比起来显得不那么神秘。但事实上，想要更深入地理解人类心智，并解释人类互动模式和思考方式的发展，就势必会涉及一个极其复杂而迷人的研究领域。作为发展心理学家，我们研究的正是那些就在自己家里、眼前发生的神奇的心智发展过程。人类是如何从连伸手取物都费劲的小婴儿成长为不但可以谈笑风生还能探索星空的成年人的呢？

什么是思考？它是如何发展出来的？为什么你可以读懂这句话？为什么纸上那些奇怪的符号可以传递出意义？为什么我们可以理解别人说的话？还有，为什么我们可以对这些问题反复地思考斟酌？我们甚至可以提出并试图回答诸如"宇宙如何开始，是否会有尽头"这样深刻抽象的问题，虽然我们自己对此毫不在意。其他物种，如蜗牛、老鼠、鹿等，可从来不会操心这样的问题。即使狗、乌鸦和黑猩猩也表现出了某些智能活动，它们也完全不会像人类那样，被"该如何解决问题"这一问题所困扰。为什么偏偏是人类，而不是其他物种能够操心未来并反思自己？人类是如何进化和发展出可以带着遗憾或自豪回顾过往，带着希望或恐惧展望未来这种独有的能力的？为什么这种想象的能力会存在于人类身上且往往被视为理所当然，但在其他物种中却似乎根本不存在呢？

社会物种的多样性

要理解人类是什么，我们不妨先考虑一下人类不是什么。下面我们就来将蚂蚁和人类做一番对比，当然，这样做并不是想让大家留意两者之间的相似性，而是想让大家看到，有些表面上看起来相似的成就是如何通过完全不同的手段实现的。有些人可能会认为，作为人类，我们最厉害的就是取得了不少的成就，比如将我们的栖息地拓展至整个地球、修建了林林总总的大型建筑、建设了大大小小的城市以及发展出成熟的农业和牲畜业。但是，几百万年以来，超过11 000种蚂蚁[2]一直在从事着狩猎、采集、耕种、养殖的工作，并建造了相对于它们的体型来说堪称巨大的建筑结构，甚至还安装了空调系统，过着由数百万个体组成的群居生活。事实上，地球上有数以千计的物种一直在从事着一系列针对蚂蚁的破坏活动，它们直捣分布在自己周围的蚂蚁巢穴，将其中的蚂蚁或捕捉或杀死，这些行为完全可以被形容为对蚂蚁王国的奴役或宣战。大约在五六千万年前，一些种类的蚂蚁就从狩猎和采集过渡到了农业，而人类经历这一转变的时间距今不超过一万年。蚂蚁已经完全掌控了它们赖以生存的各种环境，而所有这些成功都是在没有科学、没有明确意识的情况下取得的。[3]

某些种类的蚂蚁甚至向人类发起了挑战。1518年和1519年，在伊斯帕尼奥拉岛的西班牙殖民地，一些叮咬后会给人带来剧痛的蚂蚁泛滥成灾，导致许多家庭为了生存离乡背井。惊恐之下的殖民者到处找人代表他们向上帝求情，他们用抽签的方式选择了守护神圣萨图尔纽斯（St. Saturninus）——公元三世纪的一位殉道者。他们为他举行了纪念游行和盛宴，想用这样的方式来震慑那些体型微小的攻击者。[4] 蚂蚁并没有像人类一样寻求神明的干预，而是使用了更有效的策略来对付人类。不过，数年之后，蚁灾确实得到了缓解。[5]

这种向圣人求助、希望能得到神明庇佑的行为，让我们看到了蚂蚁和人类之间的重要区别。蚂蚁没有类似宗教这样的信仰体系，也没有类似音乐、雕塑这样的艺术形式；人类会撰写各种关于蚂蚁的书，但蚂蚁不会描写我们，基本上它们不会描写任何东西；蚂蚁不会抱怨工作条件，不会成立工会或建立政党；它们不会唱歌剧，不会组建重金属手风琴乐队，也不会谈论天气和组织野餐活动（尽管它们可能会参加野餐）；当然，蚂蚁根本就不会说话。蚂蚁可能会在保卫自己的巢穴时死去，这种行为通常会被人类描述为"保家卫国"，但它们不会因此而获得勋章。人类或许会为某种信仰而牺牲生命，而在蚂蚁的生活方式中，这种英雄行为是没有意义的。

与蚂蚁截然不同的是，人类会为各种信仰而生，为崇高目标而死。人类文化的各种表现形式——从埃及金字塔到巨石阵，再到海达瓜伊岛海达人雕刻的雪松图腾柱——对肉体的生存似乎无关紧要，但它们对人类所依赖的信仰体系至关重要。作为人类，地位、传统、家徽以及他人对我们的看法是立身之本，然而这些东西在其他物种中似乎根本不存在。人类有不同的文化信仰系统——我们生活在以公理为基础的社会，会为彼此的行为提供理由。人类是一个喜欢讲故事的物种，需要为自己的人生找到目的和意义。[6] 我们有漫长的历史，我们会反省过去、思考未来，而蚂蚁只活在当下。尽管我们可以把它们的一些活动描述为在为即将到来的冬天做准备，但这种形式的意识觉察对它们的生活来说并不需要。在对付自己的邻居时，蚂蚁会发起一些我们可以将之形容为残忍的攻击，但它们不会反思这些突然袭击的道德性，而人类却可以。这些差异是什么原因造成的呢？

我们之所以生而为人，或许与自我意识有关。杰里米的儿子马克斯在八岁时提出了一个非常有意思的问题："动物们知道自己活着吗？"当然，其他动物都是活着的，但它们似乎并没有像人类那样意识到这一点。我们人类知道自己正在活着。作为大自然的一部分，人类是如何进化到对自身和整个大自然的存在产生意识的？对此我们能做出一个令人满意的解释吗？我们不妨来看看荷兰诗人塞斯·诺特博姆（Cees Nooteboom）的观点——"我们是大自然思考自身的方法"。[7] 他的观点自20世纪20年代以来已为发展心理学家们所熟知，同时也是与藏传佛教[8]的教义相契合的。人类似乎是这个星球上唯一能意识到自身存在的生命形式，也是这个宇宙中据我们所知唯一具备这种能力的存在。

这种自我意识意味着人类很可能是这个星球上唯一理解何为"活着"的物种，也因此可以意识到这到底意味着什么——意味着我们也会死去。正是这种对未来和死亡的意识让人类被无情地从伊甸园幸福的无知状态中踢了出来。[9]《圣经》中关于伊甸园的故事源自《吉尔伽美什史诗》[10]——一首来自古代美索不达米亚距今约4000年的诗歌。这个故事告诉我们，人类很了解其他人对自己的看法。我们可以将其视为一个隐喻，喻示着自我意识和人类执着追求永生的意义。我们具有对未来进行自由想象的能力，这种想象力可以激励我们去追寻人生的目的和意义。人类是一个有能力询问自己来自哪里的物种，需要各种故事来为自己开辟出一块安全、舒适的地盘，否则这个太宏大荒凉的宇宙会让我们战战兢兢、无所适从。[11]

我们认为，对"自我"的理解是在社会关系中通过意识到他人对我们的看法而发展起来的。这使得我们非常关注他人的看法，来自他人的尊重对于我们的自我感非常重要。我们生活在以信任为基础、彼此恪守承诺的社交网络中，与他人的友情和关系是我们安身立命的根本。我们以他人的看法来构建属于自己的身份认同感。根据他人对我们的看法，我们可以反躬自省，从这个意义上说，我们是拥有"自我"的。可能有的宠物主人会声称他们的宠物也有"自我"，然而，尽管这些动物可能具有某些特定的行为和互动方式，在这种意义上也许算得上某种"自我"（某种程度上可称为个性），但从自我意识的角度说，它们是没有"自我"的。我们认为，自我意识是在不断吸取他人观点的过程中发展而来。我们之所以发展成"人"，是因为我们在成长过程中是被当作"某人"而不是"某物"来对待的。[12]

我们重点关注的是，在截然不同的环境中，蚂蚁和人类是如何学会生存的，两者之间有何不同。因为要理解何为人类，要认识人类心智，我们就必须找出蚂蚁（以及其他物种）的社会群体与人类社会群体的工作方式所存在的重大差异。

我们两位作者都来自发展心理学流派，该流派认为，人与人之间的社会互动是使我们成为人类的关键。我们认为，人类和蚂蚁之间存在的种种差异是由我们社会关系的性质造成的。我们熟练地掌握了各种社会互动过程，这种能力让我们每个人形成了人类特有的心智。你可能会问，其他物种不是也会互动吗？但这里存在着一个重要区别。蚂蚁会沿着由其他个体留下的信息素、化学信号等标记出来的痕迹前进，但是，当蚂蚁在留下上述种种痕迹时，它们并不需要了解其他蚂蚁会对这些化学物质做出什么反应。在那些高度社会化的昆虫社会中，让那些复杂得令人难以置信的组织化活动成为可能的，就是如此简单的交流形式。尽管我们也可以在人类的互动中看到这种并非刻意为之的交流形式，但大多数人类的交流还是以极其不同的方式进行的。我们会意识到自身言行对其他人的意义。当然，误解也在所难免，需要进行一定的补充、修正才能达到相互理解。在蚂蚁以及其他许多物种所采用的交流形式中，像人类这样时刻关注他人如何理解自己的意识是不必要的，或者说完全没有证据表明它们有这种需要。这样的差异实在太重要了，它所产生的影响也实在太深远了，要如何表达才能让读者理解呢？对此我们深感词穷。

这种觉察到他人对我们持何看法的意识正是本书关心的主题。我们将着重讨论这种意识是如何产生的，人类对这种萌芽于社会互动中并逐渐成熟的交流形式的利用更是我们的兴趣所在。[13]

在动物界，有很多物种都能以灵活聪明的方式应对所处的世界，比如乌鸦、黑猩猩及其他多种动物，而且可以说应付起来游刃有余。但唯有人类具备了反思的能力，这意味着人类在和世界打交道时复杂程度会更上一层楼。对我们而言，思考和语言都是寻常得不能再寻常的事情，所以，我们根本没有意识到它们的存在，更没有留意过在人类复杂的反思和交流系统中，它们起到了多么重要的作用。事实上，只有在科学家（或儿童）提出一些让我们觉得难以回答的问题时，我们才会认真去思考。思考和互动对人类来说如同吃饭喝水一样自然，以至于我们几乎注意不到。这就是小说家和艺术家的本事了，他们可以在作品中揭示这些日常经验的意义，告诉我们那些就在眼皮子底下存在和发生的一切有多重要。我们认为，科学家的作用就是让我们注意到那些一直存在但被忽视的东西。所以，接下来我们就要提出一个被大众忽视的问题了——人类心智的本质及其对世界的感知和反思能力。我们特别关注婴儿与其照顾者之间的日常互动对人类交流和思维发展的意义。正如格雷戈里·贝特森（Gregory Bateson）所言：

> 我们就像是由完全透明的材质构成，平时几乎难以觉察其存在；唯有当这个透明体发生破裂时，我们才注意到上面的裂缝与断面。[14]

一旦意识到这些问题，要解释人类心智就不是一件小事了。正如亚历山大·蒲柏（Alexander Pope）[15]的追问：

> 划过天际的彗星，
> 似乎都要遵守他制定的规矩。
> 然对于脑中种种思绪，
> 他可能描摹其万一？
> 他看见了流星的出现与消失，
> 可能解释自己的开端与结局？

《人论》（*Essay on Man*）第二卷

人类所达到的"自我意识"水平会极大地影响我们对生活的理解，但在本书中，我们要完成的任务是解释这种意识是如何发展的。我们认为，人类关键的思维形式是在与他人的关系中发展起来的，如果要证明这一论点的正确性，我们就必须提供更全面的证据。作为发展心理学家，我们必须详细记录儿童是如何获得这些技能的，使之成为可能的条件、成分和过程是什么。接下来，我们将描述人类婴儿成长的发展生态位，即在生物、社会和情感方面的摇篮。[16]为此，我们必须首先对自己的理论基础有清晰准确的认识。

评估我们的假设

> 也许开始即是结束。
>
> 柏瑞尔·马卡姆（Beryl Markham）[17]

实际上，柏瑞尔·马卡姆此语指的是在 20 世纪早期驾驶布面双翼飞机穿越非洲的危险，但同样的教训也适用于科学工作——如果你想有所建树的话。在建立某种理论时，如果作为依据的假设尚未得到检验求证，那你就要小心了。在试图解释人类思维时，理论家们往往没有意识到他们引以为据的假设，而那些先入为主的观念其实已经预设了问题，甚至限制了可能的答案。在当今的辩论议题中，那些未被意识到的假设是无法避免的一部分，也是我们在对人类的生活形式和思维的本质提出看法时必须克服的一个尴尬的障碍。尽管心理学认定这是一门实证科学并引以为豪，但很多心理学理论的出发点实际上是一系列先入为主的观念或哲学假设，它们并没有任何实证性。这些观念或假设有时被称为"世界观"，因为它们代表了特定的观点。我们把它们视为第一步，也是连我们自己都没有意识到的一步。[18]但正是这一步使我们走上了一条特定道路并鞭策着我们奔向终点。

人们试图利用各种不同的方法对人类的心智做出解释，我们可以将这些方法归纳为截然不同的两类，它们分别以不同的世界观为基础。其中一种理论框架以被视为理所当然的个人心智为出发点。如果假定心智一开始就存在，有人就会认为，有一个摆在面前的问题是儿童必须要搞清楚的——那些在他们眼前晃来晃去的每一具"躯壳"也是有心智的。这在哲学中被称为"他心问题"（the problem of other minds）。人们认为这关系着个体如何弥合自身与他人之间的鸿沟。我们会在第 5 章中重点讨论这个观点。

个人主义理论认为，个人心智是一切的原点，有了它，人类的社会关系才成为可能。因此，人类从婴儿时期就面临着如何与他人交流的问题。这样的想法早在圣奥古斯丁（Saint Augustine）的《忏悔录》(*The Confessions of Saint Augustine*)中就出现了，该书首次出版于公元379年，畅销了1500年之久！从奥古斯丁对他自以为的在婴儿期的生活状态的描述中，我们可以看到这一观点：

> 我逐渐意识到了周围的环境，并希望向那些能满足我要求的人表达我的要求。但我做不到，因为这些要求存在于我身体之内，而能满足它们的人存在于我的身体之外，他们没有本事进入我的心灵。于是我努力地锻炼四肢和嗓子，试图用我那微不足道（收效也微乎其微）的力量发出类似要求的信号。[19]

当然，和我们所有人一样，圣奥古斯丁实际上不大可能记得他婴儿时的生活。他不过是在试图重建自己的经验，而这些经验一定是建立在成年后他对婴儿发展过程的假设之上的。奥古斯丁的叙述预设了一种成人的思维方式。在他的想象中，自己在婴儿时期就有了语言和思维的能力，但来到这个世界后，仿佛到了一个完全陌生的国度，当地的语言一句不会。[20]所以在奥古斯丁看来，婴儿之所以出现交流困难的问题，是因为初来乍到，语言不通，让周围人理解自己肯定很难。

成人总是将自己的一切经验视为理所当然，并认为婴儿也和我们一样。成年人能体会到心智是只属于自己的隐私，并认为这是与生俱来、绝无更改的，所以我们假设婴儿也一样——他们一定天生如此。这种将成人体验世界的方式投射到婴儿身上的倾向被称为成人中心主义（adultocentric）[21]，这种思维方式在各种理论中都出奇地普遍。它将婴儿与成人相提并论，认为他们就像一个个囚徒，各自被关在不同的牢房中，试图找到一些可以相互交流的代码，例如敲击铁栏。这是美国哲学家乔治·赫伯特·米德[22]所用的比喻，它直指该思维方式的问题所在。成人中心主义的解释是基于个体心智的作用（因此也可以被称为内在论者或心灵论者）。持该理论者以威利斯·奥弗顿（Willis Overton）所说的心智与世界的"分裂"为出发点，他们认为，婴儿的心智在这种"分裂"出现时就已经能够对世界进行反思。[23]但若假定心智是从某个时刻开始的，这种观点就存在着一个问题，它没有解释心智是如何发展形成的。[24]而这正是我们在本书要完成的任务。

相比之下，我们所赞同的第二个理论框架的出发点并非个人心智，而是社会过程，它将心智的出现解释为社会互动的结果。从这个角度看，婴儿没必要把他人理解为有心智的客体才开始与之互动，互动过程完全可以通过社会经验来推动。这种观点被称为关系理论，也被称为发展系统理论。在本书所涉及的各个领域（包括知识、语言、婴幼儿社会发展、进化等）中，我们都可以看到不同理论框架之间的针锋相对。

英国儿科医生和精神分析学家唐纳德·温尼科特（Donald Winnicott）曾有一个著名的论断，就是这种系统思维方式的一个绝佳例子。他说："不存在所谓的'一个婴儿'。"但我们的确可以看到婴儿的存在啊！那他为什么会发出这种令人费解的言论呢？温尼科特继续澄清道："如果你打算描述一个婴儿，你会发现你是在描述'一个婴儿'和'某个人'。"[25]他意在提醒我们注意婴儿和照料者之间的相互关联性——婴儿完全依赖于几种关键的关系，并必然在这些关系中发展。这意味着我们必须研究婴儿生活和发展的整个系统，随着婴儿对这个世界越来越熟悉，互动变得越来越老练，模式也会发生相应的改变。

不仅婴儿与父母（或照顾者）之间的互动模式会逐渐改变，婴儿也会逐渐了解父母在特定环境中的反应。从简单交流开始，婴儿和父母之间的交流形式会逐渐变得精细完善，并发展出各种复杂的交流形式，对此我们作为成年人深有体会。

与圣奥古斯丁的观点相反，关系理论认为人类心智是通过与其他人的互动产生的。它把心智和智力解释为社会过程的发展结果，这些社会过程根植于由生物特征和物理特征构成的自然世界——我们不应忽视人类躯壳困于时空之中这一事实。

我们在章首页引用了乔治·赫伯特·米德的话，即"通过与他人的关系，我们成为现在的自己"。[26] 这并不仅仅是某种新时代的直觉。它是传统哲学和心理学与近代发展生物学、神经科学、文化研究、女权主义关系理论以及认知科学某些形式的融合。[27]

如果专属于人类的思考形式是在社会环境中习得的，我们就需要解释一下这个社会文化生态位的演变过程。这是一个相互（婴儿和照料者的互动）和双向（对双方都产生影响）的发展（双方都为适应对方而发生改变）进化过程（我们将在第 2 章和第 8 章中再来讨论进化出了什么）。我们把人类的思维解释为典型活动模式下出现的即时产物。我们认为，发展自我意识需要从他人的角度来观察自己。通过这种方式，我们会因别人对我们的反应而增加对自我的觉察。也就是说，是否拥有自我取决于与他人的交流。这个观点可以追溯到苏格拉底和其他希腊思想家的哲学思想，在其他文化中也能找到其源头。例如，祖鲁语的表达方式"Umuntu, Ngumuntu, Ngabantu"（"一个人经由他人而成其为人"），充斥着非洲人关于人性的传统思想，纳尔逊·曼德拉（Nelson Mandela）的哲学也是在此基础上形成的。"Umuntu"是人与人之间的互动，它与"Ubuntu"密切相关，"Ubuntu"指的是从社会关系中产生的存在感或身份认同感。德斯蒙德·图图（Desmond Tutu）是这样解释的：

非洲人有一种叫"UBUNTU"的东西。它讲述的是生而为人的本质，在非洲向全世界献上的礼物中，它是重要的一部分。它包含了热情好客、关心他人以及为他人慷慨付出的古道热肠。我们相信，一个人只能经由另一个人才能成为人，我的人性与你的人性紧密相连，密不可分。如果我不把你当人，那我也没把自己当人。孤独的人类是一种充满矛盾的说法，因此你寻求为全人类的共同利益而付出，因为你的人性在归属感中变得完整。[28]

在其他文化中，我们也可以找到类似这种依赖他人而成为"人"的观点。例如，在汉字中，"人"字的构造象征着一个人被另一个人支撑扶持，强调了人与人之间的关系。这种强调人际关系的观点在"加拿大第一民族"（印第安原住民）的文化中很典型，这就扩展到通过重建合理关系来伸张正义的话题了。[29]尽管个人主义在西方学术界往往占据主导地位，但同样存在着一个关于社区和社会网络的主题。[30]我们还可以在一些科学领域中发现关系理论的影子。例如，生态学就很注重关系，现在的生物学和遗传学也是关系取向的，我们将在第8章对此展开讨论。事实上，我们可以这样说，在万事万物中，只要你观察得足够仔细，都会看到相互关系。

在试图解释关系理论时通常会遇到一个障碍，那就是它们有时不在读者的概念地图上。也许这是因为在解释发展问题时，人们普遍认为有两种选择：一是关注个人和生物特征，如果这一点受到质疑，那就考虑人是如何被社会力量塑造的。按照第二种说法，是父母和教师代表的"社会"在塑造幼儿。这就是广为人知的"社会学习理论"中提到的"社会化"方法，是由斯金纳（Skinner）以一种极端的形式，再由阿尔伯特·班杜拉（Albert Bandura）以一种更详细的方式提出的。但它的出发点和个人主义一样有问题，因为这两种理论都假设了自我和他人之间的分裂，也就是我们上面所描述的奥古斯丁所说的

"婴儿身体中的成人自我",或者学习理论中强调的帮助培养人类技能的"外部塑造者"。他们关注的问题是,同样是作为预先存在的部分,个体与环境到底哪一个更重要。

当然,所有人都会认为互动必不可少,那这不就等同于关系主义吗?不,不完全是。关系主义将互动往前推进了一步,它是第三个选项,认为我们必须关注由婴儿和照顾他们的父母所组成的整个系统。这是一个由生物特征和社会关系不可分割地交织在一起并相互创造的矩阵。行为是在婴儿和父母之间的关系中发生的,这种强调发展过程的转变带来了至关重要的区别。如果关注这种关系,我们就可以看到它们是如何创造出供婴儿在其中发展的社会和情感世界的。而人正是这个发展过程的结果。

我们眼中看到的常常只是事物本身,而不是它们之间的关系。例如,我们看到了飞机和地面,但看不到机翼周围的气流。因此,我们很难理解像波音747这样的大家伙是如何飞行的。要看清两者之间的关系需要我们发挥想象力,或者有风洞和烟雾让机翼周围的气流变得肉眼可见。这些一般性方法被广泛应用于几乎所有主题——从神经科学、进化论,一直到意义、语言、文化等。对我们提出的关于人类思维发展的问题,它们也提供了非常不一样的答案。

当我们在提出一种关系取向的解释时常常会面临一定的风险,批评者会迫不及待地跳出来下结论,认为我们忽视了生物学和进化的重要性。没有什么比这更离谱了!在思考人类如何从社会过程中形成智力时,我们必须考虑到遗传学和神经科学,以及使得这一过程成为可能的婴儿和父母[31]的进化特征。这意味着我们必须将发展视为重中之重。要把属于"进化"的内容补充完整,就需要解释社会过程是如何开始的。如果人类心智有赖于特定的交流形式(而不是其他方式），我们就必须解释社会互动是如何发展的，也就必然撇不开"进化"这一点。从这个角度看，婴儿的生物特征正是进化的产物，这些特征影响着他们的社会环境，并启动了社会过程的进行，使得交流、心智及思维得以在这样的社会过程中发生。在某种程度上，环境为发展创造了得天独厚的条件，环境也是社会性的，因为婴儿需要得到来自他人的关心和照顾。我们在本书中从头到尾强调的正是这一基本观点。[32]

认真看待发展

认知科学领域最近出现了一种倾向，将成人心智作为一种模型来加以解释，我们认为这是一条死胡同，要解释这个问题必须采用不同的方式。作为发展心理学家，我们对人的各项能力在发展史中被组合在一起的过程进行了观察。心理学家伊丽莎白·贝茨（Elizabeth Bates）的表达非常有说服力：

当最终发展到成人阶段时，我们可能会惊叹心智在使用符号时的复杂性和完美性（请容我们自恋一下）。但如果将这一奇迹追溯到婴儿期，我们就会看到，这一特殊的艺术作品其实不过是一种拼贴画，是由一系列独立发展的旧部件拼凑而成的。当然，这并没有使这项成就变得不那么神奇，但确实更容易理解了。[33]

我们所追求的正是这种理解。人类心智对符号的精巧使用确实令人叹为观止，但我们认为，不应将目光只停留在这一光鲜亮丽的终端产品上，而是应该去观察这些能力是如何逐渐发展形成的，以及这些技能是如何在互动中组合在一起的。

贝茨继续提醒我们，如果我们正在思考一种遗传特征的进化，用不着非得假设这是在基因组中被编码：

> 大自然是个吝啬鬼。她给她的孩子们穿上旧衣服，用各种旧零件临时拼凑出新机器，靠着高概率的世界大事件来保证稳定的结果，以此来尽可能地节省基因开支。当欣赏她这些成品的美丽时，我们往往看不到它们只是用胶带和安全别针固定在一起的。[34]

在人类发展出各种技能的过程中，可能有一些环境中可预期的因素在发挥着作用。在婴儿的生活中，这些所谓"高概率事件"中的一个就是其他人的存在。婴儿成长的环境不仅对他们的生存至关重要，而且必定是社会性的，这是他们学习如何成为"人"的绝佳媒介。

生物学与发展

是什么让人类和其他物种之间产生了如许差异？人类的思维是否可以简单地解释为由我们的基因决定？这是大众媒体中一个方兴未艾的热门话题。从某种意义上说，在任何一种解释中，基因都必须占有一席之地，但它们不过是众多因素中的一个。DNA是一个相对惰性的分子，并非可决定最终结果的活性剂。通过涉及多种RNA形式（重复氨基酸的单链）的复杂细胞过程，基因成为构建蛋白质初步过程中不可或缺的一部分。但是，即使只是折叠蛋白质这一部分，也并非全是基因的作用，更别说从分子到思维这样复杂的过程了，那可是一段很漫长的路（见第8章）。在影响人类发展的一系列相互作用的因素中，基因确实是一个关键因素，但无论是基因还是参与神经元发射的化学物质，都不足以对某些现象做出完整的解释，比如承诺的本质是什么？查理（本书作者之一）为什么是热刺队的球迷？还有一个对人类的发展至关重要的因素，也是令人类思维形式得以形成的复杂发展系统的关键部分，那就是其他人的存在。本书要阐述的正是关于发展的这部分内容。

会不会是我们的大脑袋造成了人类和其他动物之间的差异呢？这是大众媒体经常告诉我们的。当然，拥有一个庞大而复杂的人类大脑是成为"人"的一个基本和必要的因素。但这真的能解释一切吗？只需研究大脑就足以让我们理解人类的心智吗？不，我们不这样认为。尽管了解神经元的工作方式很重要，但仅凭这一点并不能让我们深入了解人类经验的本质，比如做出承诺的能力。关于这一点，我们可以从一个思想实验中看清楚，该实验让一些发展心理学家和哲学家津津乐道，即让一个婴儿在荒岛上长大。为了使生存更容易，我们可以想象这个岛屿上所有的物质需求都奇迹般地存在，不过没有与人类的接触。与《鲁滨孙漂流记》不同的是，鲁滨孙在被放逐时已经是一个有说话和思考能力的成年人。我们（以及许多其他人）认为，一个在没有他人的情况下成长的婴儿不会发展出人类的思维形式。至于我们为什么赞同这一观点，读者可以从本书讨论的主题和问题中推断出原因。在这里先给出我们的结论：如果将大脑作为对思维的唯一解释，就忽略了很重要的一点，即神经连接必须通过我们与这个富有万物的世界以及其他人的互动而形成。一个人的思维发展必须以社会互动为基础。

认知科学通常声称思维形式是与生俱来或"硬接线"的，以此作为对这些思维形式本身的解释。但这种方法只不过是把发展放进一个"黑盒子"罢了——把它留给别人去解释。[35] 这样做其实是在假设任何解释都可以被推迟，如果要让这种解释有意义并帮到大家，他们就该解释一下 DNA 分子是如何让我们一步步建立思维形式的。但他们只是在推卸责任，从心理学推到生物学，再给后者寥寥数语权当解释。这是别人的问题，和我们无关。虽然"知识与生俱来"的想法可能看起来很新鲜，但它实际上是一个根植于哲学的古老概念。[36] 早在数十年前，以研究神经元如何形成连接而闻名的加拿大心理学家唐纳德·赫布（Donald Hebb）就责骂了提出这种说法的作者。[37] 赫布和他的同事们认为，任何断言思维天生的人都应该有义务去给予解释，至少要说明这样的"期票"该如何兑现。他得出的结论是，声称某些东西是"天生的"可能会显得更具权威性，因为这种说法貌似一种生物学解释，而事实上它不是。此外，最近的神经科学工作并不支持这些说法。如果要以生物学为基础来进行解释，就应该向大众揭示是哪些复杂的过程促成了人类思维形式的发展（见第8章）。

大家可以看到各种形式的解释，但我们认为其中发展理论是至关重要的，它对互动形式的出现进行了极其详尽的描述。在从分子到思想的发展过程中，有多种层次的互动因素（见第8章）。[38] 我们希望引导大家注意到这个过程中与他人互动的作用，因为这种作用往往为人们所忽视。为此，我们将在第4章中描述婴儿期逐渐出现的手势交流形式。[39]

我们认为，思维应建立在一个意义系统之上，该系统必然形成于日常的人际互动中。所以，接下来我们必须要用一种不同的方法来解释心智如何进化的问题。有很多解释依据的是从基因到神经回路的各种说法，但这些对我们无甚帮助，我们要做的是进一步扩大范围，看看在促进或创造人类心智的发展系统中，还有哪些值得考虑的因素。在这个过程中，其他人的存在有着举足轻重的地位，因为心智在个性化之前首先是社会的。关于经验在神经科学中的建设性作用[40]以及基因在环境中的互动方式[41]，当前的主流说法与我们的立场相一致。

例如，在最近学术界对基因（"基因型"）和个人经验（"表现型"）之间微妙的相互作用所做的总结中，遗传学家迈克尔·米尼（Michael Meaney）指出：

> 所有细胞过程都源于基因组和环境信号之间不断的对话。因此，"基因型"与"表现型"的关系是由基因组的工作环境决定的。同样，在功能层面上，基因与环境相互作用的结果也是由更广泛的背景决定的，包括当下环境的要求。[42]

人类所经历的环境具有独特的复杂性和社会性。从这个角度看，我们必须深入研究人类婴儿成长中的必要条件，正是这些条件使人类思维形式的发展成为可能。人类特殊的具体化方式可能导致了推理的形成，这是人们几个世纪以来一直讨论的焦点。在查尔斯·达尔文（Charles Darwin）的祖父伊拉斯谟斯·达尔文（Erasmus Darwin）所著的《心智的进步》（*Progress of the Mind*）中，有一小节对这一话题进行了推测：

> 只有骄傲的人类是在脆弱的哭喊中降生，
> 没有犄角的保护，
> 没有羽毛的装饰，
> 没有更出色的鼻孔、耳朵或眼睛，
> 没有力量助他追逐或飞行。
> 群兽环伺中，借灵敏的触觉保持清醒。
> 手，是上天的第一件礼物！属于人类！
> 合拢手指，没有尖利的爪，
> 弯曲的拇指，相对而生。
> 细细描摹万物美好的线条，
> 思考的头脑生出清醒的念头，
> 精细的触觉器官，

感知理想的图形，是所有艺术的源泉。

时间、运动、数字、阳光或风暴，

大自然是如此多变。[43]

在这首诗中，作为医生和诗人，伊拉斯谟斯·达尔文用美丽的语言描述了我们的生物基础（我们的身体结构和基本行为特征）是如何为人类"存在"提供基本线索的。他指出，是手——"上天的第一个礼物"，带来了"思考的头脑"，也是"所有艺术的源泉"。这种观点在伊拉斯谟斯·达尔文写下这些话之前就存在了，关于手在思维中所起作用的猜测也一直持续到现在。[44] 手的灵活性使我们能够操纵物体。但我们需要在此对伊拉斯谟斯·达尔文的想法做一些补充：由手指和手腕做出的动作也能让我们完成人类早期的手势交流，如展示或指点。我们用身体来表现的其他形式（例如，将身体朝向物体和他人）对于完整解释人类的思想很重要，不过，在这首诗中，还有一句话需要我们再做一番推敲。

"在脆弱的哭喊中降生"的人是如何发展出唯有在人类身上才能看到而其他任何物种都不具备的智力的呢？事实上，我们认为，正是这种"脆弱的哭喊"为交流的发展创造了条件，然后是语言，最后是对心智和思维的掌控。人类在婴儿时期的无助保证了其发展的社会生态位，从而形成了一个由父母或照顾者建立的保护和支持性的社会环境。他们用关爱呵护来回应婴儿的啼哭，这样的照顾为交流的发展播下了种子。对父母来说，孩子的哭声是有意义的。它意味着婴儿在某种程度上不舒服了，父母的回应就是予以安抚并与其互动。尽管婴儿一开始并不知道他们的哭声促成了这种互动的发生，但这完全不影响他们将这种意义传递给照顾者。在养育过程中，哭声就是一种有所需要的表达。

我们应该清楚，不是所有的语言学家、神经科学家和认知科学家都会同意我们的说法。一些认知科学家乐于接受这样的说法，即计算机为理解心智提供了一个很好的模型，思维就像计算或信息处理。但科学是在辩论中进行的，所以我们接下来将讨论其他方法所依据的假设有何缺陷，我们的观点与其他方法又有何不同。与我们关于人类是什么以及人类思维形式如何发展的观点相比，其他解释人类思维本质的方法都是从个体出发的。我们将在第 8 章和第 9 章中审视这些理论并加以讨论。

心智计算理论

目前流行的一种关于思维的说法被称为心智计算理论。这种观点认为，思维类似于计算机所做的事情，涉及对各种与世界相关的心理符号的操作。我们之所以关注到这一点，是因为它在当今流行的讨论中无处不在，以至于许多研究者把这种假设当作毋庸置疑的真理。通过一些书籍，诸如史蒂芬·平克充满煽动性的著作《心智探奇》，这种观点被普通读者广为接受。[45]平克是哈佛大学的心理学教授，他的观点颇具代表性，即思维就是计算，而且思维是由一系列执行计算的设备组成的。他还进一步声称，这些计算装置是由我们的基因指定的，并在进化过程中得到了演变，以解决我们的祖先在以狩猎和采集的方式生存时所遇到的问题。

我们不同意平克关于"心智如何运作"的说法。我们不认为心智是以这样的方式运作的，这本书要表达的就是与平克不一样的观点。虽然生物和进化因素显然是不可或缺的，但我们认为这一立场中关于人类思维本质的明确假设有缺陷，为此我们提供了另一种观点。我们反对认为思维是计算或信息处理的核心假设。然后，以此为出发点，我们进一步提出了关于进化的主张，尽管这些主张并未被广为接受。不管持什么理论，进化必然是重要的一部分，但平克在其作品中表明了他的立场——进化论不过是一个可能的选项罢了。而且，该选项只有在他关于心智本质的假设被接受的前提下才成立。如果我们是对的，这些假设根本上就是有缺陷的，那么基于这些假设得出的结论就不堪一击。再次重申，我们并不质疑进化论和神经科学的重要性，我们质疑的是将这些理论与"心智的工作原理和计算机一样"的假设（即心智的计算观点）联系起来的结论。

为什么我们反对"大脑处理信息，思维是一种计算"的说法？这句话貌似只是一个简单直接的陈述，但我们立刻就觉得有问题，因为它混淆了"信息"一词的两个完全不同的含义。如果我们说，照射到相机的镜头上并被记录为图像的光承载着"信息"，那么这句话可能完全没有毛病。但"信息"这个词还有一种含义，它被用来描述一个人看到了什么并产生了某种了解。问题是，照相机什么都不了解，真正了解的是人。我们要解释的就是了解了一些知识的"人"。[46] 这个问题往往遭到忽视，因为这里耍了一个花招，用两种完全不同的方式使用了同一个词——"信息"。这样的做法掩盖了一个确实存在且需要解释的问题。

从"信息"一词的某种意义上说，计算机或书籍可以用来存储大量的信息，但它们仍然一无所知，需要一个人去搞清楚这些"信息"，去解释和理解它们的意义。使用计算机的人为输入和输出的信息提供意义，计算机本身并不知道或理解任何东西。因此，如果要将计算机作为心智的模型或隐喻，那我们也要将提供意义的"人"包括进来，否则所有的计算都是没有意义的，我们也无法将它们与世界联系起来——因为思维与世界无关。但是这一步会让我们陷入更大的麻烦，因为没有人想要一个必须包括一个"人"——传统上被称为荷蒙库鲁斯（homunculus）①——来赋予意义的心智模型。而且问题会像滚雪球一样越滚越大，因为那个"荷蒙库鲁斯"也需要一个"荷蒙库鲁斯"在他的头脑中，如此这般，没完没了。[47]

用计算机隐喻来表述这个问题的另一种方式与符号如何获得意义有关。心智计算理论的核心思想是，思维就像计算，涉及对符号的操作。思维是关于世界的，所以这些符号相应地也是关于世界的。但问题是怎么做？符号接地问题（symbol-grounding problem）是心智计算理论的致命缺陷。在第 3 章中，我们将解答更多与意义有关的问题，并提出意义是植根于社会关系之中的。鉴于计算机隐喻实在被应用得太广泛了，所以在第 9 章中，我们将重新评估"思维就是计算，涉及世界的表征"这一观点。

如果这种解释人类思想和意义接地问题的方式行不通，那么还有什么选择呢？如果我们的思想是关于世界的，就需要一些意义系统，一些将我们的思想与世界相联系的方式，这样我们就能对世界进行思考，即使它不在眼前。这是"自然界最有趣的成就之一——符号能力的构建"。[48]如果人类的思维形式是以符号使用为基础的，那么理解这种符号使用能力的发展就至关重要。这也是本书的中心思想。

接下来的内容

我们考虑过在本书封面上使用前文描述过的汉字"人"，并打算将其叠加在大脑扫描图上。之所以想将这个代表个体对他人依赖性的符号与大脑扫描图

---

① 传闻中欧洲的炼金术师创造出的人工生命。——译者注

放在一起，有几个原因。首先，我们认为 fMRI（功能性磁共振成像）扫描图非常酷炫；其次，任何与大脑有关的东西在媒体上似乎都很受欢迎。也许现在神经科学可以让报纸销量大增，至少记者和编辑似乎是这么认为的。不管怎么说，读者几乎每周都能在报纸上看到神经科学又有了什么新的发现。事实上，最近的一些研究发现，当普通读者在浏览一篇带有脑部扫描图的文章时，尽管它并没有增加什么额外信息，但他们会认为该文章中的科学推理要比只有柱状图或根本没有图的同一篇文章更具说服力。[49] 因此，大脑扫描图被称为"评判力的快速溶剂"。[50] 随后的研究认为，这种效果要归功于神经科学信息，即使它与之根本不相干。[51]

我们并没有打算利用这种"脑部扫描效应"来让你对我们的论点更加信服。事实上，我们写这本书就是逆潮流而动，和当前在解释人类存在意义时只关注大脑的流行做法唱反调。我们的主要看法是，受那些美妙的大脑扫描图影响，我们会假设在自己出生时，大脑的那些区域就已经按照思考的形式分门别类地准备好了。而事实上，大脑是在不断发展的，大脑的不同功能是随着发展逐渐定位于特定区域的，但这一点往往被人们忽视，在扫描中发现的神经过程的社会基础也同样惨遭忽视。在很多人看来，大脑扫描图似乎就是铁证如山，容不得你去辩驳。当然，图片确实呈现了某些东西，不像文字那样空口无凭。幸运的是，神经科学领域的专家们通常比较谨慎，但在大众媒体上，大脑图像变成了某种能"看到思想"的奇迹。事实上，fMRI 机器产生的图像与大脑中特别活跃区域的血流有关，但这些模式是在对细胞的背景放电进行了大量"清理"之后产生的，而这种放电几乎一直在进行。要从神经元的活动前进到解释人类对自我意识的体验，再到解释做人的意义，那路可就长了。

《思考，让人成为人：人类思想的起源》这样的书名意味着一个宏大的主题，我们需要清楚地知道不会涉及哪些方面。显然，我们不可能面面俱到。关于发展的其他方面，会有很多其他的书去探讨。[52] 我们将在本书中讨论是什么让思维成为可能，但不会涉及人类思维形式形成后可能出现的诸多问题。我们不会提到家庭问题及其形成原因和解决方案，也不会涉及人格的多样性和人际关系，更不会讨论复杂的历史事件。但我们将深入探讨人类思维和互动形式的发展，正是它们让所有复杂过程得以发生。蝴蝶没有家庭问题，狗不会撒谎，为什么？这不仅仅是因为狗太诚实了。[53] 我们关注的是人类的思维形式是如何在婴儿期的社会摇篮中发展的，以及人类生活方式的差异如何带来了历史和文化的多样性。

米德认为，正是通过与他人的关系，人才成为人。我们将通过本书追溯这一观点完整而深刻的含义。[54] 如果人类和蚂蚁天壤之别的根源就在于两个物种不同的互动方式导致了不同的交流形式、语言以及人类的思维形式和心智，我们就要深入研究人类语言的性质以及它所基于的互动形式。当然，神经系统在此过程中所起的作用举足轻重，它能够支持这种复杂的互动。神经通路也是在这种互动经验中逐渐发展形成的。

在第2章中，我们将迈出这段追溯之旅的第一步——描述人类的发展系统，即婴儿在其中发展的社会和情感生态位，这是由婴儿的无助促成的。我们将探讨为人类思维的发展创造了条件的各种因素。在第3章中，我们将讨论人类交流的性质及其发展。在第4章中，我们将拓宽讨论的范围，研究婴儿是如何通过使用手势（如指点）来学习与他人交流的。上述这些内容探讨的都是婴儿对他人的理解。在第5章中，我们将进一步深入探讨社会理解这一主题，重点是儿童对信念、欲望、意图等心理世界的理解。在第6章中，我们将以道德发展为主题，进一步探讨儿童对社会世界的理解。这同样也是第7章的主题，在第 7 章中，我们将讨论关于道德发展的最新理论和研究。

在第 2~7 章中，你将可以看到我们在这里介绍的关于人类发展的观点。我们承认，这是一个颇有争议的领域，并不是每个人都会同意第 2~7 章中提出的说法。在接下来的第 8 章和第 9 章中，我们将探讨两种关于人类思维的解释，这两种解释可以说是针锋相对的。我们将介绍一些颇有代表性的理论，并指出它们存在的一些问题。按照惯例，在学术著作中，应该把自己的讨论放在其他现有理论的背景下进行。在严格面向纯学术读者的著作中，通常的做法是在开头就这样做，随后再打开空间来探讨作者提出的观点。不过，我们希望现在这样的表述方式能被更多的读者接受。所以，我们会首先将我们肯定的观点提出来，然后在第 8 章和第 9 章中，再去探讨与我们认可的观点相对立的理论。在第 8 章中，我们会介绍一些与生物性在思维发展中的作用相关的观点。在第 9 章中，我们对计算机是人类思维的良好模型这一说法进行了批评。为了理解为什么我们认为自己的理论是这个领域需要的，有些同行可能更愿意先读第 8 章和第 9 章。

最后，就本书所提出的人类发展观，在第 10 章中得出最后结论时，我们会非常简要地讨论一下它的进一步含义。由于人是在文化中发展的，同时也会反过来改变这些文化，所以讨论文化在人类发展中的作用很有必要。

在第 2 章中，我们首先讨论了婴儿发展的社会背景。在婴儿开始配合照顾者的行动时，他们首先学会了用手势交流，然后是语言，而人类的思维正是以此为基础形成的。我们从中可以看到人类思维是如何在儿童与他人的互动体验中产生，该体验同时具有社会性、情感性和文化性。我们希望，通过这样的探讨，你将对儿童有进一步的了解，今后在生活中与儿童相处时更有乐趣。

注　释

1. Mead（1934, p. 379）。

2. 想了解更多精彩分析，见 Sleigh（2003）。

3. Hölldobler & Wilson（1994，2011）。尽管在大小上一只普通工蚁还不到人类的百万分之一，但保守估计蚂蚁的总数量约为一万万亿只，所以地球上所有蚂蚁的总生物量可能相当于大约 70 亿人的生物量。

4. Mann（2011）。

5. Hölldobler & Wilson（1994, p. 64）。

6. Becker（1973）。

7. 这句话需要用与知识的起源和发展相关的知识来解释，在让·皮亚杰（Jean Piaget）漫长的职业生涯中，这是他的核心目标。这句话来自 2009 年 1 月 CBC 电台对埃莉诺·瓦赫特尔（Eleanor Wachtel）的访谈。

8. Aldwin（2014）。

9. Canfield（2007）。在其他文化中也有相似的故事，观点也是相似的。例如，居住在北美的印第安海达族人，他们有"乌鸦偷日光"的传说，讲述乌鸦如何盗取光明并释放到人间，使人们能够看到彼此。

10. Wright（2004, p. 65）。

11. Becker（1973）。

12. Spaemann（2006）。

13. 为了让读者更清楚我们的观点，我们将蚂蚁和人类进行了对比，但是，当我们把目光投向那些与人类更密切相关的物种时，当然会看到更多的连续性，正如我们从进化的角度所能预期的那样。我们对达尔文深信不疑，所以并不会预期物种之间会出现什么彻底而突兀的鸿沟。寻找密切相关物种之间的连续性固然重要，但对于我们在本书中想要做的事情来说，突出人类和其他物种之间的差异同样重要，我们试图解释的也是这些差异。

14. Bateson（1979, p. 15）。
15. Pope（1967, p. 139）。
16. Hobson（2002）。
17. Markham（1983, p. 168）。
18. Wittgenstein（1968）。
19. Augustine（2001, p. 39）。在早期的译本中（Augustine, 1923），这句拉丁文被翻译为"我的灵魂"，而在2001年的译本中则被解释为"我的心灵"。
20. Wittgenstein（1968）。
21. Schaffer（1977）。
22. Mead（1934）。
23. 这本书与发展心理学领域一股重新兴起的潮流是合拍的，都致力于研究社会互动在社会理解中的作用（例如，Carpendale & Lewis, 2004, 2006, 2015; Hobson, 2002; Reddy, 2008）。我们把这些观点放在"关系论"的大旗下（Overton, 2006, 2010, 2013）。
24. 这可能被称为"个人主义"。该观念在认知科学中一直很有影响力，但现在，其受欢迎程度正在下降（Hutto, 2013）。
25. Winnicott（1964, p. 88，是原著的重点）。
26. Mead（1934, p. 379）。
27. 要认真探讨发展问题，就很有必要好好探讨一下发展的背景，特别是社会经验的作用。对于发展的这一方面，人类已经进行了很长时间的思考。一个世纪之前，就在乔治·赫伯特·米德研究人类思想如何发展的时候，世界上也有不少其他学者对儿童的能力持类似想法。在20世纪20年代，俄罗斯心理学家列夫·维果茨基（Lev Vygotsky）正在撰写关于心智起源于社会关系的文章。事实上，这种思想上的趋同可能部分是受巴黎的皮埃尔·珍妮特（Pierre Janet）和离开北美前往巴黎的詹姆斯·马克·鲍德温（James Mark Baldwin）的共同影响。在北美，查尔斯·桑德斯·皮尔斯（Charles Sanders Peirce）和约翰·杜威（John Dewey）等哲学家都来自类似的理论流派。我们关注这些作者所提倡的观点，但并不打算对它们进行历史分析。我们关注的是目前对婴儿的研究，目的是探索人类思维的本质和发展。这个角度实在是太容易在理论上被忽略了。尽管不得不处理一些复杂的哲学问题，但我们通过观察婴儿如何学习交流做到了这一点，使得我们的思路与100年前的关系理论达成了一致。

28. 这段引文于2013年摘自www.tutfoundationuk.org，但后来该文被该网站删除了。引文和讨论见www.being betterhumans.com/ubuntu。

29. Ross（2006）。

30. Sprintzen（2009）。

31. 在这里，我们用"父母"一词指代所有照顾婴儿的人，并不限于"亲生"父母。

32. 我们以迈克尔·托马塞洛（Michael Tomasello）等人20年前提出的观点为依据。该观点认为，社会文化过程对于提升我们的生物禀赋，以产生能让我们被认定为真正的"人"的属性至关重要。没有这些，我们就会迷失方向——荒岛上的婴儿就不是一个完整的"人"。我们将在第10章中再来讨论这一点。

33. Bates（1979, p. 1）。

34. Bates（1979, p. 1）。

35. 如 Tancredi（2005）。

36. 见 Bickhard（2009）对巴门尼德（前苏格拉底时期哲学家）的讨论。

37. Hebb, Lambert, and Tucker（1971）。

38. Gottlieb（1991）。

39. 这是一种历史或发展的解释（Hendriks-Jansen，1996）。

40. Mareschal, Johnson, Sirois, Spratling, Thomas, & Westermann（2007）。

41. Meaney（2010）。

42. Meaney（2010, p. 67）。

43. Darwin（1978, pp. 91–93）。

44. Tallis（2011）。

45. Pinker（1997）。

46. Müller et al.（1998a, 1998b）。

47. 计算观点有一些支持者，面对这种批评，他们试图对其进行维护。其中一种尝试就是用一群愚蠢的 homunculus 来代替一个聪明的 homunculus，这非但没有解决基本问题，反而让问题变得更复杂了。即使是只需操作一个开关的愚蠢的 homunculus，也需要掌握一些知识来了解何时启动开关。

48. Bates（1979, p. 1）。

49. McCabe 和 Castel（2008）。

50. Crawford（2008, p. 65）。

51. Weisberg, Keil, Goodstein, Rawson, and Gray（2008）；Weisberg, Taylor, and Hopkins（2015）。该研究让我们看到了混合效应，想了解更多讨

论，参考 Cumming（2013）。

52. Carpendale, Lewis,& Müller（2018）。

53. Wittgenstein（1968）。

54. Mead（1934, p. 379）。

第 2 章

社会摇篮

本章我们讨论的是人类婴儿成长过程中独特的社会和情感摇篮。

只有骄傲的人类是在脆弱的哭喊中降生。

伊拉斯谟斯·达尔文[1]

婴儿期的进化为人类特定认知能力在互动中的出现创造了一个生态位。

P.E. 格里菲斯(P. E. Griffiths)、斯托茨(K. Stotz)[2]

塞伦盖蒂平原上刚刚出生的角马就已经可以站起来逃离猎豹的追捕，人类婴儿却需要多年才能自我保护，而且在能够掌控周围环境之前，他们必须得到精心呵护。每当我们看到人类不可限量的潜力和儿童取得的巨大智力成就（如语言、阅读）时，都会感到不可思议，为什么人类婴儿在刚出生时，竟会是如此无助呢？要解决这个明显的悖论，我们就必须将人类的发展进程置于进化的大背景下来加以考虑。实际上，婴儿的成长环境和他们的无助有利于发展出那些在生存中极其有用的技能。婴儿向照顾他们的父母提出需求，而我们作为成年人，会对他们发出的信号——特别是他们的哭声——做出反应。为什么只有人类出生时才有的"脆弱的哭喊"会让人类的思维得以发展呢？为了解答这一谜题，我们需要对婴儿的发展进行仔细深入的研究。

漫步婴儿世界

1934 年，理论生物学家雅各布·冯·尤克斯库尔（Jakob von Uexküll）引导他的读者去理解各种动物截然不同的感知体验。在他的文章《漫步动物与人的世界：一本看不见的画册》（A Stroll Through The Worlds of Animals And Men: A Picture Book of Invisible Worlds）中，他让我们想象一个阳光明媚的日子：

在一片鲜花盛开的草地上，昆虫嗡嗡鸣叫，蝴蝶翩翩起舞。在这里，我们可以瞥见那些草地居住者的世界。要做到这一点，我们必须首先幻想在每个生物周围吹一个肥皂泡，代表属于它自己的世界，充满了只有它自己知道的感知体验。接下来，当我们也踏入这些泡泡时，熟悉的草地就会发生变化。许多色彩斑斓的特征消失了，剩下的已不再属于一个整体，而是以新的关系出现，一个新的世界出现了。通过气泡，我们看到了钻地虫、蝴蝶或田鼠的世界。这个世界是动物们眼中的世界，而不是我们眼中的世界。这是一个我们可以称之为属于动物的"现象世界"或"自我世界"。[3]

冯·尤克斯库尔以一只蜱虫所体验的世界为例。凭借基本的光敏受体，又聋又瞎的雌蜱会在交配后爬上灌木丛的顶端，在那里等待着，直到探测到由哺乳动物产生的丁酸，然后它会让自己从休息的地方掉下去。这样做的结果通常就是蜱虫成功地与哺乳动物产生了接触。蜱虫可以感知温度，并据此判断它是否已成功地落在猎物身上。就这样，生物体所敏感的东西会带来它最终体验到的环境。[4] 蜱虫的这些活动仅仅是由光线、气味和触觉的特殊变化引起的，当它随后进入生命历程的下一个阶段时，它的反应会影响它所体验到"气泡"的位置和性质。

说生物体会影响它们的环境似乎很奇怪，因为我们通常假定环境是不变的，是早就存在的。我们通常认为，所有生物体必须克服的问题的始作俑者都是环境。但这个时候我们必须和冯·尤克斯库尔一样，发挥丰富的想象力，思考生物体与它们的经验世界之间的关系。一个物种所体验到的世界是什么样的取决于它能探测到什么并与之互动。例如，对于某种拥有合适消化道的生物来说，草会成为一种食物，而对于那些缺乏这种消化能力的动物来说，它就不是食物。可能还有一些动物把草视为一种障碍，或者一种筑巢的材料，诸如此类。

进化论生物学家理查德·列万廷（Richard Lewontin）认为，我们不能脱离生物体来定义环境。在画眉鸟眼中，石头是一眼就能看到的，因为它们需要用石头来砸东西。但是,"同样的石头并不能成为灯芯草雀的环境的一部分,灯芯草雀在寻找干草做窝的时候会对这些石头视而不见"。[5]列万廷还说:

> 生物体并不是去适应它们的环境,它们是从外部世界的碎片中构建环境。哪些东西与它们的环境相关,由它们说了算。石头是画眉鸟环境的一部分,而树皮是啄木鸟环境的一部分,树叶背面是黄莺环境的一部分。正是这些鸟类的生存活动决定了世界上哪些地方会真正成为它们环境的一部分,这些地方必须是所有同类都能接触到的。[6]

即使是生活在同一地点的动物,它们的相关环境也会有所不同。例如,对于寄居蟹群体来说,缺乏被丢弃的贝壳将是一个重大问题,因为这将使它们暴露在捕食者面前。但这个属于寄居蟹的问题在其他物种眼中根本不存在,比如不使用贝壳进行保护的蓝游蟹。[7]如果生物体在塑造其周围环境方面发挥了作用[8],那么人类婴儿对自己的环境会产生什么影响呢?人类婴儿所体验到的"气泡"又是什么?什么是他们的"社会摇篮"?[9]

从怀抱到沟通

有很多生物特征可以对婴儿发展的社会环境类型产生影响,例如人类抱孩子的典型方式,大家不妨想想在这一点上黑猩猩和倭黑猩猩与人类的区别。美国心理学家、灵长类动物学家苏·萨维奇-朗伯(Sue Savage-Rumbaugh)指出,抱幼崽的方式在各物种之间存在着微妙的区别,这可能对发展有重要影响。倭黑猩猩的幼崽能够紧紧抱住母亲不让自己掉落,这使得它们的母亲可以在四脚着地的情况下携带幼崽前进。倭黑猩猩的幼崽必须紧紧抓住它们的母亲,所以在这个阶段,它们"在穿越森林时,只看到一片片飞速逝去的绿色"。[10]与此不同的是，当苏·萨维奇-朗伯在喂养一只名为坎齐的倭黑猩猩幼崽时，她和其他照顾者以养育人类婴儿的典型方式将坎齐直直地抱在怀里。这种简单的区别给坎齐带来了一种非常不同的环境，因为它可以四处张望，可以摸摸这个，摸摸那个，还可以倾身用手去触碰它感兴趣的物体。这意味着抱它的人可以清楚地了解到它对什么感兴趣以及想要做什么，因为怀中的它体重在不断变化，手臂在不断伸长。它的照顾者可以对它的兴趣做出反应，这就提供了一个反应性的社会环境，在这个环境中，倭黑猩猩幼崽就有可能发展出向照顾者表达要求的能力。[11] 也就是说，这种简单的差异有可能导致一个社会反应性环境的出现，幼崽可以在其中学习如何操纵这个社会环境。

倭黑猩猩幼崽可以四脚并用牢牢抓住母亲的皮毛，但人类婴儿缺乏足够的肌肉力量，双脚也不适于抓取物体[12]，所以必须以其他的方式被携带，如被父母抱在怀里。人类的脚有支撑和杠杆作用——用于行走，足弓提供了一个刚性的杠杆和减震器，使双足步态成为可能。在这种变化中，有一块重要的骨头功不可没，那就是第四跖骨。人类双足的这一特征是何时进化出来的呢？很长一段时间以来，人们对此争论不休。1974 年，当人们发掘出 320 万年前的南方古猿的化石（即众所周知的"露西"）时，没有发现其脚上的这块骨头，因此这个问题依然悬而未决。不过，最近在埃塞俄比亚的哈达尔发现了露西所属物种的第四根跖骨，表明露西和她的物种是以现代人的方式行走的。[13] 这也意味着露西的脚不适合抓取和爬树，所以至少在 320 万年前，南方古猿就已经失去了适合抓取物体的双脚。正因如此，南方古猿的幼崽不能像倭黑猩猩幼崽那样紧紧抓住它们的母亲，故而必须以不同的方式被母亲携带。这个例子向我们展示了人类与相近物种之间存在的微小差异，它似乎与思维无关，但有可能导致幼崽体验到一种截然不同的社会互动，创造出一种可能发展出人类交流形式的环境。

当然，我们并不知道南方古猿发展出了什么样的交流方式。此外，在不同文化背景下，人类携带婴儿的方式也各不相同，尤其是当婴儿必须被长时间抱着或在地形条件恶劣的环境中携带时。这就引发了一个极有意思的问题：这种差异与婴儿的发展有何关系呢？在人类的发展进程中，携带婴儿的方式可能扮演着重要的角色，但我们必须对这样的推测做更深入的调查，而且要对该论点做一些修正。不过这种可能性是一个很好的例子，说明婴儿发展环境中与社会认知无关的微小变化可能会导致不同种类的社会经验——一个不同的发展生态位具备了发展出某些交流和认知形式的潜在可能。但我们应该清楚，仅凭这一点还远不足以解释我们之所以为人的原因。毫无疑问，许多其他的生物特征也很重要，接下来我们要讨论的就是那些具有更明显社会性的生物特征。

在某种意义上，对人类来说，不能紧紧抓住母亲是一种劣势，因为这迫使我们的祖先不得不想出一些效率较低的方法来保护他们的孩子，导致他们无法去觅食或逃避危险。与此同时，我们的弱点或"脆弱的哭喊"，也可以对人类的发展有所帮助。人类的生态位引发了一个特殊的问题空间，即社会环境，它对一个无助婴儿的态度做出了物理环境无法做出的反应。在开始研究人类这一弱点之前，我们不妨先来设想一个可以四肢着地支撑起自身体重的婴儿。地板帮不了他什么忙，但他的母亲或父亲可以扶着他的身体或帮助他运动。例如，当一个六个半月大的婴儿尝试爬行时，根据其母亲的描述，经过多番尝试，他终于能够四肢着地撑起身体并"加快速度"，但最后还是爬错了方向，倒在了一张桌子下面，这让他非常沮丧。物理环境并没有给予他任何帮助，但如果他正试图抓住一个够不着的物体，他的照顾者就很有可能会帮助他实现目标。这让我们看到，在具有高度社会性和反应性的环境中，人类婴儿拥有多大的发展潜力。

无助也是优势

> 人类是唯一一个必须接受教育的物种,否则就蒙昧愚钝、一无所知。如果无人教导,他们既不会说话,也不会走路,更不会吃东西。总之,当孤立无援地面对大自然时,他们束手无策,只能哭泣。
>
> 普林尼(Pliny),《自然史》(Natural History,约公元 70 年)[14]

在第 1 章中,我们引用了伊拉斯谟斯·达尔文一首诗的部分内容,该诗主要讲述了人类的手可能决定了人类和其他动物之间的一些关键区别。人类在一种肢体(手)上发展了抓握技能,而在另一肢体(脚)上却失去了抓握技能。这种说法当然是不全面的,而且我们必须考虑到人类身体力行的本质——我们是用躯体形式存在于物理和社会空间中的。但我们需要思考婴儿的发展背景,尤其要考虑婴儿自身的特点和敏感度是如何决定其发展背景的。要解释人类的学习,关键的问题就是说明社会互动如何开始。如果心智出现于一个互动性的社会过程中,那么这个过程是如何开始的,社会关系的条件又是如何演变的?我们必须先对社会互动技能的起源做出清楚的解释,接下来还要解释交流形式、语言和思维的随之发展。

在人类的婴儿期,存在着一块特殊的问题空间——婴儿有各种各样的需求,我们可以从他们对待事物的态度上看出来,因为这些需求在他们的行动中体现得很明显,如倾身伸手去触碰物体的行为。正如我们上面举的例子,当一个婴儿尝试爬行和伸手时,可能会因为年幼而无法实现他们的目标。这个时候,给予他们必要的照顾就显得非常重要了,因为他们是在一个由"人"组成的网络中发展的,这些"人"能够对他们用行动表达的需求做出反应。例如,当照顾者看到婴儿试图伸手去触碰什么东西时,可能会有所反应。我们不妨对处于两种环境中的猩猩进行比较，看看不同问题空间所产生的影响是什么。野生的黑猩猩似乎并没有发展出诸如用手指点的动作。但在人工饲养的情况下，当饲养员就在附近时，许多黑猩猩的确会自发地开始用手指向笼子外的食物，要求饲养员投喂。[15] 这些被囚禁的黑猩猩所体验到的问题空间与相对无助的人类婴儿相似。

自从伊拉斯谟斯·达尔文描述了"只有人类"出生时才有的"脆弱的哭喊"后，其他学者也对人类婴儿漫长无助期所具有的意义发表了看法。[16] 弗洛伊德（Freud）在1895年指出，婴儿期的无助感是交流的起源。[17] 人类婴儿起初没有能力获取他们需要的东西，但他们的哭声有助于别人理解或猜测这些需要是什么。弗洛伊德据此认为，"因而人类最初的无助感也是所有道德动机的原始来源"。[18] 遗憾的是，弗洛伊德并没有对这一耐人寻味的言论做进一步的补充。伊恩·萨蒂（Ian Suttie）[19] 在批评弗洛伊德时提出，婴儿是完全依赖父母的，而且必须让这种关系维系下去。婴儿适应了他们生存的环境，即处于无助状态，需要完全依赖照顾者。在这种关系中，爱是一个至关重要的因素。婴儿强烈的情感纽带是维持他们与父母互动的必要条件。萨蒂还对这种高强度情感关系潜在的长期影响进行了探讨。[20]

瑞士动物学家阿道夫·波尔特曼（Adolf Portmann）从生物学角度探讨了人类婴儿期的奥秘。在他的经典著作《动物学家眼中的人类》（*Zoologist Looks at Humankind*）中，波尔特曼指出，我们比类似物种早出生了一年左右。[21] 他提出了"次级晚熟性"（secondary altriciality）的概念，指的是妊娠期的缩短。妊娠期的缩短导致人类婴儿在出生时处于一种相对无助的状态。这是适应环境的产物，造成这种现象的一个可能因素是，为了拥有双足，人类的产道就不能太大，因此婴儿必须提前出生，这样他们的个头就能小一点，有利于分娩。[22]

而这样做的代价就是新生儿的无助，想要生存下来就必须得到照顾。不过人类在出生时也具备了相对发达的感官，这被称为"早熟性"（precocial），确保婴儿的早期发展是在社会环境中用一年左右的时间完成的，而其他物种类似的发展则是在子宫内完成的。[23] 因为婴儿是在与他人的互动中成长，所以他们的大脑也是由复杂的社会经验塑造而成的，包括与成人你来我往的对话。[24]

进化的结果就是为婴儿创造了一个依赖性的发展环境——一个社会、情感和文化生态位。[25] 这个社会摇篮是通过情感投入来维持的。最重要的是，父母和婴儿喜欢彼此之间的接触。婴儿是可爱的——他们赖此为生。约翰·鲍尔比（John Bowlby）曾经用20世纪50年代英国战后特有的性别歧视语言写道："就生存而言，婴儿是幸运的，他们被大自然设计成了这个样子，使母亲受到诱惑和奴役。"[26] 情感是父母与婴儿之间的重要黏合剂，它构建了婴儿和父母的社会世界。因此，为了在与照顾者互动时做出适时的反应，情感反应性对婴儿来说至关重要，但在出生时，婴儿的情绪反应性因人而异。如果婴儿对父母的参与没有足够的反应性，就无助于推动社会进程。另一方面，如果婴儿反应过度，并发现父母与他们的情感接触过于刺激，那么他们可能会拒绝接触以减少刺激。如果这种情形导致他们脱离了在人类发展中非常重要的社会过程，就会出问题。在与照顾者的互动中，婴儿进一步发展出调节自己情绪的技能，而这些新兴的能力取决于照顾者与他们接触的方式。[27]

随着婴儿的进一步发展，情绪开始发挥更多的作用。当婴儿能够越来越轻松地四处移动时，因离父母太远而产生的危险也越来越严重。婴儿需要能够安全地待在父母身边。如果我们用这种方式来考虑父母和孩子的互动，那就与动物行为研究中出现的问题没多大差别了，这个领域被称为伦理学。约翰·鲍尔比是最早将精神分析的观点与伦理学的见解结合在一起的人，但他因质疑正统观念而遭到了精神分析学界的排挤。不过他的依恋理论具有很大的影响力，催生了大量重要的研究和决策，比如我们应该在何时以何种方式进行干预才能给儿童带来帮助。对鲍尔比来说，婴儿与照顾者的依恋系统既是一种强烈的情感纽带，又是一种确保婴儿与照顾他们的家长（通常是他们的母亲）保持足够亲密的手段。依恋在婴儿 4 个月左右开始形成，在 6 ~ 24 个月期间强度不断增加——这就是所谓的依恋阶段。最初鲍尔比认为依恋对象只有母亲，但他的两位同事鲁道夫·谢弗（Rudolph Schaffer）和佩吉·爱默生（Peggy Emerson）很快就指出，婴儿可以有两个或更多的"依恋对象"，而且这些对象不一定非得是直系血亲。[28] 这种形式的关系是建立在婴儿与照顾者的互动之上的，特别是成人与他们的互动方式。

在新生儿期，婴儿的哭闹会让父母注意到他们的需求。但新生儿并不是有意识地试图用哭泣来表达他们的苦恼。首先，新生儿并没有意识到他们在进行交流，大家不妨想想其他物种的这种行为。老鼠幼崽在跌出巢穴时会发出叫声，作为回应，它们的母亲会赶来把它们送回巢穴。幼鼠的叫声起到了信号的作用，但这并不代表幼鼠在呼唤母亲，告诉母亲它想被拯救并返回巢穴。幼鼠在跌出巢穴时发出的高亢声音是不由自主的，因为寒冷会导致幼鼠的心脏速度减慢，而这又会导致腹部紧缩以加快血液返回心脏的速度，这一过程的结果就是幼鼠发出高亢的叫声。[29] 换句话说，幼鼠在寒冷的时候会发出叫声，导致的结果是被母亲送回巢穴。通过这种方式，幼鼠对它们当下的环境产生了影响，但完全没有意识到它们正在这样做。

人类婴儿刚开始的时候可能与老鼠在这方面有点相似，他们在饥饿、寒冷或不舒服的时候会哭，但并没有意识到要用这种方式表达他们的不适。另一方面，父母和其他照顾者就不一样了。他们会试图解释婴儿的行为并赋予其意义。儿科医生哈努斯·帕普谢克（Hanus Papoušek）和他的妻子、精神病学家梅希尔德（Mechthild）在40多年前就指出，父母充当了新生儿的"生物镜子"（复刻婴儿的面部表情）和"生物回声"（模仿婴儿的声音）。[30] 大概也是在40多年前，通过利用皮肤电导率进行测量，研究人员发现，人们在听到婴儿哭声时会发生应激反应（自律神经的唤醒和舒张压的上升）[31]。这样的声音会让我们产生一种想要让它减少的情感需求。

婴儿很快就学会了如何利用照顾者对他们的关注。现在就让我们来讨论一系列技能，这些技能开始时仅仅是对饥饿或寒冷等内部刺激或外部事件（如一声巨响）的行为反应。在新生儿期，当成人对婴儿微笑时，婴儿会用一个类似的表情来回应，而且这种表情很快就对他们有了意义。美国有句俚语是"像蛤蜊一样快乐"，但这并不代表蛤蜊会微笑，更不用说掌握这种举动的意义了。如果蛤蜊真的能够微笑，那么它们也许能够创造出一种不同的环境，或许就不会成为人类餐桌上常见的一道佳肴了。[32]

微笑的意义

微笑是一种常见的人类行为，是我们日常生活的一部分，是我们视之为理所当然的［除非你住在英国约克郡，在那里，作家比尔·布莱森（Bill Bryson）声称微笑是一种罕见的社会举动！[33]］，但我们往往忽视了它对人类发展的重要性。自从查尔斯·达尔文宣称人类的某些表达方式是全世界通用的以来[34]，人们就一直认为，微笑就是一个证明某些行为与生俱来的典型例子。首先，所有人类婴儿都会笑，除了那些大脑受到严重损伤的孩子；再者，只有人类会笑；此外，微笑表达的意思似乎在全世界都是一样的。尽管其他类人猿（如黑猩猩）偶尔也会扬起嘴角，但这种表情似乎并非用作一种社会信号，因为其他黑猩猩并不会以社会方式做出反应。新生儿在某种程度上已经会笑了，甚至那些先天性失明的婴儿也是如此[35]，所以它的产生似乎不需要经验或学习。

微笑是不是一种只被赋予人类的生物能力呢？现在让我们更深入、更详细地研究一下微笑的发展。事实上，那些早期的面部表情与后期的成熟形式是不一样的。新生儿的微笑还不是一种社会行为，因为婴儿最初做出这种面部表情是在睡梦中，到后来则只有在昏昏欲睡时才会这样做。[36]在4～6周大时，婴儿开始在清醒的时候微笑了，这种微笑是对一系列事件的反应，可能包括从看到父母到看到被风吹动的窗帘等不同的事件。能导致微笑的刺激物似乎有一个共同的特点，那就是让婴儿的唤醒状态发生快速的变化。[37]

尽管微笑可能始于对唤醒状态的生理反应，但当父母看到婴儿的微笑时，通常也会报以微笑。在短短数周时间内，发育正常的婴儿就会一边看着父母一边微笑了。[38]这种社会技能会在不同年龄段全方位地展现出来。在4～6个月大时，一些婴儿似乎已经会在期待与父母互动时微笑了。我们可以从一个叫做"静止脸"的实验中了解到这一点。在该实验中，母亲们[39]被实验人员要求与她们4～6个月大的婴儿正常互动一分钟，然后保持面无表情一分钟，也就是说停止互动，只是面无表情地看着她们的孩子。这对母亲们来说实际上是很难做到的，因为她们知道自己的宝宝正期待着互动的继续。那些已经开始期待回应的婴儿，在这个面无表情的阶段会对他们的母亲微笑，显然是希望让正常的愉快互动再次进行。[40]

图 2–1　法瑟德维·莱迪（Vasudevi Reddy）研究了小婴儿的"类尴尬"反应

早在两月龄的时候，我们就能在婴儿脸上看到那种可被形容为"腼腆"的微笑。在图 2–1 中，一个婴儿注视着镜中的自己（从左往右第一张图片），开始微笑（从左往右第二张图片），睁大眼睛并转过头去（从左往右第三、四张图片）。法瑟德维·莱迪[41]将此描述为"类尴尬"反应。在婴儿的社会发展中，这是非常有趣的一步，但大家千万别忘了，一个婴儿想要达到像我们这样的理解水平，还有很长的路要走。这种反应不一定表示婴儿理解了他人对自己的看法——对你我来说，他人的看法则在我们的自我意识中占据重要位置。而在这个年龄段，婴儿能做的只是开始逐渐习惯社会互动的性质，是不太可能像你我那样反躬自省的。婴儿不过是逐渐发展出对人际关系中可能会发生什么的预期，因此他们可以在特定环境中预测他人的反应。图 2–1 中的婴儿很可能因为镜中"婴儿"的微笑变得太有威胁性而转移了视线。无论如何，这种表现都是非常可爱的。这样的可爱也有助于吸引成人与婴儿接触。

另一种形式的微笑出现在 8～10 月龄。8 个月的孩子会一边玩着玩具，一边时不时转头看向母亲。他们会在分别看向玩具和看向母亲时绽开笑脸，但在将视线从玩具转向母亲的过程中，他们不会微笑，这与数月后他们在相同情景中的表现不一样，到了 10 月龄时，婴儿可以一边玩一边微笑着将视线从玩具转向母亲了。[42]也许这没什么好奇怪的，当他们学会了控制自己的姿势，如坐直身子，自然就能将一系列动作配合起来协调自如了。要完成在这种姿势下的微笑行为，需要婴儿先发展出其他一些运动动作，如将感知到玩具、准确地伸手抓取玩具、调节自身兴奋程度等过程一气呵成。对这些技能的掌握及协调都是通过婴儿对其世界的行动而逐渐形成的。[43]

婴儿获得这一重要社会能力的过程是复杂而漫长的，我们前面所说的不过是略略几笔的简单勾勒。但即使只是说了个大概，也足以表明微笑的发展有多复杂，根本不是有些人所宣称的那样，微笑只是人类与生俱来的寻常表达方式。这种逐步形成的社会技能有一个复杂的历史，是婴儿在他们的发展环境中逐渐掌握的，而婴儿所处的发展环境也会随着他们进一步的技能发展而不断变化。随着婴儿越来越熟练地使用微笑等交流形式，他们很可能会从其他人那里得到更为复杂的反应，从而促使进一步的发展。儿童需要好几年的时间才能学会在讲笑话时板着脸、憋住笑，或者在微笑时隐藏种种不同的感受，而这些连成年人也不见得能做到滴水不漏。

人类通常更喜欢看到笑容。我们之所以觉得海豚和白鲸很可爱，很可能是因为它们看起来很欢快。随着婴儿的能力发展，他们逐渐能够做出更复杂的行动，而这反过来又以新的方式影响着他们的社会环境。这个发展的故事可比简单地假设人类每种能力都与生俱来要有趣多了。所有物种都一样，任何技能的发展都是通过与环境的多方面互动发生的。事实上，早就有人认为"交易"一词更好地描述了个体和环境之间不分先后的相互影响。[44]这显然并非某些人类既有的特征逐渐展现那么简单。像微笑这样的能力是在特定发展背景下形成的，这类技能既能维持人类的社会和情感生态位，还能不断开拓新的空间。在婴儿期和儿童期之后，微笑会变得越来越复杂，可以在不同的社会环境和文化中传达许多不同的含义。为了体验这种复杂性，你可以试着注意一下自己在什么情况下会微笑，以及当别人对你微笑时你会有什么样的体验。当你发现他人的微笑可以对我们的感受造成多大的影响时，你定会感到惊讶不已，这种表达方式有五花八门的形式——从喜不自胜到幸灾乐祸[45]。

眼睛是窗户

相信大家都听说过"眼睛是心灵的窗户"，这种说法反映了一种普遍的感受，即眼睛揭示了一个人的精神生活，流露了他的思想和情感。这就是为什么一些扑克玩家如果还没有练出"面无表情"的本领，就会戴上墨镜，不让人察觉他们有一手好牌，或虚张声势误导对家。在婴儿的社会发展中，眼睛以多种方式发挥着至关重要的作用。用视线追随他人的目光是一项基本的社会技能，当我们需要让他人感受到关注、学习怎么说话以及得体地应对一般社交时，它就显得尤其重要。那么，如果一个孩子能够追随他人目光，则表明这个孩子的社会理解达到了哪种水平呢？美国心理学家安德鲁·梅尔佐夫（Andrew Meltzoff）和雷切尔·布鲁克斯（Rechele Brooks）声称，当儿童学会跟随他人的目光时，就意味着他们想要了解对方的心理活动。

我们跟随他人的目光，是因为我们想看到他们在看的东西；当我们看到人们把目光投向某处时，我们就想知道是什么东西吸引了他们的注意。[46]

换句话说，如果我们看到一个孩子正追随着另一个人的目光，就会认为他对这个人在看什么感兴趣。如果我们说的是成年人或儿童，那么这是合理的；但如果是非常年幼的婴儿，那可就不见得了，因为这种说法假定他们拥有大量的理解力。还有一些物种也可以追随他者的目光，我们已经在许多其他灵长类动物中观察到了这一点。事实上，黑猩猩在这方面表现得相当出色。例如，被关在笼子里的黑猩猩发现有个人正盯着笼子后面看时，它也会看向那里，如果看不到那个人在看什么,那么它还会再次检查以确定那个人真正的目光的方向。在某些情况下好像有的狗也能跟随目光,甚至连家养的山羊也会跟随其他山羊的目光的方向。[47]虽然看其他山羊在看什么可能对寻找食物非常有用,但如果说它们这样做是有意识地想知道羊群中其他羊在看什么,那就有点离谱了。[48]

目光追随到底意义何在呢?对那些言之凿凿的说法,我们最好还是持比较谨慎的态度,除了上面提到的原因,还有一点就是,目光追随的形式实在是太多了,比如新生儿对身边人的眼睛最敏感,18月龄时有着更复杂的目光追随;再比如确认你是否正在看向你希望他们看的地方。但这里有一个难题,我们要如何判断哪种才是"真正的"目光追随呢?即使是只有2~5天大的婴儿,也对身边人的目光有一定的敏感性。事实上,根据相关报告,婴儿在刚出生时就表现出对人脸的极大兴趣。和那些闭着眼睛的人脸相比,他们更喜欢看那些睁着眼睛的人脸;和那些视线转向别处的人脸相比,他们更喜欢看那些正盯着他们的人脸。[49]当然,这与1~2岁儿童所能达到的技能还相差甚远,但这是发展出进一步社会能力的必要基础。这种喜欢直视眼睛的倾向会吸引婴儿注意周围社会世界的重要部分。

正如前面对微笑的讨论一样,我们没必要假设婴儿天生就有与眼睛相关的社会知识。更确切地说,是在视觉系统和现实环境的共同作用下,婴儿才逐渐明白了目光注视意味着什么。[50]举个例子,我们不妨思考一下婴儿及其照顾者之间相互注视的作用。这是一种面对面的互动,那维持这种互动的基本过程是什么呢?婴儿最好的聚焦距离约为30~38厘米,因此,对他们来说,在周围可视的环境中,将他们抱在怀中的父母的脸就是最醒目的。[51]因此,婴儿利用了环境来发挥自己的能力。在人类身上,眼睛可能是最引人瞩目的部位，因为与其他灵长类动物相比，人类的眼睛是独一无二的，在深色的虹膜周围有一大片白色的巩膜，所以眼波流转才那么无所遁形，因此我们可以一眼就看出别人在看什么。[52]有人认为这有利于合作性的社会互动，[53]我们的观点是，这些生物特征可能是进化出来的，因为它们也可以促进人类的社会进程。婴儿正是通过这个进程发展出人类的社会互动技能，然后在此基础上形成思维。

此外，当一个婴儿专注地盯着父母的脸看时，可能会让成人对他们的关注持续得更久一些，这或许是因为成年人往往将这种相互注视解读为孩子对自己感兴趣。在婴儿出生后的第一个月，父母通常会把脸凑到离婴儿约42厘米处，这个距离的面对面互动可能是最适合婴儿视觉系统的。随着婴儿对视觉系统的掌控越来越驾轻就熟，在他们出生后的头两个月里，这个距离很快就会扩展到大约72厘米。[54]所以，我们不应该轻易将婴儿视为"不成熟"。由于人类通常会形影不离地将自己的后代带在身边[55]，因此婴儿的视觉系统在其社会环境中几乎如鱼得水。这就引发了一系列连锁反应，例如，在大约4月龄时，婴儿就不再那么热衷互相对视的游戏了，他们会把目光投向别处，于是父母便会把他们的注视方向和所有行动（有意和无意的）解释为与正好位于目光注视方向的物体相关。[56]

关于"注视"的研究

为了探索注视方向对婴儿的潜在影响，文森特·里德（Vincent Reid）和特里西娅·斯特里亚诺（Tricia Striano）开展了一项有趣的研究，他们向三月龄的婴儿展示了一张照片（如图2-2），照片中一个成年人看向了左右两个物体中的一个。然后他们向这些婴儿展示了另一张照片（如图2-3），这张照片中没有了那名成年人，只有在前一张照片中出现的两个物体。

图2-2 文森特·里德和特里西娅·斯特里亚诺关于共同注意（joint attention）的早期研究，首先向婴儿展示这张成年人看向两个物体的照片

图2-3 然后向婴儿展示只有物体的照片

研究者发现，当这些物体呈现在眼前时，婴儿看向颜色较浅物体的时间更长。研究人员解释说，这表明婴儿前面已经看过深色物体了，因为他们受到了图2-2中那名成年人目光方向的影响。[57] 这表明，婴儿三个月大时就已经在利用来自他人目光方向的社会线索了。

评估婴儿是否能追随他人目光方向的最常见方法是由迈克尔·斯凯夫（Michael Scaife）和杰罗姆·布鲁纳（Jerome Bruner）在20世纪70年代初首

创的。在该研究程序（如图 2-4）中，研究者让婴儿坐在其腿上，与其母亲隔着一张桌子，后者先与婴儿进行目光接触，然后将视线转向位于其左边或右边的一个物体（两边各有一个物体）。婴儿在什么年龄段才会跟随母亲的视线看向那个正确的物体呢？斯凯夫和布鲁纳发现，在两轮实验中，30% 的 2～4 月龄婴儿至少有一次看向了正确的方向。[58] 到 11～14 个月大时，所有婴儿都可以这样做了。在这项早期研究的后续研究中，研究程序又增加了许多变化，有证据表明，如果物体是在婴儿的视野范围内，也就是在他们目光能及的周边视野中，在 3 月龄时，他们通常就会朝着正确的方向看了。

图 2-4 为了测试婴儿目光追随现象的出现，研究人员调查婴儿会在何时将目光转向大人看向的地方

到 6 月龄时，婴儿在看往正确方向的表现更好一些了，但他们往往会把目光停留在看到的第一个物体上，即使该物体并不是实验者正在看的那个。到 12 月龄时，他们可以准确无误地找到实验者正在看的目标，即使它是他们目光所及的第二个物体。不过，这类实验都是在实验室里完成的，实验室里并不存在常见的家庭杂物。所以，在日常生活环境不那么完美的条件下，目光追随可能更具挑战性。到 18 月龄时，婴儿已经非常善于追随别人的目光方向了，他们甚至可以追随他人的目光一直看向位于自己身后的物体。在其他一些研究

中，实验者看向的东西是位于某个障碍物后面的，比如一堵墙。在这种情况下，12～18月龄的孩子会爬着或走着绕过这个障碍物，就为了去搞清楚实验者到底在看什么。[59]

对他人眼睛的敏感性在社会发展过程中很重要，除了上面提到的研究发现，还有一个很重要的证据来自那些后来被诊断为孤独症的儿童，他们对他人目光缺乏敏感性。孤独症通常要在儿童至少三岁时才能被诊断出来，因此很难研究这些儿童到底是和其他儿童有哪些不同才会被诊断为孤独症。为了寻找线索来了解孤独症的发展过程并开发出尽早识别该疾病的方法，一些研究人员仔细观看了这些孩子在婴儿时期的家庭录像（特别是他们的第一个生日聚会[60]），这种办法确实很有用。调查显示，这些孩子与他人的互动比其他孩子更少，在与人互动时露出的笑容也更少，在婴儿时期，当他们被叫到名字时通常没有反应，对身边人的面孔也没有兴趣。他们一般也不会用以手指物的方式来示意他人看什么。但是这种调查方法也有缺点，因为它不见得能确定问题的原因，甚至不能确定问题是如何表现出来的。例如，有人多次指出，孤独症患者的主要问题可能与动机有关，与能否理解来自周围的社会信号似乎关系不大。[61]

为了解决这个问题，研究人员采取的方法是研究孤独症儿童的弟弟和妹妹。因为受遗传的影响，这些弟弟妹妹们罹患此症的机会比其他儿童要高得多——孤独症患者的手足有约9%的概率罹患该症，而其他儿童则不到1%。在一项类似的研究中，朗尼·茨维根鲍姆（Lonnie Zwaigenbaum）及其同事[62]调查了150名孤独症儿童的手足，并对其中65名儿童进行了跟踪调查，一直到他们两岁。在6月龄时，那些后来被诊断为孤独症的婴儿显得比较被动，当周围人尝试吸引他们的注意力时，他们的反应较差。在12月龄时，他们很少与他人有眼神接触，目光追随的表现也很差，和其他孩子比起来，他们较少在互动时露出笑容，对和人互动没什么兴趣，也看不到他们像其他婴儿那样表达快乐。他们似乎执着于环境中那些与社交无关的方面，同时对他人试图发起交流的邀请置若罔闻。和处于正常发展进程的儿童不同的是，两岁的孤独症儿童不喜欢那些在亮光中看起来像生物运动的东西。[63] 另外，与正常发展的同龄人相比，后来被诊断为孤独症的婴儿在 2～6 个月期间看向他人眼睛的次数不断减少，而不是逐日增加。[64] 所有这些反应模式都可能导致他们对社会世界的参与度大大降低，但对人类来说，理解我们的社会世界并使其成为自己的第二天性是发展过程的重要部分，参与度减少会让他们错过很多。

追随他人目光所向以了解对方在看什么，这样我们才能与他人的关注保持同步，也是社会性进一步发展的关键因素。追踪他人的目光对于了解他们所关注的内容至关重要。例如，为了学习每个物体的名称，婴儿必须知道其他人嘴里正在说的是什么。到目前为止，我们讨论的重点一直是如何协调视觉注意力，因为这是协调注意力最常见的手段，但那些先天性失明的婴儿该怎么办呢？他们也需要学习如何与他人在注意上保持同步呀。事实上，他们会以不同的方式利用其他感官来实现这一点，如触觉和听觉。因为这种方式难度更大，而且可能需要更长的时间，所以这些孩子在社会理解能力的发展上可能会有一些延迟。[65]

目光追随是婴儿形成对周围其他人的了解的一种早期形式，它能带来很实用的社会性知识。也就是说，追随别人的目光通常会看到一些有趣的景象，因此别人转头的动作会向婴儿传递出某种意义，这是一种社会理解的形式。一开始这可能只是一个信号，就像烟雾表示火一样。但随着进一步的发展，与转头这个动作相关的互动会变得越发复杂。当婴儿身处某种具体的情景时，他们对该情景的社会性期望或理解会逐渐结合起来，形成更复杂的社会性理解。

本章小结：创造社会也被社会创造

婴儿会影响他们所处的环境，尽管他们刚出生时是如此无助。他们在"脆弱的哭喊"中降生，需要一个能让他们得到关爱呵护的社会环境，所以说，人类婴儿是在一个社会化世界中成长的。当婴儿有所需要的时候，必须要有一种能将信号传递出去的手段。当然，刚刚出生的婴儿并没有要求什么的意识，他们的哭泣只是对不适的自然反应。但是，即使在哭声中，婴儿也在影响着社会环境，并不断从得到的反应中学习，在此过程中逐渐形成对环境的理解。

在本章中，我们讨论了婴儿在技能发展方面的例子，比如互相注视、共同关注以及在与他人互动时的微笑。这些社会技能中的每一项的获得都会改变婴儿与他人的互动和他人的反应。

当然，一旦心智在社会过程中出现，它就有可能使该过程发展为个体之间更复杂的社会互动形式，这在它出现之前是不大可能的。但是，一个特定过程的产物对该过程的进一步发展做出贡献，或成为该过程的一个基本元素，这并不奇怪。可以说，社会进程的起源或最初的存在并不依赖于自我的存在和相互作用，但它确实需要依赖后者来达到更复杂、更有组织的阶段，这是自我在其内部出现之后才能实现的高度。[66]

儿童发展是一个累积性的、反复的过程，每个阶段的能力发展都以前一阶段取得的成就为基础，同时也为下一个阶段的发展开辟了新的可能。许多心理学家用"建构主义"（constructivism）一词来描述这一过程。例如，我们可以想象一下，当一个孩子学会走路以后，他接下来能干的事情可就太多了。这生动地体现了何为"旅行让头脑豁然开朗"。[67] 但是，那些已经学会的技能在这个时候可能需要被重新构建。在凯伦·阿道夫（Karen Adolph）及其同事的一项研究中，研究者将一些刚刚学会走路的幼儿放到一个陡峭的斜坡前，然后在一旁观察孩子们会有哪些表现。孩子们要么选择爬下去，要么选择走下去。如果选择爬行，他们会小心翼翼地试探自己是否能爬下去，而且一开始就表现出很厉害的评估能力，还会根据父母的鼓励来判断可行程度并做出反应。但是，同样是这些孩子，如果他们选择的是走下去，就会直接把自己从平台上扔下去，因为此时他们还没有根据走路姿势来判断高度的经验，需要慢慢学习才知道具体该怎么做。[68] 这个例子清楚地说明了儿童是如何根据他们在某一特定领域的发展状况来对当前情况做出反应的。每一种新情况都是不同的，他们要依赖过往复杂的经验来调整自己的反应。因此，我们看到的是一个循序渐进的发展过程，他们逐渐学会了用更复杂的方式与自己的世界（物质世界和社会世界）互动。我们用"关系视角"（relational perspective）一词来指代我们解释社会理解如何产生的方法。在这种理论方法中，儿童与其所处世界的关系是焦点，个人对这些关系的贡献尤其不容忽视。

每个人都有不同的特点，体现在与他人的关系上。儿童在面对各种事件时通常的反应方式被称为他们的"气质"（temperament）。这个词最初被用于描述钢琴或大键琴的音调，现在它被用来鉴别婴儿在性格上的差异和他们对事件的典型反应方式。一言以蔽之，每个婴儿都是不同的。对于有不止一个孩子的父母来说，这是不言而喻的，兄弟姐妹之间也知道彼此之间的差异。我们在前两章中已经论证过，把这种差异绝对区分为由基因解释的部分和由环境解释的部分是不可能的。尽管如此，婴儿确实是生而不同的。他们在子宫里经历了不同的环境，出生后有不同的家庭结构，这些都是影响因素。而且每个婴儿的父母也有差异，他们与父母的关系取决于亲子之间的互动模式。

在解读婴儿成长的发展生态位的过程中,我们已经了解了多种亲子互动形式。这让我们看到了交流的开始,这是人类之所以能够不断发展的关键部分。在下一章中,我们将更直接地探讨人类是如何以更复杂的方式进行交流的。我们要思考这种复杂性的本质,这在很大程度上取决于儿童是如何了解话语和手势的意义的。与其只关注哲学家的辩论,不如也好好观察一下婴儿,看看他们是如何掌握交流技能的。

推荐阅读

- Griffiths, P. E., & Stotz, K. (2000). How the mind grows: A developmental perspective on the biology of cognition. *Synthese*, 122, 29–51.
- Kaye, K. (1982). *The mental and social life of babies*. Hemel Hempstead: Harvester Wheatsheaf.

注　释

1. Darwin(1978, p. 91)。
2. Griffiths and Stotz(2000, p. 45)。
3. Von Uexküll(1934, p. 5)。
4. "生物体在真正意义上决定了其所处的环境"(Mead, 1934, p. 215)。当代理论家认为,不应将环境视为生物体必须应对的一种不变的障碍,这种说法是有问题的(West & King, 2008)。在阅读本书的过程中,你会反复遇到那些假设存在着分裂或二分法的理论方法,而我们认为,只要我们将行为作为研究目标,就能够触及两者之间的关键。在这一章中,我们探讨了生物体和环境之间的分裂,提出了一个更有成效的方法——将两者联系起来。

5. Lewontin(2001, p. 64)。

6. Lewontin(2001, p. 64)。

7. Griffiths & Gray(2004)。

8. "所有生物体都通过吸收矿物质、通过吃来消耗资源,但它们也可以为自己的消费创造资源,比如蚂蚁会制造真菌农场。"(Lewontin, 2001, p.64)河狸会努力让水位上升,使环境更适合它们。但与此相反的是,一些树木可能会制造阴凉阻止自己的幼苗生长。"生态演替正是物种通过改变自身环境而自我毁灭的历史。"(Lewontin, 2001, p.64)

9. Hobson(2002)。

10. Savage-Rumbaugh, Fields, Segerdahl, & Rumbaugh(2005, p. 16)。

11. Savage-Rumbaugh & Fields(2011)。

12. 抓握力是指紧紧抓住或握住某样东西的能力。虽然人类的脚有一定的抓握力,但不足以支撑我们的体重。

13. Ward, Kimbel, & Johanson(2011)。

14. 引自 Kaye(1982, p. 54)。

15. Leavens(2011);Krause et al.(2018)。

16. Freud(1954);Mead(1934);Suttie(1935);Portmann(1990);Gould(1977);Bruner(1972)。

17. Freud(1954)。

18. Freud(1954, p. 379)。

19. Suttie（1935）。

20. 在此之前，休谟（Hume）也对婴儿期的存在意义做出了推测。"人类漫长而无助的婴儿期需要父母同心协力来维持其幼小的生命，这种结合需要贞洁的美德或对婚床的忠诚。"（《政治社会》，第四节，第5段）

21. Gould（1977）；Portmann（1990）。

22. Gould（1977）；Zeveloff & Boyce（1982）。

23. Bowlby（1958, p. 367）；Bruner（1972）；Suttie（1935）。

24. Mareschal et al.（2007）。

25. Odling-Smee, Laland, & Feldman（2003）。

26. Bowlby（1958, p. 367）。

27. Shanker（2004）。

28. Schaffer & Emerson（1964）。

29. Jones（2008）。

30. Papoušek & Papoušek（1977）。

31. Frodi et al.（1978）。

32. 宠物狗或猫可以体验到一个社会性世界的存在，并体验到它与物理性世界的不同，还知道可以通过它们的行动让这个世界到来。

33. 在比尔·布莱森的《小岛笔记》（Notes on a Small Island, Bryson, 1996）中，对沉默寡言的约克郡民风做了很好的描述。在他的《通往小溪之路：更多小岛笔记》（The Road to Little Dribbling: More Notes from a Small Island, Bryson, 2015）一书中，他写道："我喜欢约克郡和约克郡人。我钦佩他们的直率……如果你想知道自己的缺点，没有比这个地方的人更能帮到你的了。"

34. Darwin（1872）。

35. 达尔文（1872）用一个失聪盲女劳拉·布里奇曼（Laura Bridgeman）脸上的微笑为例，证明微笑这种表情是天生就有的。此后的研究表明，新生盲童的微笑比其他婴儿更为短暂，并需要更长的时间才能让他们懂得微笑的社交意义。欲了解更多例子，参见 Freedman（1964）。

36. Jones（2008）。

37. Jones（2008）。

38. Jones（2008）。

39. 在我们所知的所有研究中，被要求在婴儿面前表演"面无表情"的都是母亲。如果在男性与孩子玩得更疯的文化中（如英国和美国）让父亲来完成这项研究，一定会很有意思，因为父亲的"面无表情"可能会让孩子产生不同的感受。想了解更多例子，参见 Lewis & Lamb（2003）。

40. Mcquaid, Bibok, & Carpendale（2009）。

41. Reddy（2008）。

42. Jones（2008）。

43. Jones（2008）；Messinger & Fogel（2007）。

44. Sameroff & Chandler（1975）。

45. "schadenfreude"（幸灾乐祸）在英语中还有一个很少使用的同义词"epicaricy"。

46. Meltzoff & Brooks（2007, p. 232）。

47. Kaminski et al.（2004）。

48. Carpendale & Lewis（2006）。

49. Farroni et al.（2004）；Rigato et al.（2011）。

50. Turkewitz & Kenny（1982）。

51. Huurneman & Boonstra（2016）。

52. Kobayashi & Kohshima（1997, 2001）。

53. Tomasello, Hare, Lehmann, & Call（2007）。

54. Jayaraman et al.（2017）。

55. Savage-Rumbaugh & Fields（2011）。

56. Hendriks-Jansen（1996, p. 273）。

57. 为了展示这一效果，里德和斯特里亚诺（2005）采用了一些有趣的控制手段。在其中一个条件下，他们让成人直视前方，当后来只展示两个玩具的照片时，婴儿的视线就不会在其中任何一个上停留得更久。

58. Scaife & Bruner（1975）。

59. Moll & Tomasello（2004）; Carpendale and Lewis（2006, 2010）。

60. Osterling & Dawson（1994）。

61. Koegel & Mentis（1985）; Jaswal & Akhtar（2019）。

62. Zwaigenbaum, Bryson, Rogers, Roberts, Brian, & Szatmari（2005）。

63. Klin et al.（2009）。

64. Jones & Klin（2013）。

65. Bigelow（2003）。

66. Mead（1934, p. 226）。人类婴儿的生活世界会随着他们的发展而改变，也会随着能力的增加而改变。一旦自我从社会过程中产生，就可以维持以及改变这个社会过程，并增加其复杂性，从而改变自我发展和进化的环境。一旦心智出现，婴儿就能与他人进行更复杂的互动。因此，心智是社会过程的产物，它在该过程中不可或缺，并使其变得更加复杂。

67. Campos et al.（2000）。

68. 还有几项阿道夫的研究值得在此提一提。她的早期研究表明，处于不同姿势的婴儿对高度线索有不同的反应（例如，Adolph，2000）。她最近的研究说明了蹒跚学步的婴儿是如何向照顾者发信号，并将其注意力引向更远物体的（Karasik et al.，2011）。

第 3 章

语言发展

本章我们要探讨一个平凡的奇迹：语言是如何实现人际交流的。

> 研究语言就是在探索奥秘。
>
> 伊恩·罗宾逊（Ian Robinson）[1]
>
> 作为地球生命的一个特征，语言是科学界一个伟大的未解之谜。
>
> 克里斯·奈特（Chris Knight）
> 迈克尔·斯图德特-肯尼迪（Michael Studdert-Kennedy）
> 詹姆斯·赫尔福德（James Hurford）[2]

作为人类，语言是一个核心元素。它与我们的智力密切相关，这就是学术界在反复争论人类与灵长类动物分别拥有的技能时，语言一直是争论的焦点的原因。大多数人每天都淹没在海量的对话里，这让人类的交流看起来是如此简单——幼儿无须明确的指导就能掌握他们的母语，而且速度快得令人咋舌。事实上，很多儿童学会了两种或更多的语言。在过去的一个世纪里，人类毫不费力地走过了广播、电视、互联网和微博的时代，每种形式的交流方式都略有不同。但矛盾的是，理解语言的基本组成部分是如此困难，以至于有人认为这是科学中最大的难题。[3]

语言是如何运作的？词语是如何传递意义的？虽然这些问题看起来非常直接，但关于"意义"的话题就像房间里的大象，在心理学中很少被涉及。要明确的是，我们不是在讨论生命的意义，也不是在讨论某件事情要达成的目标是否有意义。当然，为了讨论这样的问题，必须要有一种语言，我们所关注的就是人类的语言是如何工作的——如何帮助我们互相沟通和理解。这通常是通过语言（口头上），但这一过程更早地是从婴儿的手势开始，而且在对话中还有许多言语以外的资源来传达意义。[4] 一些学者将意义视为名词，视为固定的，但我们遵循的传统是将其视为动词，是一个动态过程而不是一个静态实体。[5]

要了解人类心智的发展，就必须了解语言，了解它是如何运作的，以及它与其他动物使用的交流系统有何不同。我们认为，这是因为这种诞生于语言中的意义系统是人类思想形式的基础。为了解决这个问题，我们需要研究关于语言如何工作的不同观点。尽管常见的观点认为，语言所做的一切是将思想从一个人的头脑中传达给另一个人，但我们希望证明意义是在社会互动的过程中形成的。接下来我们将展示这些技能是如何在婴儿期和儿童期出现的。

什么叫作"意义"

在杰里米的女儿汉娜三岁半时，她问："爸爸，什么是意义？"当他绞尽脑汁想给出一个通俗易懂的答案时，她放弃了等待他的回答，高兴地跑出去玩了。现在，我们已经在这个复杂的问题上努力了很多年。尽管在20世纪的大部分时间里，"意义"的本质一直是哲学中的核心问题，但心理学家似乎很少给予关注。他们充其量会假设我们每个人都有一本"心理词汇表"（相当于词典），其中包含每个单词的信息。但这既忽略了哲学上的假设，又忽略了这种假定的心理词汇表是如何实际运作的。它给这种能力起了个名字，但命名和解释是两回事。当涉及"意义"时，心理学家似乎觉得像这样困难的问题可以安全地留给哲学家（或儿童）去操心。尽管这是个烫手的山芋，但把它抓在手里还是很重要的，因为心理学的理论是建立在关于"意义"的假设之上的，即使这些假设并没有被明确地说出来。但是，正如在购房之前需要检查地基，购车之前需要检查里程表一样，我们一定要对作为理论基础的假设进行再三检查。为了避免因一时不察而用了某种建立在有缺陷的意义概念之上的理论，对这些哲学预设做一番仔细核查是很有必要的。

心理学通常对意义持何看法呢？哲学家路德维希·维特根斯坦（Ludwig Wittgenstein）以圣奥古斯丁为例，说明被普遍接受的对"意义"的理解是什么。关于人类语言的本质，奥古斯丁提出了一个独特的观点：在语言中，每个单词都是某个物体的名称，句子就是这些名称的组合。在这种关于语言的描述中，我们找到了下面这个观点的根源：每个词都有意义。这个意义与这个词相关联，它是这个词所代表的物体。[6]

在语言发展研究中，我们到处都能看到这种关于意义的观点，这也是为什么在语言学中，要用"映射"（mapping）——将新单词和具体的物体相对应，来比喻儿童增加词汇量的方式。从不同时代的大家之作中，我们得出了一个类似的观点，即意义是被固定在词语上的，这些大作不但包括来自英国哲学家约翰·洛克（John Locke）的哲学巨著，还包括语言学家史蒂芬·平克在近期出版的《语言本能》(*The Language Instinct*)。[7]

按照这样的观点，意义是固定在词语上的，这就引出了另外一种关于如何用语言来进行交流的观点。该观点通常被称为代码模型（code model）或消息模型（message model）。用哲学家约翰·坎菲尔德（John Canfield）的话说就是：

语言的作用就是交流思想，这是最根本的原则。我没有办法直接把想法摊开放在你眼前，只能用文字或其他符号来代表这些想法，然后把这些符号呈现给你，你再把它们与你头脑中的相应想法联系起来。心智是私人的，而言语是公共的；言语在一种隐私和另一种隐私之间架起了桥梁。当然，这个观点还需要进行一些完善才能公之于众。尽管这样的描述很简化，但文学作品中随处可见其影子，并在此基础上产生了很多更为复杂巧妙的说法。[8]

根据这个代码模型可知，语言是通过一系列过程来运作的：首先，说话者将意义编码到词语中，然后传递给其他人，其他人再对词语进行解码，得出其原始意义。而这只有在意义确实是被固定在词语上的情况下才能起作用，现在就让我们来好好分析一下这种观点。

"固定"说法的问题

对于这种关于语言运作方式的观点，批评家们早就指出了其存在的严重问题。苏珊·朗格（Susanne Langer）在一篇关于"意义"的文章中建议："也许'意义不是特质，而是词语的功能'的说法会更好。"[9] 举个例子，即使是那些非常简单的声音，也可能具有复杂的意义：

一声枪响可能意味着比赛的开始、太阳的升起、危险的场景、游行的开始，等等。至于铃声，它能传递的信息就太多了：有人正在前门（或者后门、侧门）；有电话进来；吐司烤好了；打字机一行到头了；学校开始上课了；工作开始了；礼拜开始了；礼拜结束了；街车出站了；收款机开始打印了；磨刀机启动了；该用餐了；该起床了；城里起火了……[10]

认为意义是被固定在词语之上的，就像物体上贴的标签一样，这样的观点由来已久，至少从圣奥古斯丁的时代就开始存在了，对它的批评也同样源远流长。在乔纳森·斯威夫特（Jonathon Swift）的小说《格列佛游记》（*Gulliver's Travels*）中，格列佛邂逅了一群学者，这群学者宣称找到了一个可以让大家不费口舌而活得更健康的办法，因为他们发现，词语只不过是各种事物的名称而已，只要随身携带一袋他们想谈的东西，和人打交道的时候，把物品从袋子里拿出来就可以进行对话了。但这个办法有一个缺点，如果他们想聊一些更广泛的话题，就必须携带一个非常大的袋子。所以，除非负担得起雇用一两个仆人来专门扛袋子，否则这些学者们就要被袋子压得喘不过气来了（镇上的女性都拒绝参与这种愚蠢的事情）。

可能有人认为，这种携带物品袋子的法子可以通过新的科技手段加以改进。比如说，智能手机能存储大量的图片，可以用来代替装东西的大袋子。事实上，在杰里米身上确实发生过类似的事情。有一回，当他在巴黎的时候，有个朋友请他购买一种特殊的发刷。由于杰里米的法语水平相当有限，所以他在手机上放了一张那种发刷的照片，将其展示给商店工作人员看。这在实际交流中很有效，这些工作人员要么会给他指出正确的方向，要么摇摇头表示他们没有这种发刷。但是，这种方法奏效的前提是所有人有一个共识——我们在商店里肯定是买东西。如果他在街上拦住一个路人给人家看照片，对方可能会用奇怪的眼光看他，说不定还会把他关起来。所以，交流的成功取决于特定社会情境下的共识。

在一幅漫画中，著名哲学家（也是漫画家）加里·拉森（Gary Larsen）讽刺了上述关于语言的看法。在这幅漫画中，一个人在一些物体上涂上了对应的名字，如"房子""树""狗""猫""衬衫"等，该漫画的标题是《现在，大家应该搞清楚这里发生什么了吧！》。当然，拉森用他出色的幽默感告诉我们，这根本没办法让大家搞清楚这里发生了什么，因为人们不是这样使用语言的。

拉森在另一幅漫画中继续发出了无情的嘲笑。在这幅漫画中，一名飞行员发现一名遭遇海难的水手正站在一个荒岛上，旁边的沙滩上写着不完整的呼救信息"HELF"，该水手正拼命地朝着这名飞行员挥手，飞行员则用无线电说："等等！等等！取消救援，我猜它说的是'HELF'（不是'HELP'）。"漫画中飞行员似乎正在离开现场，尽管该情境让人一眼就明白真正意味着什么。这幅漫画让我们更充分地认识到，意义不仅仅是对某个单词的解释，它植根于一些普通的社会情境中，而人类的共识就是建立在这些情境之上的。

让我们来继续探讨"意义是固定的"这一看法，看看加里·拉森还提出了哪些批评。他还有一幅标题为《帆船运动与爬虫学的共同点》的漫画。在该漫画中，来自两个不同专业领域的人说的是同一句话"她真美呀，诺姆。她有

24英尺①吗？"但这个"她"指代的是不同的对象：一方指的是一条船，而另一方指的是一条蛇。这是一个"索引性"（indexicality）的例子，也就是说，同样的话在不同场合可以用来表达不同的意义。但是，如果意义只是以"代码模型"所说的那种方式附着在词语之上，那么该模型又如何解释语言所具有的灵活性（如朗格和拉森展示的那样）呢？

那什么是意义的"索引性"呢？一句话的具体意义取决于一系列互动发生时的具体情境，我们要按照当时的具体情境来赋予一句话应有的意义，这就叫"索引性"。意义不是固定的，不是牢牢依附在一个单词、一个表征、一个表情手势等之上的。单词、短语或图像可以被用来传达各种不同的意义，这取决于使用它们的具体社会情境。例如，在某些情境中，恭维的言辞可能是侮辱性的，而在另外一些情境中，侮辱的言辞可能是表达亲昵。同样的一句话"我会半夜来找你"，如果是罗密欧对朱丽叶说的，它就是一种承诺；但如果是吸血鬼对他的下一个潜在受害者说的，则是一种威胁。[11]

关于意义是附着在词语之上的说法，如果要把它阐释得更清楚一些，我们可以参考被称为"那什么效应"（whatjamicallit effect）的现象。[12]当我们一时之间想不起某个事物的名称时，会说出"那什么玩意儿在哪儿"或"把那什么东西递给我"之类的话，别人该怎么理解我们呢？而且，"那什么"怎么能算得上一个词呢？事实上，它的含义千变万化，或者更准确地说，人们可以用它来表达不同的含义。但人们在很多场合都会立刻心领神会，理解起来似乎毫无困难，即使有点问题，通常也很快就解决了。[13]

话语在不同的语境中可以被用来表达不同的意义，我们可以在语用学

---

① 1英尺 = 0.3048米。——译者注

（pragmatics）中找到这方面的专门研究。众所周知，我们可以利用讽刺、挖苦或比喻的手法来表达不同的意思。例如，当查理对一群在统计学考试中考得很好的学生说"太优秀了"时，学生们都明白他的意思。一周后，当他对在儿童发展心理学的考试中表现不佳的同一群学生说同样的话时，他们照样明白他的意思（查理的朋友和同事也逐渐能理解他了，因为有了经验）。

同样的沟通方式也发生在儿童的日常体验中，比如一些经典作品中的片段。当屹耳对小熊维尼说"你可真是一个好朋友"时，其实他想表达的意思正好相反。但在现实生活中，这是一种很难掌握的语言应用。当听到杰里米对12个月大的马克斯说"谢谢你，马克斯"时，三岁半的汉娜会觉得有些奇怪，因为马克斯当时的行为是用杰里米的毛衣来擦鼻涕。尽管汉娜还不能够理解这种讽刺，但她确实注意到杰里米所传达的意思有点不一样，还问他为什么要说"谢谢"。直到最近还有许多学者认为，在儿童发展语言能力的过程中，讽刺和反讽的修辞手法要长大一点后才能掌握，通常是在小学阶段。[14] 然而最新研究表明，五岁的孩子就能听懂这样的表达了[15]，我们所做的一些研究更是表明，就连三岁的孩子也能理解讽刺，至少能理解一些相对简单的表达。例如梅吉·鲁克斯比（Maki Rooksby）和查理表演的一个场景，其中一个娃娃试图给厨师帮忙，却因加了太多盐而毁了蛋糕粉。厨师说了一句"这也太棒了，你可算是给我帮了大忙了"，三岁的孩子们一下子就听懂了他的意思。为了确认他们是真的理解，我们还让他们回答了许多其他问题，这些问题是为了控制儿童因各种错误的原因而答对测试问题的情况，结果证明他们确实都答对了。

语调的不同模式也可以传达不同的意义。列夫·维果茨基（Lev Vygotsky）[16] 以陀思妥耶夫斯基在《作家日记》(*The Diary of a Writer*)中描述的一个情节为例，对此进行了形象的阐释。在那段情节中，六个年轻的醉酒工人只用一个猥琐的词就完成了一场对话。虽然在交谈中语调和词语在句子中的位置在不断变化，这个词传达的意思也在不断变化，但他们彼此都心领神会！

在使用语言的时候，还有许多其他复杂微妙的方式可以让我们看到语言的索引性。例如，当我们说诸如"你能把沙拉递给我吗"这类话时，实际上并不是在问这个人是否有能力完成这项任务。这样的表达方式不是提问，而是以礼貌的方式提出请求。（如果这句话的重音被放在"能"这个字上，很可能被认为是在表达对听话人的不满。你可以在饭桌上试试，但一定要记得离对方远一点哟。）

如何传情达意

除了言语之外，还有很多其他方式供我们传情达意。例如，我们两个人的妻子都曾问过我们，是否喜欢她们的新眼镜，我们俩都是犹豫了一会儿才回答："看上去不错！"（你们在家就别这样做了）尽管我们俩都坚持认为，之所以停顿是为了做出更客观公正的判断，但从伴侣那里得到的反应却出奇地一致：就因为这要命的半刻停顿，她们死活也不相信我们是真的喜欢她们的眼镜。停顿有意义吗？很明显，它们有，但并不是明确具体的意义。所以，当孩子穿上外套准备出门去找朋友玩，听到你问他们"做完作业了吗"时，如果孩子踌躇着不回答，那几乎肯定就是没有的意思。

如下是比尔·特恩布尔（Bill Turnbull）[17]收集的一些例子，从中我们可以清楚地看到，对话中的停顿也能传达出意义。

丈夫和妻子之间的交流：

A：我变胖了。

B：（停顿三秒）

A：你真的这么认为吗？

在这段简短的交流中，我们可以从一方的反应中清楚地看到，停顿确实能传达出某种意义。在这里，A认为停顿的意思是"是的"。那么，停顿是否就意味着"是"呢？那可不一定，这要取决于具体的情况。请看下面这个例子。

在艺术馆里无意中听到的一段话：

C：我真的很喜欢这个。

D：（停顿三秒）……

C：嗯，我的意思是，我认为这是那种你会喜欢的作品。

这里的停顿被认为是不赞同的意思。所以，停顿的意义取决于一系列互动发生时的具体情景。它可能意味着赞同、不赞同或其他各种感觉，比如，你可能正想着因参观画廊而错过的那场足球赛。[18]

众所周知，面部表情同样能够传情达意。例如，约阿希姆·舒尔特（Joachim Schulte）出版了一部关于路德维希·维特根斯坦的著作——《经验与表达》（Experience and Expression），在为该书撰写致谢词时，舒尔特列出并感谢了那些帮助他更好地理解维特根斯坦并将其描写得更清楚的哲学家们。他在最后有一句是这样说的："伊娃·皮卡尔迪紧皱的眉头对我的帮助特别大，感激不尽。"[19] 撰写维特根斯坦可是个复杂的大工程，我们只能好奇这个"紧皱的眉头"为什么有如此大的帮助（我们设想了多种可能性），但这句话优雅地说明，即使只是一个面部表情，也可以表达出许多不同的意思。当然，皱眉、微笑、苦瓜脸等在日常生活中比比皆是，而且可能比我们这个复杂的例子简单得多。但可以想象的是，这个特殊的皱眉如果是被其他人看到，可能也不会传递出这么多关于维特根斯坦的信息了。也就是说，在理解意义是如何被传达的时候，我们必须始终着眼于当时具体的互动。

即使一言不发，我们也可以用简单的手势来传达不同的意思。例如，在一次长途驾驶中，杰里米看到女儿吃了一块饼干，于是他伸出手，她给了他一块；后来她又吃了一个橄榄，他再次伸出了手，这次她给了他一个橄榄。也就是说，她明白同样的手势在不同情境下意味着索要不同的东西。在之后的章节中我们会提到，伸手这个动作最早可以追溯到婴儿时期，这种情况下它是一种请求。但是，当有人伸出整个手臂并明显在表达请求时（例如，手掌呈"杯子"状摊开且手心向上），我们依然不知道对方具体在请求什么。这要取决于具体情况，取决于刚刚发生的事情，以及共同的经历。在上面提到的例子中，取决于杰里米的女儿刚刚吃了什么，但如果他的女儿认为他讨厌橄榄或特别爱吃饼干，那这个例子可能会进一步复杂化。

查理的父亲是一名外科医生，多年来一直在同一名助手的帮助下进行手术。根据他的描述，在有经验的团队中，在手术的某一时刻，医生只要一伸手，助手就会明白外科医生需要什么，不需要任何直接的实用性线索，一切都取决于长期以来一起工作和交流的经历。

这些例子表明，即使不使用语言，意义也能在互动中传递。但我们在本章一开始就提到，人们通常直觉地认为意义是附着在词语之上的，就像字典中的定义一样，这些例子显然与该观点有冲突。但这实际上是为我们的理解设置了障碍，字典上一般都会为每个词列出许多不同的含义，而且随着新词的不断加入，字典也在不断地被修订。虽然意义被认为是附着在词语之上的，但人们通常不会认为像幽默或友好这样的东西是可以附着在词语或句子之上的。笑话是否有趣，取决于它们是如何在一系列互动场景中使用的，尤其是"抖包袱"的时机是否拿捏得当。如果一个笑话出现的场合和时机不对，或者观众已经听过了，或者是来自另一种文化，你几乎立刻就能发现。

现在让我们来看看另一种关于"意义"的观点，它成功地避免了前面指出的那些问题。

维特根斯坦的观点

我们前面提到了 20 世纪最有影响力的哲学家之一——路德维希·维特根斯坦。维特根斯坦对本书的主题很重要，因为他在语言、意义和理解方面都有颇多著述，尽管大部分作品在他生前都没有发表过。要理解维特根斯坦，先对他不同寻常的个人生活多一些了解可能会有所帮助。维特根斯坦出生于 1889 年，是家中八个孩子中最小的一个。他在维也纳一个充满音乐和文化的宫殿式豪宅中长大，家里有八架大钢琴，隔三岔五就会举行有勃拉姆斯（Brahms）、马勒（Mahler）等作曲家参与的音乐晚会。他的兄弟们都是音乐天才，但不幸的是，四个兄弟中有三个自杀了，这或许是因为来自父亲的压力，因为父亲要他们继承庞大的钢铁生意。幸存的弟弟保罗在第一次世界大战中失去了右臂，不过如愿成了一名职业钢琴演奏家。事实上，作曲家拉威尔（Ravel）的左手钢琴协奏曲就是专门为保罗而作的。虽然音乐一直是维特根斯坦生活的中心，但他后来去了英国曼彻斯特学习航空工程，并在那里进行风筝和螺旋桨的研究。设计螺旋桨的工作使他对基础数学有了研究，随后又转向哲学研究，并在剑桥大学师从伯特兰·罗素（Bertrand Russell）。[20] 维特根斯坦生前只出版了一本关于哲学的短书，即《逻辑哲学论》(Tractatus Logico-Philosphicus)，这本书是基于他在逻辑学方面的工作和对伯特兰·罗素的回应（他还在1929年发表了一篇简短的学生评论和一篇文章）。维特根斯坦完成这本书的时候正在俄罗斯前线的奥地利军队中当兵，他自愿参加最危险的工作，后来不幸被俘并被囚禁在意大利的战俘营中，他一直拒绝离开，直到最后一批士兵获释。

在已成为哲学经典的《逻辑哲学论》中，维特根斯坦提出了一个理论，该理论把语言看作微积分——有一套抽象的语句命题库，将其解码就可以获得意义的真值。在这本书中，他认为自己已经解决了哲学的所有问题，于是放下这门学科，去了奥地利一个贫穷的乡村学校教书。在此期间，他为该校的孩子们编写了一本拼写字典，这是他生前出版的另一本书。然而，维特根斯坦的教学工作并没有持续多久，原因是他与该校的学生家长在两方面发生了冲突：一是对学生的管教；二是他期望学生们继续接受教育，而家长们则希望子女留在农场。[21]

维特根斯坦从他父亲那里继承了巨额财富，这使他成为欧洲最富有的人之一，但他将这些财富赠送给了家人以及一些诗人和艺术家。就在第二次世界大战之前，他被迫代表他的姐妹们与纳粹政府进行谈判，因为后者认为他们的祖辈中有犹太人。为了让姐妹们的德国血统得到承认，他从家族财富中拿出了1.7吨黄金。[22] 第二次世界大战中，英国遭到猛烈轰炸，维特根斯坦当时正在剑桥大学教授哲学，无法容忍自己只能偏安于三尺讲台。为了在伦敦闪电战期间发挥作用，维特根斯坦先是主动请缨去当搬运工，后来又去了伦敦的盖伊医院当药剂师（巧的是，查理的父亲也曾在那里工作，当时还是一名医学生）。

在奥地利教书时，维特根斯坦还会时不时地与朋友们讨论哲学，但直到20世纪20年代末，他才开始意识到在哲学方面还有更多的工作要做，随后他回到了剑桥，回到了哲学领域。伟大的宏观经济学家约翰·梅纳德·凯恩斯（John Maynard Keynes）曾经就维特根斯坦的到来给妻子写信道："神降临于尘世了。我在 5 点 15 分的火车上见到了他。"[23] 就在维特根斯坦重新考虑其关于哲学的论断时，他与意大利经济学家皮耶罗·斯拉法（Piero Sraffa）之间的对话产生了深远的影响。例如，维特根斯坦曾坚持认为，意义要求一个命题和它所指的东西具有相同的逻辑形式。对此斯拉法的回答是用指尖拂过下巴，做了一个那不勒斯人的侮辱手势，并问道："我这个动作的逻辑形式是什么？"要认识这种手势传达的意义，就得把它理解为存在于现实生活中的一部分，是建立在社会互动基础上的一种表达。[24] 斯拉法的批评迫使维特根斯坦认识到了自己早期工作中的缺陷，并驱使着他对自己的整个观点进行修改。因此，维特根斯坦改变了自己的想法，而我们这本书中的这部分内容正是以他这一后期工作为基础的。

尽管维特根斯坦在意义、语言、理解和心理哲学方面做了大量工作，但他觉得自己还没有准备好再出版一本书，虽然他确实完成了一份题为《哲学研究》（Philosophical Investigations）的德文手稿，并将其分发给朋友们。在维特根斯坦于 1951 年去世后，这份手稿被翻译成英文，并在两年后出版。从那时起，维特根斯坦的遗稿管理人出版了多部由他的手稿和笔记汇编而成的书籍。维特根斯坦的影响极其广泛，尽管世人对于如何理解他的作品仍有很多争议。

当维特根斯坦提出本章开头提到的圣奥古斯丁关于语言如何工作的观点时，他考虑了原始语言是否有可能真正以这种方式进行。也就是说，如果词语就像事物的名称，而语言对这些名称和伴随的动作进行编码，那在这种情况下语言能发挥作用吗？例如，我们可以想象，如果桌子和椅子都有标签附在上面，就像加里·拉森在漫画中所描绘的那样，人们还能正常交流吗？

在论证中，维特根斯坦试图在这个理论基础上创造出一种语言。他描述了一种可供建筑工和他们的帮手在工作中彼此配合的简单语言，其中的词语类似各类建筑材料的名称，如"板""块""柱"等。这种语言中一定要有数字，假设最多五个，建筑工及其帮手可以使用这种简单的语言来协调活动。因此，一个典型的话语例子可能是"五板"。但问题马上来了，这到底是什么意思呢？它可能是建筑工对帮手的命令，让他带五块板子来，但它也可能是帮手对建筑工的报告，说还剩下五块板子，或者已经放了五块板子，还有可能是需要五块板子来完成工作，等等。它也可能是一个感叹词或骂人的话，我们可以想象这一话语在关于购买更多建筑用品的谈判中更复杂的用法。我们还可以想象，在一群建筑工和帮手中，这句话的意思可能是去毁掉五块板子[25]，或者他的三明治今天看起来有点厚。重点在于，这一话语可能的含义实在太多了。

即使是这样听上去很直白的话语，也不能简单地用机械规则来确定。我们不可能仅凭给计算机编程，就让它通过一系列步骤来推导出一句话的意义。我们必须知道这句话的使用情境、说者和听者之间的互动情况，以及说这句话时双方一系列互动发生的先后顺序，以便了解双方正在进行的社会行为是什么。话语是共同行为的一部分，当然可以被用来协调互动和传达意义。因此，语言的工作模式并不像圣奥古斯丁所假设的那样，它并不只是用来在两者之间传递意义的一系列事物的名称。它是人类活动的一部分，对他人的理解是建立在类似环境中形成的共同经验之上的。我们看到，语言被用作各种活动的一部分，比如请求、命令、报告、赞美，表达喜爱、厌恶或者其他一系列的情绪。

我们的同事比尔·特恩布尔（Bill Turnbull）认为，在研究中一定要参考真实的互动记录，而不是从凭空想象的例子出发，比如维特根斯坦编造的建筑工人和板子的故事。所以，大家可以参考下面这个例子，它不是由哲学家想象出来的，而是在日常生活中遇到的。有一天，就在杰里米阅读维特根斯坦的著作时，他的妻子回到家，告诉他："我车上有五个袋子。"这话是什么意思呢？或者说，她的话想传递什么信息？这是一个简单的事实陈述，还是关于她的购物之旅有多少收获的报告？如果杰里米想要问她买了多少东西，这句话可能正好回答了他的提问。这句话也有可能是一个需要帮助的请求，或是一个命令，那接下来杰里米就要扮演维特根斯坦举的例子中那些帮手的角色（他乖乖去拿袋子了）。

维特根斯坦对意义的看法与我们在本章中批评的那种观点形成了鲜明的对比。他认为他的工作是治疗性的，因为他指出了我们所有人在意义、语言和心智方面通常会犯的错误。他不研究儿童心理学，研究的是意义和语言，但这和我们的目标有一致之处，所以我们在本书中借鉴了他的观点。[26]

为了解释清楚意义的工作原理，维特根斯坦以一张图片为例。[27] 图片中有个人正在山上。那这张图是什么意思呢？它想传达什么？是一个人正往上爬，还是一个人正在下山？除非我们是在一系列有先后顺序的图片中看到这张图，否则我们是无法做出判断的。在另一个例子中，维特根斯坦要求我们思考一张拳击手的照片。[28] 它是什么意思？是表示拳击时应该按照这样的方式站立吗？或是说不应该以这样的方式站立，还是说照片上的人是一个特别有名的拳击手？这张照片可以被用来代表各种意义，就像在扑克游戏中充当五美元的赌注。[29]

这些论述表明，任何表征、图像、单词、话语或手势都有许多可能的解释。因此，一个确定的意义并非简单地附着在一个表征之上，为了搞清楚意义是如何传达的，我们还必须从其他地方去寻找。

有一种理论倾向认为，意义根植于我们内部，存在于我们每个人的头脑中，我们可能希望把它传递给别人，试图"传情达意"。如果我们失败了，对方对我们产生了显而易见的误解，那我们就会重新尝试。这种感觉似乎与我们的个人经验相符，它可能是前面介绍的"代码模型"的来源。但现在我们已经知道，这种观点是经不起推敲的，稍微深入思考一下就会发现很多问题。如果我们将语言视为一种被传输的代码，那由此产生的任何感觉都是错觉，这是因为我们的交流是建立在重复实践的基础上的，以至于我们本能地把作为活动的意义误读成了作为事实的意义。

为了理解这种错觉，我们最好从发展的角度，思考婴儿和儿童是如何进入成功沟通的良性循环的。通过这种思考方式，我们会发现人类的经验是一种发展上的成就。成年人对意义的体验和传达意义的尝试是一个持续发展过程的结果。为了理解这种发展，我们必须看看婴儿和儿童成长过程中的人际交往形式，下一章我们将重点讨论幼儿是如何缓慢地开始并发展成为熟练交流者的。

意义是一个过程，一种功能，而不是一种内容。通过把它用作动词而不是名词，我们提醒自己，它并不依附于表征（另一个在心理学中用得过于频繁而语焉不详的词）。那么，为什么我们认为意义是附着在词语之上的？为什么字典能发挥作用？字典记录了词汇在常规使用中的共同历史，但是字典必须不断更新，而且单词在具体应用中仍然有很多创造性的方式，这些方式在字典中是找不到的。这就是为什么如果想掌握更多语言，仅仅通过阅读字典是无法做到的。如果试图这样做，可能会成为许多笑话的素材。人类学家埃文斯·普里查德（Evans Pritchard）在阿赞德人中生活了几个月，一直以为他们是非常热衷于观察鸟类的人。他花了很长时间才意识到（或被告知），他们提到的燕子通常是指那些沉溺于性滥交的人（像燕子一样飞来飞去）。

在共识中寻找意义

既然词语的含义如此灵活，那作为人类的我们应该如何理解词语呢？想要成功地传达意义，必须以共同的互动历史为基础，包括类似的经验与日常行为模式。例如，一位食客在一顿美妙的晚餐之后，一边向希腊餐馆的老板挥手告别，一边说"kalamári"，想要表达"再会""日安"，但实际上"kalamári"是"鱿鱼"的意思，说者的本意是想表达"kalí méra"。但是因为大家都知道在这种情况下应该表达"再会""日安"，所以餐馆老板完全理解说者的意思，其实，晚上用"kalí spéra"（晚上好）会更合适。这是大多数人共同的日常经验，正是这种共识使我们能够传达自己的意思并使他人理解我们，即使用的不是这个词在字典上常见的意义。我们都知道什么时候该说"再见""晚上好"，餐馆老板在理解我们想表达的意思方面没有任何困难。这是一个共同的常规行为，维特根斯坦称之为"生活的形式"或"生活的事实"[30]，这是一种我们都知道的活动模式。这种常规在婴儿期就开始了，我们逐渐知道会有哪些意料之中的事情。[31] 如果意义植根于这种活动模式中，那么我们需要了解这些日常互动形式是如何发展的。

儿童会学习各种互动模式，这些模式正是语言形成的基础。他们逐渐学会了提出各种要求，并进行常规式的回应、拒绝和问候。我们相信，在人类所有的社会中，都可以找到许多共同的常规[32]，尽管特定社会行为的完成方式会有所不同，而且有些可能是某些文化所特有的。在此之后，儿童才学会用语言来配合特定的活动模式，比如提出某个要求。约翰·坎菲尔德（John Canfield）描述了一些早期的语言游戏或互动模式，正是在此基础上形成了后来的语言。拒绝和提要求出现得很早，而命名物体（如球和花）的游戏实际上出现得较晚，而且在不同文化中可能并不普遍。[33] "要求"和"拒绝"一开始都是自然的反应，但当儿童逐渐了解到父母通常会如何回应这些自然反应时，自然的反应就发展成了刻意的手势，这代表了人类互动的两种形式。请求可以从伸手发展而来，这是一种自然反应（见第 4 章）。人类伸手取物是因为我们的手适于抓握——正如第 1 章指出的，我们的互动和思想是付诸身体行动的，它们从人类自然的行为方式发展而来。

其他的人类互动形式可能也都是以人类的自然反应为基础的，比如卡尔·桑德堡（Carl Sandburg）在诗歌《选择》（Choose）中提到的例子：

一只握紧的拳，高高举起，戒备着；
一只伸出的手，带着热情，等待着。
来，选择吧，
要迎向哪一个。

在这首诗中，卡尔·桑德堡利用了我们共同的常识——举起紧握的拳头与愤怒和准备战斗有关，而张开伸出的手是请求或提供帮助，这些都是人类自然反应的一部分。两种截然不同的动作是人类常见的互动形式，这构成了共识和意义的基础。世界上起码有几十个团体组织会用举起的拳头来表示权力、力量或团结，而张开的手往往是用来握手的，是一种开放和接受的姿态。[34]

在本章开头，我们讨论了语言的问题以及它的工作模式。语言的复杂程度实在是难以言表，而我们研究的正是这个人类生活中的大难题，因为在人类的思维形式中，语言是最重要的部分，所以我们需要了解的关键问题就是意义到底是如何传递的。任何关于语言的理论都必须建立在对其性质的假设之上，人们通常认为，意义是附着于表征之上的，但我们已经看到了，这个观点存在着很多问题，也就是说，它似乎不太靠谱！所以我们开始探索意义的另一种观点，该观点认为，意义形成的基础是形成共识的日常经验、习俗常规，或者是各种大家心照不宣的互动模式，在这些互动模式中，儿童通常知道接下来会发生什么。在下一章中，我们将探索婴儿手势能力的发展，并通过这种探索对意义出现的方式做更具体的探讨。

我们的目标是解释人类思维形式的发展。肯定会有一些学者反对我们的观点，并宣称句法（话语的语法或结构）才是语言的本质，但我们想知道的是，词语最初的意义到底是怎么来的。我们承认解释句法的发展也是一项非常艰巨的任务，这远远超出了我们在本书中所能企及的范畴。[35] 但我们认为，要全面而充分地解释何为句法，首先必须对人类发展中意义产生的过程有合理的看法。在能够构建句子之前，我们肯定需要一些可说的东西。句法实在太复杂、太耗费心神，让我们无暇顾及词语是如何生出意义的这一更基本的问题。甚至早在婴儿开始牙牙学语之前，同样关于意义的问题就已经随着手势出现了。打个比方，波音787客机有着极其复杂的构造，这可能会让人们把更多的注意力放在结构的复杂性上，而忽视了最基本的升力原理，但后者才是让所有飞行得以实现的关键，不论是自然界的麻雀、F-14雄猫战斗机，还是美国DC漫画里的金鹰。当然，空客A380客机的复杂程度要比莱特兄弟的飞机高出好几个数量级，但使两者能够飞行的基本升力原理是相同的。为了将语言合理地概念化，我们必须关注意义的本质，是它使得其他复杂的语言形式成为可能。因此，语言才得以发展到今天的样子。正是"意义"让语言成为可能，而为了理解人类的思维，需要的是对意义传达过程的理解。因此，我们必须对这种让意义得以产生的基础性互动形式进行解释。

词语是有意义的，也许是因为这一事实太显而易见了，以至于我们很少想到要问这是如何做到的。但不可否认，这就是日常生活中发生的一个平凡而伟大的奇迹，与我们的生活息息相关，也因此而极易被我们忽略。维特根斯坦认为，秘诀就在于关注那些一直在我们眼前的东西：

> 我们所提供的实际上是对人类自然志的评论。不过，这并非什么奇闻逸事，而是没有人怀疑过的事实。它们之所以没有被注意到，不过是因为它们总在我们眼前。[36]

要做到这一点，首先要去寻找表达意义最简单的例子。换言之，去看看婴儿是如何开始使用手势的，我们将在下一章讨论这个问题。

推荐阅读

- Goldberg, B. (1991). Mechanism and meaning. In J. Hyman (Ed.), *Investigating psychology: Sciences of the mind after Wittgenstein* (pp. 48–66). New York: Routledge.
- Jones, S. (2008). Nature and nurture in the development of social smiling. *Philosophical Psychology*, 21, 349–357.

注　释

1. Robinson（1975, p.ix）。
2. Knight, Studdert-Kennedy, and Hurford（2000, p.1）。
3. Christiansen & Kirby（2003）。
4. Turnbull（2003）。
5. 这是 John Shotter 在《社会责任与自我》（*Social Accountability and Selfhood*）

中提出并讨论的观点（Shotter，1984）。

6. Wittgenstein（1968, §1）。

7. 在畅销书《语言本能》中，史蒂芬·平克指出，人类属于"一个具有非凡能力的物种，我们可以精准地影响对方的所思所想。我指的不是心灵感应，不是精神控制，也不是什么其他边缘科学的强迫思维，即使是在信徒的描述中，这些都无法与我们每个人身上那无可争议地存在着的能力相比。这种能力就是语言。只需用嘴发出声音，我们就能笃定对方的头脑中会出现什么新的想法，分毫不差"。（Pinker, 1994, p. 15）尽管平克强调他所表达的观点与心灵感应不同，但他的描述表明这两者之间有相当大的相似性。他的观点清楚地表明，在语言中，意义是由一个人的头脑传递给另一个人的，或者说，我的话语在你的心脑系统中唤起了同样的表征。他提出了一个让很多人都深以为然的理念，即我们将意义编码在词语中，然后将这些词语传递给其他人，后者对这些词语进行解码并得出意义。听起来似乎颇有道理，因为这与电话的工作原理差不多。这种关于语言如何传递意义的观点被称为"代码模型"，至少可以追溯到17世纪，当时的英国哲学家约翰·洛克（John Locke）写道："为了使词语能够达到交流的目的，如前所述，它们必须在听话人心中激起与它们在说话人心中所代表的思想完全相同的想法。"（Essay, III, ix, 6）约翰·洛克认为，若想让词语发挥交流作用，唯一的办法就是使它们具有固定的意义，可以进行编码、传输和解码，以这样的方式将相同的意义从一个人的头脑传递给另一个人。这个想法是我们在第1章和第3章中所描述的心智计算观点的核心。

8. Canfield（1995, p. 201）。

9. Langer（1942, p.60）。

10. Langer（1942, p.60）。

11. Itkonen（2008, p.284）。

12. Levinson（1995）。

13. 当然，有很多词都是这样的，比如"这个""那个""它""她"，等等。钻研语言的哲学家、语言学家和心理学家当然很清楚，话语可以是语焉不详的。但他们往往更关注那些有两种可能含义的罕见表达。例如，"避免无聊的教授"（avoid boring professors）这句话的意思可能是学生应该躲开那些让人觉得无聊的教授，也有可能是学生应该避免让教授感到无聊，还有可能是，其实所有的教授都无聊得要命！这种关于歧义的问题已经被认为是可以解决的。话语中的模糊性无处不在，但这并非一个可以忽略不计的小问题，相反，它是语言中无法摆脱的一部分，这在语言学和哲学中尽人皆知。正是由于语言的模糊性，语言学家诺姆·乔姆斯基（Noam Chomsky）和哲学家杰里·福多（Jerry Fodor）确信，一定有某种"深层结构"将意义直接映射到他们所谓的"波形"上。也就是说，尽管我们指出，如果认定意义是固定的，是附着于某个表征之上的，那语言的模糊性就是个问题，但福多等人认为这个问题表明，意义一定埋藏在心灵或大脑的更深处。他们并没有质疑意义的本质，只是增加了一个更深的层次。但提出某个更深的层次并不能解决根本问题，它只是把问题进一步推到了下面。无论增加多少层次，同样的意义问题都会重新出现：如果认定意义是固定的，是附着于某个表征之上的，那语言的模糊性就是个问题。所以我们需要另一个答案。我们认为，意义的形成过程可以在社会互动的历史中找到。尽管诺姆·乔姆斯基和杰里·福多已经认识到，他们的理论所依赖的观点（即意义是固定的，是附着于表征之上的）存在问题，但他们仍固执地期望这是可以弥补的。乔姆斯基（2007）仍然在等待语义学理论研究的新进展来修补这个问题，福多则根本不认为有其他可能，虽然他承认自己的观点很怪异，却认为这是唯一的选择（参见Goldberg, 1991）。但我们认为还有其他的选择。

14. Filippova & Astington（2008）。

15. 在后续研究中，菲利波娃（Filippova）和阿斯廷顿（Astington）（2010）发现，虽然发展发生在小学阶段，但五岁的孩子已经表现出一些理解。

16. Vygotsky（1986, p. 241）。

17. Turnbull（2003）。

18. Turnbull（2003）。

19. Schulte（1996, vii）。

20. Monk（1990）。

21. 在这段经历之后，他到一家修道院当起了园丁，然后他承担了为他的一个姐妹在维也纳设计和监督建造新房子的工作。

22. Edmonds & Eidinow（2001）。

23. Monk（1990）。

24. Monk（1990）。

25. Canfield（2007）。

26. Wittgenstein（1983）；Canfield（2007）；Goldberg（1991）；McDonough（1989, 2004）。

27. Wittgenstein（1968, §139）。

28. Wittgenstein（2009）。

29. Goldberg（1991）。

30. Wittgenstein（1991）。

31. Canfield（2007）。

32. Canfield（1999）。

33. 欲了解更多例子，参见 Canfield（2007）。

34. Sandburg（1916）。

35. 欲了解更多例子，参见 Tomasello（2003）。

36. Wittgenstein（1968, § 415）。

第 4 章

手势交流

本章我们探讨的是婴儿如何学习用手势进行交流。

一个微不足道的行为，一点微乎其微的文化，奇迹就出现了——一个手势！

克利福德·格尔茨（Clifford Geertz）[1]

在离周岁生日还有一周的时候,杰里米的儿子马克斯就会在睡醒之后,用小手指着他的一本书,这是在请求杰里米为他"读"书。马克斯把这个意思表达得非常清楚,因为他会一直坚持这个动作,直到杰里米会意并打开那本书为止。到满一周岁的时候,马克斯就会用手指向某处来提出各式各样的要求了,而在此之前他只会用食指指向他感兴趣的东西,如鸟、树或飞机。当杰里米去保姆那里接马克斯时,马克斯先是用手指指门外,然后指向架子上所有要带回家的东西,这是他对"回家"和"需要带哪些东西"的表达方式。马克斯还能将好几个手势动作结合起来表达自己的意思。例如,他会指指架子上他想要的东西,然后指向杰里米,示意他去拿。同样,查理曾经提醒他的儿媳林赛,她的儿子威廉(当时九个月零三周大)会在 10 个月左右开始用手指点。果然,一周后,威廉就开始指着他看到的所有东西了,一边指一边发出"呜呜"的声音。到 11 个半月时,如果问威廉"道格在哪里",他就会指着他的大玩具长颈鹿,这让林赛很惊讶。直到一岁生日过后,用手指物仍然是他的主要交流手势,而在 13 月龄后,他开始在伸出指头之前先看向他要指的人。

上述例子让我们看到,在会用语言交流之前,婴儿是如何与他人交流的。与他人交流是人类的必备技能。为了理解这种非凡的技能,我们必须解释婴儿是如何有意识地学习交流的。按照第 3 章的说法,即意义是如何被传达和领会的。这一切发生得如此轻松自然,我们几乎注意不到。当父母们发现自己的孩子越来越容易被理解时,他们往往只是欢欣鼓舞。当然,我们没有必要为研究婴儿如何发展出手势交流而去造大规模粒子加速器、巨大的无线电望远镜或昂贵的fMRI机器。但即便说得如此轻松，对于婴儿究竟是如何学习使用手势的，世人仍然没有达成什么共识。² 面对这种缺乏共识的情况，有人会认为这宛若发生在月球背面的神秘事件，而非发生在自己家中，就在我们眼前时时呈现的寻常事物。例如，伸出一根食指，这个动作是如何成为一个有意义的手势的？我们可以用食指来检查蛋糕是否烤熟或油漆是否干透，但还有数不清的社会行为可以使用同样的手势，如指出一种不寻常的景象，表示自己选择哪种冰激凌，或指控某人的罪行。同样是伸出一根食指的动作，可能毫无意义，也可能代表一种有意义的社交手势，我们该如何解释其中巨大的变化呢？而且，同样的手势可以用来表达许多不同的含义。在一岁生日后不久，婴儿就会用这种手势来提出要求、引起注意、提出或回答问题，等等。再大一点的孩子还可以将这个手势用于其他方面，例如，四岁的麦肯齐会举起食指说"一个"，然后又说"在上面"，同时把手指向上指了指，表示帆船甲板上的某个地方。

　　早在婴儿开始说出第一句话和听懂第一句话之前，他们就已经熟练地参与了很多神奇的时刻，比如与他人面对面互动并吸引他人注意。尽管14月龄的婴儿在语言方面还是个新手，但已经拥有了不少复杂奇妙的互动技巧，这是其他物种中的成年生物都无法做到的。其中就有我们在前面两章中重点讨论的那些技能，包括出生后几个月就会和周围的成年人用微笑进行交流。要理解这些技能，我们先要理解一个更具有普遍性、哲学性的问题，即交流是如何实现的。想要研究意义是如何形成以及如何发展的，我们就要在实践活动中观察它。所以，我们可以观察婴儿是如何学习交流的，在此过程中追踪意义的发展，并借此查明这些技能是如何组合起来的。这是一部自然史——对婴儿掌握交流技能的社会过程的详细描述。³ 在哲学和认知科学中，通常以成人为样本来进行研究并做出解释，但我们提出的建议与此不同，要探明自然界是如何把以使用符号为特色的心智组合起来的，最好的做法就是观察这种能力在婴儿期是如何发展的。[4] 人们太容易自以为是地认为，当成人无法理解婴儿的意图时，婴儿面临的困难就和成年人因语言不通遇到的问题是一样的。现在就让我们采用不同的视角，探讨用手势交流的能力在婴儿期是如何发展的。

学习手势的重要性

我们早就注意到了婴儿学习用手势交流的重要性，用发展心理学家伊丽莎白·贝茨的话说，其影响力不亚于"开天辟地"。[5] 之所以如此重要，是因为这些技能不仅是语言和思维的基础，也是让一个人成为文化成员的基础。手势的发展过程可能被忙碌的父母忽视了，因为它的作用不过是让他们更容易理解孩子的需求而已，但手势反映了在掌握人类交流方式的道路上一个关键性的过渡。早期的动作（如用手指向某物）可能会被忽视，因为我们通常认为交流的根源在于产生新词和形成句子，但这些一看便知的语言学习部分必须建立在先前形成的社会互动能力和与他人协调注意力的基础上。[6] 事实上，手势之所以遭到忽视，可能是因为在人类的生活中，手势是一种非常自然的交流方式，我们把它视为理所当然。迈克尔·托马塞洛（Michael Tomasello）[7] 认为，与婴儿理解其社会世界这一早期阶段的重要性比起来，儿童对社会世界的其他理解只是"锦上添花"。尽管人们普遍同意这种发展的重要性，但对婴儿如何学会与他人沟通和协调注意力的问题仍有很大的争议。世界上关于这个问题的两位专家——乌尔夫·利什科夫斯基（Ulf Liszkowski）和迈克尔·托马塞洛，承认"关于用手指物，人们对其起源还知之甚少"。[8]

这种互动形式的重要性还表现在，与正常发展过程截然不同的是，自闭症儿童往往在这一领域存在问题，特别是当其试图用指物的动作来唤起他人注意的时候。这也许并不奇怪，因为孤独症是儿童在正常社会互动方面存在困难的一种疾病。这些儿童在用"指"的动作来分享信息方面有困难，这是他们以后在社会交往中出问题的早期迹象。他们的问题强调了在婴儿期发展阶段使用手势的重要性。

一切从行动开始

当莉迪亚五个月大时，她和其他同龄婴儿一样，会扑向她感兴趣的物体并伸手去触碰，甚至还会在母亲走近她的时候伸手索抱。她的兴趣和愿望以这种方式非常自然地得到了表达。在成年人眼中，特别是对她的母亲而言，她已经很清楚地表达了想被抱起来的意图。她的动作对其照料者而言是有意义的，尽管她很可能并没有意识到这样做是在进行交流。当莉迪亚伸出手臂试图抓住什么东西时，她的父母就会将这样的动作视为她想要这个东西的表达，尽管我们认为，这个年龄段的孩子并没有意识到自己的行为对父母产生的意义。[9] 也就是说，尽管实际上莉迪亚正在与其父母进行交流，但她并不懂这是在交流，还需要通过学习才能意识到这一点。

婴儿学习交流的第一步是在他们的日常活动中，比如被照顾者喂食、和身边人交换物品等。一旦熟悉了围绕着家庭生活进行的常规社会活动，他们就可以学习用手势或言语来引发这些共同参与的互动模式。但我们不打算从言语开始，而是想跟随维特根斯坦的脚步，认真对待歌德的想法，即"一切从行动开始"。[10] 交流的基础就是所有人对常规活动的共同理解。婴儿并不是先学会物体名词，然后才学会如何使用这些词来提要求的；作为成年人，我们在学习第二语言时可能会这样做。例如，如果我们已经会说英语，在冰岛旅游时想点某些食物，就必须学习一些新词——此时，词典和常用外语手册可以帮助我们。但婴儿不能从已有的知识中进行这样直接的翻译，他们首先学习提要求的动作，从使用手势开始，之后才学会使用语言。

在第1章和第2章中，我们描述了新生儿的活动是如何与他人交织在一起并日益协调的（因此，唐纳德·温尼科特才会声称"不存在所谓的'一个婴儿'"，详见第1章）。首先，新生儿不需要意识到他们正在与人交流。例如，一个叫格雷的婴儿会在四个月大时通过哭声进行交流，但他并非有意识地这样做（用伊拉斯谟斯·达尔文的话说，是他"脆弱的哭喊"，详见第2章）。对成人来说哭声就是在传递信息，因为它是有表达力的，我们可以据此知道婴儿肯定不喜欢被放在汽车座椅上！也许父母能够从婴儿不同的哭声中推断出它们代表的具体状态，但首先，婴儿以不同的方式哭泣不太可能是为了传达特定的含义。就像狗摇尾巴，这是情感表达的一个方面，但不是有意识的交流信号。这种交流意识要等婴儿长大一点后才会发展出来，但在狗身上也许根本就没有（宠物主人可能对此有异议，但我们需要看到证据才能同意你的观点）。大一点的孩子可以理解哭泣对别人的意义，他们可能会怀着吸引他人注意的目的而故意哭泣。这是一种完全不同的交流形式。

那么，婴儿是如何学会提要求的呢？就像上面提到的莉迪亚的情况一样，婴儿向一个物体伸手的动作对父母来说是有意义的，他们很快就会推断出婴儿的意图，她的目标在她的行动中得到了体现。但刚开始的时候，婴儿并没有意识到别人是怎样对她的行动做出反应的。不过，她会逐渐意识到，父母通常会给她想要的物品从而实现她的目标，然后她才会意识到自己的行为对他人具有的意义。这样一来，她的行为就可以发展为一种请求，她很快就学会了如何要求别人，并能预料父母会如何回应。

六个月大的时候，格雷对自己的行动力有了更好的控制。当在别人怀里而他想被妈妈抱着时，他就会伸出手臂试图向妈妈靠近。这对他来说是一个请求吗？是的，这确实是请求，尽管他可能还没有充分意识到它是如何发挥作用的。他正在学习如何与环境中反应最迅速的部分成功互动。在向某人伸出手时，他希望被那个人抱住的愿望表达得很明显。这样做的时候，他正在学习控制当下的环境，但他的行为是社会性的吗？对他来说，社会性经验和非社会性经验之间还没有明确的界限。他能否预料接下来会发生什么？可能一开始不行，但他会用哭声抱怨，直到结果让他心满意足为止。这种互动模式是以让他的愿望得到表达为前提的，他的社会环境（指其父母）对他的表达做出了反应，所以他会逐渐意识到其他人对自己的行为会做出怎样的反应。

威廉也表现出了类似的行为。在大约10月龄的时候，当被别人抱在怀里的时候，如果感到不高兴，他就会向母亲伸出手。如果查理此时对他说"行了，别闹了"，他就会停止找妈妈，似乎感到满意了。但在他一岁生日的时候，查理的这个策略已不再奏效，有些情况下只有他的母亲才能满足他。他已经知道，只要再强调一下，他的愿望就能得到满足，同时他对母亲的依恋也更深了。这种社会性理解是从类似的日常活动中产生的，方式有很多种。例如，大多数婴儿在发展初期就学会了"抬起手臂"的动作。[11] 他们明白当向父母伸出手臂时会得到什么——会被抱起来。这是一种互动的形式，正是在这样的互动中产生了后来的意义模式。

索要物品可能是一种稍微复杂的请求形式。大约九个月大时，格雷还学会了一种从母亲那里获得食物的方法——如果他看到母亲在吃某种看起来不错的东西，他就会将身体前倾并把嘴张开。这个动作会让其他人清楚地理解他的意图，甚至可以在大街上对其他成年人使用。不过我们不建议在餐馆里用这种方式点菜，除非你和服务员语言不通而且已经饿得不行了。

还有其他一些自然出现的动作也有可能发展成请求的姿势，比如伸手和抓握。例如，当13个月大的玛德琳正在吃面包和果酱的时候，她抬起手臂，一边看着母亲，一边将手掌摊开又合拢。她的母亲就会说："哦，你还想再来点吗？"此时，玛德琳已经学会了用这个手势来表达请求。这很可能是由她试图抓住什么东西且得到父母正向回应的动作发展而来的，因为其父母将该动作理解为一种请求。

沟通的社会基础

婴儿是如何从一些简单情景中习得技能来获取他们想要的东西的呢？我们前面阐释的只是一种可能性。从婴儿早期手势的发展中，我们看到了"意义"是如何在他们与父母的互动中出现的。我们的研究方法依据的是100多年前乔治·赫伯特·米德的观点。这表明我们追随的是达尔文，而不是笛卡尔。也就是说，我们寻找的是整个进化和发展的连续性，而不是物种之间的绝对划分。我们追踪那些较为复杂的交流形式的自然发展史，它们的根源就是变得越来越复杂的互动模式。米德认为，意义并不是什么神秘的东西，它早就存在于社会行为结构中了。[12]当我们从成人的交流经验出发来思考意义时，其实是被误导了。我们觉得似乎有什么东西在脑子里，一些我们试图传达给别人的"意义"。大家可能都有过这样的主观体验，觉得脑子里突然冒出一个想法，然后迫不及待地想把这个想法传递给别人。但有一点我们忘记了，成人拥有的经验是历经漫长的发展过程才有的结果。显然，这种关于意义的观点极其普遍，甚至可以说是一种常识性的看法，但它是有问题的，对此我们在前面的章节中已经深入探讨过了。想要更清楚地看到意义一步步形成的全过程，我们最好还是看看其他物种的幼崽和人类婴儿的比较情况。

为了揭示人类互动中意义的起源，发展心理学家必须面对的一个问题就是婴儿身上不断变化的技能，这是一个非常复杂的问题，不过米德并没有给自己找这个麻烦。所以现在我们的问题是如何填补实际发展过程中各种剪不断理还乱的细节。米德的重点是，为了获得"自我"感，站在他人的角度看问题是可能的，也是必要的。在婴儿期"共同注意"（joint attention）的发展过程中，社会互动和语言的根源是什么呢？目前对这方面的研究很多，而米德的理论和这些研究之间存在着相互支撑的作用。当代发展心理学的分析可以为他的观点提供具体的细节，他的理论则可以提供一种方法来理解当前关于婴儿期沟通出现的争议。

根据米德的观点，意义是通过与环境的互动产生的，在个人意识到它之前就存在了。用最简单的形式来说，它是指环境的某些方面对动物的重要性。按照我们在第 1 章提出的观点，草作为食物对牛来说是"有意义的"，但对一只失去母亲并由人类喂养的羔羊来说就不一样了，它就像人类的新生儿一样，很快就理解了奶瓶的意义。[13] 因此，意义产生于动物和环境之间的关系。

在许多其他物种中，动物也会从其他同类那里获取信息，尽管对方并不是有意识地这样做。[14] 例如，当一只动物感觉到危险并逃跑时，它的行为客观上起到了提醒其他群体成员注意威胁和哪个方向可能安全的作用，尽管它有意为之的可能性微乎其微。一只狗摇尾巴（或蹲伏、咆哮）的行为向其他狗传达了一些信息。这是狗这一物种进化出来表达情感的身体动作的一部分，因为狗是社会性动物。但没有证据表明，狗这样做的目的是为了沟通，而且是有意识地这样做。一个人如果感到尴尬，可能会脸色发红，这就起到了沟通的作用，即使不是有意为之——事实上，如果你知道别人看出了你的尴尬，那么可能会让你更尴尬。

在达到人类语言所基于的意义类型之前，我们还有几步要走。它的初级形式可以在社会互动过程中看到。一只狗的咆哮对另一只狗有一定的意义，它会对这种咆哮做出反应；在击剑比赛中，一方会以格挡回应另一方的进攻。[15]这里我们看到，一个人行为的意义是与另一个人的反应相关联的。我们不用假设意义是在个人的头脑中，它客观存在于人们一系列互动的反应中，它也不是什么精神上的或被神秘地添加到物理行为中的东西。我们可以从母鸡的咯咯声和小鸡的反应中看到这一点[16]，小鸡对母鸡叫声的反应显示了咯咯叫对小鸡的意义。当一只雪松太平鸟飞回来站在巢穴边缘时，饥饿的雏鸟就会张大嘴，而母亲对此的回应就是把食物喂到雏鸟嘴里。米德把动物之间的交流动作称为"姿势"，把这种互动称为"姿势交流"。

米德认为，在个体意识到之前，意义就已经存在于互动模式中了。观察到这些行为的个体会做出相应的回应，即使做出这些行为的个体不需要意识到这样做对其他个体的意义。蜜蜂在跳舞的时候，并不需要预测其他蜜蜂要如何回应才能让蜂巢内复杂的交流过程得以实现。通过它们的舞蹈，蜜蜂可以传达它们的发现——哪个方向有新的花蜜来源，离蜂巢有多远的距离，哪怕远在几英里①之外。[17]在这个过程中，蜜蜂舞蹈的意义是客观存在的，但跳舞的蜜蜂不需要像人类那样，一定要在对自己所要传达的意义有了清楚理解之后才会将其传递给其他个体。我们在第1章中提到，蚂蚁、白蚁和蜜蜂等社会性昆虫有着令人难以置信的复杂结构，这些结构建立在个体之间无数次的互动之上，但单个

---

① 1英里≈1.61千米。——译者注

生物体对这些交流中存在的意义是没有意识的，这对于蜂巢的运作也没有必要。

到目前为止，我们所描述的是让交流得以发生的互动形式。[18] 意义在婴儿意识到他们在和人交流之前就已经存在了。在个人的发展过程中，那些我们在后来的发展中才意识到的东西就根植于这些社会过程中，就存在于互动的社会世界中。这是一个人开始对他人意图有所理解的必要前提。[19]

理解他人动作的意义是建立在用身体语言来体现社会过程的基础上的，但如果涉及的是人类的交流和思考，我们就要考虑另一种更复杂的交流形式了，那就是自我意识的意义，或有意识的交流。在这种情况下，做手势的孩子是充分意识到该动作对别人有何意义的，这就像是烟雾与狼烟在传递意义时的区别。当烟雾出现，人们就知道有东西着火了，而狼烟是有人故意用制造烟雾的方式来传递一个特定的信息。

指物的方式

就在艾拉离一岁生日还差两周的某一天，当她正被祖母抱在怀里时，她忽然伸出手，似乎是在向杰里米索抱。但后来大家发现，她的目光越过了他的肩膀，看向她叔叔停在厨房窗外闪亮的新摩托车。她似乎很想表达这个发现，想向别人指出这一点，因为她不断地伸出手臂，嘴里同时发出声音，一直到有人提及摩托车才停下来。看上去她已经达到了一直想达到的目的——成功地进行了交流！看上去艾拉只想让别人和她一起关注这辆摩托车，并不是想摸它或骑它。[20] 对婴儿在一岁生日前后所表现出来的交流技能发展，我们应做何解释呢？

本章开篇我们就举了一些用手指物的例子。这个看似简单的手势一直是人们关注和研究的对象，因为它是早期交流的一个例子，而且同样的动作可以用在太多不同的场合了。我们认为，在所有文化中人们都需要某种方式来引起他人注意，但具体的方式可能会有所不同。在大部分文化中，伸出食指来指点是很常见的动作，但在某些场合和某些文化中，用食指指指点点被认为是不礼貌的，不过可以用其他身体部位来完成指点动作。在一些文化中，用头部或嘴唇来指物更为常见。一种不太常见的指物方法是用鼻子，生活在巴布亚新几内亚独立国菲尼斯特雷岭偏远地区的尤普诺人使用的就是这种方法。[21] 那么，在成年人不用食指指指点点的文化中，婴儿是否一开始会用这种手势，然后遭到训斥并被勒令停止呢？还是说他们从一开始就没用过这种手势呢？这仍然是一个未解之谜。

用手（或其他部位）指物的动作可以用在很多场合，表达不同的含义。伊丽莎白·贝茨描述了其中两种主要的用法[22]：一种是针对某物提出要求——意思是"给我拿那个"；另一种是引起他人注意——意思是"看那个！"最近通过实验证明的第三种用法是通过指点来告诉他人某种信息。在证明这一发现的研究实验中，实验者把婴儿放在某个位置上，让他告诉实验者他们正在寻找的东西在哪里。一系列研究表明，婴儿会自发地指向实验者之前使用过的物体，如订书机，以此告知实验者该物体的位置，尽管婴儿之前并没有玩过该订书机。[23] 在另外一项研究中，实验者在一块黑板上方放了一个有趣的玩具，就在婴儿试图让成人注意到该玩具时，实验者要求他告知他们正在寻找的东西在哪里。假设要找的是玩具附近的一个很无趣的物体，比如"便利贴"，婴儿依然会用手指点的方式告知成年人"便利贴"的位置，尽管他们其实很想将成人的注意力引向黑板上方的玩具。[24]

婴儿是如何开始在互动中有意义地使用他们伸出的食指的呢？为了了解这

一动作有意义和无意义使用之间的对比，请看两个例子。在图4-1中，一个大约四个月大的婴儿躺在她的哥哥和祖母之间，手臂放在头上，伸出食指。这看上去是一个用手指点的动作，但这是一个真正有社会意义的指点手势，还是一个"无意义的指点"？看起来确实有点像她想说"我知道答案"，还有点像她想让人给她拿一杯杜松子酒加奎宁水，但考虑到她的年龄尚小，这似乎不太可能。研究人员在观察中发现，9～15周的婴儿已经会在他们的活动过程中随机做出"指点"的手形，尽管这些不是社会行为，而且婴儿也并没有期望得到任何回应。[25]

图4-1 无意义的指点

图4-2则正好与此相反，图中是18个月大的马克斯站在水边用手指向什么。这张图的含义是模糊的，因为图中没有其他人，所以我们无法确定这是不是一种社会行为，他可能只是伸出他的食指而已，我们不知道他在指向什么。如果认为他这是在向某个人表达某种意思，不管是什么理由让我们产生这样的想法，都与我们对这个动作的了解和经验有关，还与我们想为婴儿的动作赋予意义的愿望有关。尽管有了这些提醒，但我们还是会情不自禁地认为，他的动作看起来非常像一种有社会意义的指点行为。

图 4–2　有意义的指点

当你试图解读这些照片的时候，就能体会到互动的先后顺序是多么重要。现在让我们来看看第三张照片，它拍摄于 1913 年，照片里的人物是杰里米的姑姑，当时她大约 11 个月大（图 4–3）。在照片中，她在用手指点的同时也在看着别人，让我们更能肯定这个动作是一种社会行为。在研究人员看来，一边用手指点一边看向其他人就是重要的证据，因为这似乎表明婴儿正在确认对方是否真的在看着正确的方向，同时提醒对方注意。一定要了解清楚手势前后发生的事情，这样才能明白做出手势的人有何意图，观看手势的人又会做何理解，才能够获得足够的线索去推测这两者之间有着什么样的共同理解。

图 4–3　1913 年杰里米的姑姑 11 个月大时

在20世纪70年代，凯西·墨菲（Cathy Murphy）和大卫·梅塞尔（David Messer）率先采用了一种可以系统地观察婴儿在用手指物时看向哪里的方法。以10~14月龄的婴儿为研究对象，他们发现，在第一个生日前后，这些蹒跚学步的孩子就开始认真地用手指指点点了，但该年龄段的孩子在这样做的时候并没有先特意确认是否引起了另一个人的注意，也没有确认自己的指点是否成功地引导了另一个人的视线。这表明当婴儿开始使用手势时，他们还不能很好地与人分享一个事件。[26] 对婴儿的"看""指"动作所做的系统性研究大部分是由法比亚·佛朗哥（Fabia Franco）和乔治·巴特沃斯（George Butterworth）完成的。他们发现了发展过程中出现的转变：在12月龄的时候，婴儿主要是在指点之后看向他们的母亲，以确认母亲是否看向了正确的方向；在14月龄的时候，这种确认发生在指点的过程中；在16月龄的时候，这种确认通常发生在指点之前。[27]

那么，在做手势时确认对方是否在看有多重要？以一个约12月龄的婴儿为例，假设他正坐在母亲的腿上，和母亲一起看向外面经过的一列火车。婴儿伸出他的手臂和食指——我们可以说，他指向了那列火车。但他这样做的时候并没有转头望向母亲以确认她是否也在看。那我们该怎么理解观察到的这个结果呢？这是一种社会行为吗？婴儿没有转头确认可能意味着他笃定母亲是和他同步的，因为他们坐在一起，而火车又是那么引人注目。他的手势在某种意义上是社会性的，因为他们在接触，而且几乎望着同一个方向。当然，婴儿的指向性手势对母亲来说是有意义的，她会理所当然地认为他对火车感兴趣。至于婴儿是怎么意识到该行为对母亲所具有的意义，则依然是个谜。那么问题来了，在发展过程中的哪个阶段，婴儿才会意识到他们的动作正在传递的意义？

由此就引发了一大堆关于婴儿理解力的问题，我们怎么知道婴儿能理解哪些东西，能理解到哪种程度呢？我们不可能通过采访他们来了解他们的意思。他们无法告诉我们，因为他们不会说话。只不过父母往往将这种指点视为一种社会行为，认为婴儿是出于和成人一样的原因做手势。那么，我们为什么要做手势呢？花点时间观察一下人们在日常生活中的手势，特别是他们如何指点，就会发现手势的用途非常广泛，如引起他人注意、为他人指明方向，等等。而在该手势的众多用途中，这些不过是沧海一粟罢了。我们可以用这个动作来提要求、下命令、询问、回答问题、通知他人，等等。所以我们通常会顺理成章地以为，当婴儿使用和我们相同的动作时，其背后可能存在着相同的动机。但事实可能并非如此，特别是在婴儿第一次使用时。

理解手势的含义

婴儿是如何学会理解指点动作的含义的呢？在过去的40年里，发展心理学家想出了一些有趣的方法来探索婴儿是在什么年龄段达到交流发展的关键里程碑的，比如使用和理解像指点这样的手势。他们设计了一个实验来测试婴儿和学步儿童在新的环境中对成人的指点有何反应。在通常的设置中，实验者会让婴儿和成人坐在中间，然后在他们周围摆放一圈有趣的玩具，实验目标是确认婴儿是否会准确地看向成人所指的物体。实验发现，婴儿在出生的第二年就发展出了这种技能，他们一开始是看向近处的物体，之后再看向远处的物体。

关于用手指点这个动作，只要看对方向就没问题了吗？并非如此。理解一个指向性手势背后的含义可不是最后看了一样东西那么简单。为了理解这个问题，我们来看一个真实的例子。有一次，杰里米、卡罗琳和一群朋友在海滩上野餐，野餐结束后他们收拾东西准备回家。这时卡罗琳做了一个动作，她指着一个朋友的包，同时看向杰里米。杰里米可不是个刚满周岁的孩子，他立刻心领神会地跟着她的手指看向了地上的包，但并不明白她是什么意思。原来，卡罗琳的意思是他应该背这个包，因为它很重。要理解这一点需要什么？仅仅能够看对物体是不够的，还需要一些共同的互动史来理解这个动作背后的含义。听到这个故事的女性似乎都认为其意义应该是显而易见的，也许确实如此。有趣的是，这个例子表明，要在交流中达成互相理解，共同的经验必不可少，在这个例子中，共同的经验就是野餐后怎么收拾残局，也许还有一些性别化的期望。

为了进一步说明只是能够看对方向为什么还远远不够，让我们来做一个研究。我们不需要昂贵的fMRI机器，这只是一个思想实验。想象一下，我们正坐在一家咖啡馆里，此时我朝着我们旁边的一把椅子指了指。这是什么意思？你看向了我指的地方，所以此时我们的视线已经同步了，我们的注意力都放在了椅子上。我们实现共同注意了吗？对，我们此时关注的是同一个物体，而且彼此都心知肚明。然而，我们并没有达成共同的理解。你可能正怀着困惑将目光从椅子转向我，也许正试图从这个明显无意义的手势中解读出一些意义。也就是说，一定要对我把你的注意力引向椅子的原因有一些理解。我到底想让你干什么呢？坐在椅子上？移一下椅子？把包放在上面？欣赏一下这把椅子？还是我在回答你提出的与我刚买的东西有关的问题？事实上，还有许多其他的可能性。查理有一个令人讨厌的习惯，就是做这样的手势，让他的妻子罗西猜测他在做什么。幸运的是，她对这种非语言的游戏非常宽容。简单地指向一把椅子可能是众多行为之中的一个，它可能是一个请求、一个说明，或一个回答，这取决于我们之间正在进行的互动的先后顺序和我们的共同经历。

人们对婴儿如何开始与他人分享注意力有很大的兴趣，这被称为共同注意。然而，共同注意不仅仅是让视线保持同步。如果一个人把另一个人的视线引向某个东西，就必须有某种方式来理解其原因——通常是借鉴过去的历史，即他们做过类似事情的共同经历。有时候一个人可能会指着像老鼠或蜘蛛这样的东西，或者指着某人掉落的东西，当第二个人看到它时，他们会理解为什么第一个人要把注意力引向那里。也就是说，大多数人可能想远离（相当快地）老鼠或蜘蛛，或走向掉落的物品，但这仍然是基于共同的背景和期望。在不同的情况下，最后出现的结果和理解可能会有很大的出入。如果知道第二个人是一个对收集蜘蛛感兴趣的昆虫学家，那么所要表达的意思可能就有天壤之别。或者，如果这两个人正被困在一个没有食物的荒岛上，那么指着一只老鼠的意思可能会完全不同——也许是"看，午餐！"。

婴儿如何学会指物

现在，我们已经解开了围绕着用手指物这一简单行为的一些难题，接下来要继续看看小婴儿是如何掌握这一社会技能的。他们是如何做到这一点的呢？前面说过，即使婴儿是在我们的眼皮子底下学会用手指物的，我们仍然不清楚它是如何发生的。虽然研究这个问题并不需要大费周章地用上望远镜、显微镜、脑部扫描仪等先进仪器，但人们对于这种神奇发展的具体过程仍然没有达成共识。在试图理清这个问题时，我们需要回顾一下前人提出的理论。这些理论大致分为两大派别。一派认为，婴儿开始用手指点是因为他们已经明白其他人的注意力可以被引导。这类方法有时被称为"丰富论"，因为它假定婴儿在开始使用手势时就拥有了一定程度的理解力。另一派的看法则与此相反，认为当婴儿开始伸出食指，做出我们称之为"指点"的动作时，其实是因为其他原因，但他们逐渐认识到了其他人会对该动作做出什么样的回应。也就是说，他们明白了这个手势对其他人具有的意义。这种理论认为，在婴儿发展初期是没有什么理解力的，所以它有时被称为"贫乏论"。在我们描述婴儿是如何发展出请求技能时，就是用这种理论来进行说明的，它与米德关于意义如何传达的观点一致。早在 1900 年，米利森特·辛恩（Milicent Shinn）就在她关于婴儿成长的详细日记中提到，她的小侄女在婴儿期就会用食指尖来探索那些触手可及的物体，大一点后就养成了看见感兴趣的东西就伸手的习惯，辛恩认为两者之间是有联系的。她认为这可能是指向性手势的起源之一，对此我们非常赞同。

迈克尔·托马塞洛是目前该领域的研究者之一，他与一群杰出的同事一起领导着德国莱比锡的马克斯·普朗克（Max Planck）进化人类学研究所的研究工作。[28] 他们是上述第一种观点（即"丰富论"）的主要支持者。但他也承认，我们根本不知道婴儿是如何学会用手指物的，或许他们两种方式都经历过，或许是按照后面一种发展的，特别是如果他们在发展早期就习得了这种手势。

如何研究指物的发展

那么，我们怎样才能搞清楚婴儿是如何学习指点的呢？一种方法是观察他们掌握这项技能的过程。这是 100 多年前一系列经典日记研究中采取的方法，包括查尔斯·达尔文关于他儿子成长的日记。[29] 20 世纪 70 年代，伊丽莎白·贝茨和她的同事开展了一项重要的日记研究，但到了今天，这种方法已经没有那么流行了。

为了检验这些观点，我们建议通过对父母与婴儿之间的互动进行一系列详细的观察来研究指物动作的发展。[30] 我们会从一个具体的案例开始，然后以对其他亲子组合的跟踪研究作为补充。在对 6 ~ 14 个月大的婴儿格雷的案例研究中，根据他母亲记录的观察日记，我们发现他最初伸出食指是为了触摸感兴趣的东西，这逐渐发展成一个具有社会性的指物动作。[31] 在 6 个月零 3 周大时，格雷确实做出了用手指点的动作，但那是在他睡觉的时候，所以这显然不是一种社会行为。这与上面提到的研究相吻合——即使只有 9 ~ 15 周大，婴儿也会偶尔做出用手指点的动作，虽然这明显不是为了交流。[32] 之所以做出这样的推断，是因为在这个年龄段，婴儿的"指指点点"并没有伴随任何其他确凿的证据，比如坚持想要得到他想要的东西。

随后，在 7 个月大的时候，格雷开始伸出食指去探索一些东西，比如地毯上的深色图案、床单上的圆点，或者妈妈脸上的雀斑，他对这些东西非常感兴趣，他甚至试图用小手把它们抠下来。在格雷 9 个月大的一天，母亲走进卧室时看到他正躺在床上，伸出手臂，食指向上指着，格雷显然是在指天花板。但这还不是一种社会行为，因为他是独自一人在房间的时候这样做的，而且母亲一进来他就停止了。在这个阶段，他的行动似乎与他自己的兴趣有关，与他正在注意的东西有关。11 个月大时，格雷会指向某个东西，然后向它凑近或直接走过去。例如，在乘坐电梯时，他会指着墙壁上压花钢的图案，然后走过去触摸它们。没有迹象表明他在期待别人的回应，他没有看向母亲，更没有坚持不懈地试图得到回应，这个动作似乎只是他独自探索世界的一部分。当然，他通常是和父母在一起，所以他的行动在某种意义上是"社会"的，尽管他可能还没有意识到这一点。他的父母确实做出了反应，因为他的行为表明了他的注意力放在哪里，所以他们自然会谈论看起来让他感兴趣的东西。一个合理的推测是，正是通过了解自己行为产生的社会效果，他逐渐开始了具有社会性的指物动作并期望得到回应。在 13 月龄和 14 月龄时，他明显在发声的同时使用了指向性的手势，既用于向父母提出要求，也用于提示他们该看什么东西。

这个简短案例研究的结果与其他日记观察的结果相似，比如来自 100 多年前的米利森特·辛恩[33]和最近伊丽莎白·贝茨及其同事的报告[34]。尽管如此，我们仍应将这类研究推而广之，探索更多儿童的发展。通过对多位母亲及其婴儿的案例追踪，我们对这项研究进行了跟进。从结果看，这些婴儿似乎用了一种与格雷相似的方式掌握了指物的手势。也就是说，他们首先是用食指触摸东西，然后才开始带着社会性目的用这种手势来引导别人的注意。[35]

可能有人认为模仿在学习如何指物的过程中会起到一定的作用。事实上，在我们的研究中，确实有一个婴儿是通过模仿其他孩子开始使用这种手势的。他有一对双胞胎姐姐，他很喜欢盯着她们看。一天晚上，当她们同时用手指向餐桌时，他也用手模仿她们，全家人都笑了起来。然而，他并不清楚她们或他自己正在做什么，也不明白其他人为什么会有这样的反应。他仍然需要学习如何以一种有社会意义的方式使用这个手势。在我们开始对他进行观察的前一个月，这个婴儿正在用他伸出的食指通过触摸来探索物体，所以他正在学习如何以与其他婴儿相同的方式使用这个手势。

同样的发展过程也适用于挥手告别这种常规手势的掌握。婴儿可能会以不同的准确程度模仿他人的身体动作，但他们仍然需要一些时间来学习如何在适当的社交场合有意义地使用这个动作。

手势的多种含义

前面我们已经描述了某些指物动作可能的发展方式。这种手势一开始可能是在婴儿看到自己感兴趣的物体和事件时出现。由于该动作表达了婴儿的兴趣所在，周围人可能也跟着表现出了对这些物体或事件的兴趣，于是婴儿就知道这个动作的功能是引起别人的注意，并随之有了一段共同参与的愉悦体验。此时这个动作已经成为一种刻意为之的交流手势，是一种具有社会功能的行为，它的作用是向他人指出感兴趣的物体和事件——也就是说，具有某种陈述性。正如前文所言，除了指出物体和事件之外，指点动作还可以用于许多不同的社会行为，例如要求、告知、询问或作答。那么问题来了，儿童是如何学会以这么多不同方式使用和理解这种手势的呢？

在我们看来，手势的含义是基于儿童学习参与的社会常规。[36] 除了发现有共同关注对象的乐趣外，儿童还在学习其他社会行为，比如提出要求，如本章前面所述。这涉及其他社会常规中使用的各种互动模式的结合。指指点点也可用于提问和回答问题。在关于婴儿期智力发展的书籍中，让·皮亚杰（Jean Piaget）描述了这种将在某种情况下学到的成功活动模式应用于新情况的过程。[37] 从杰里米的侄女为其儿子马特卡录制的视频中也可以看到这个过程，当10个月大的马特卡想要放在地板上的娃娃时，她故意迟迟不做回应。马特卡先是指向地板上他够不着的娃娃，如果这样做不能让他立即得到娃娃，他就会反复将母亲的手朝娃娃的方向推。当这种方法似乎奏效的时候，他停了下来，就在母亲仍然迟疑的时候，他终于自己够到了娃娃。就在这时，母亲把娃娃拿起来递给他，马特卡也高兴地接受了。杰里米的侄女在描述此过程时认为，马特卡一直在重复过往所有有效的动作。在这里我们可以看到，为了达到某个目的，婴儿会变着花样地使用不同的手势和动作。

一个手势多种用途的情况也可以从其他手势中观察到，以杰里米的儿子马克斯学会了在别人离开时挥手的动作为例。虽然挥手通常意味着告别，但他逐渐将这个动作扩展到用来表示晚安或想去某个地方。他还会用这个动作来表示他的书看完了或食物吃光了，有一次他在洗澡时丢了一个透明的塑料玩具，他

111

也用挥手来表示玩具丢了。16个月大的马克斯已经懂得把两个手势结合起来使用，比如指着门向杰里米挥手，示意他想出去。我们有一位同事的女儿名叫梅布尔，她在一次社交活动中学会了挥手告别的动作，后来当她希望保姆走开时就会挥手，试图用这个动作来发起告别仪式。

我们前面讨论到的一些手势——例如举起双臂索抱或用手指物，可能在各个家庭中相当普遍，至少在西方文化中是如此，但还有一些手势可能只存在于特定家庭或特定关系中。例如，在16个月大的时候，马克斯发展出了一种漂亮的划动手臂的动作，家庭其他成员都知道这意味着游泳，但他的姐姐就从来没有使用过这种手势。还有很多婴儿发展出了其他独特的简单交流行为。尽管手势的发展过程在不同的家庭中可能是相同的，但在特定家庭甚至特定关系中，具体的结果可能会有一些不同。因此，对发展过程的研究一定要在特定的亲子关系中进行。[38]

动作与行为

在结束本章之前，我们需要处理一些挑剔的同行可能存在的误解。也许有人认为，我们所有关于沟通以行为为基础的讨论只是在炒约翰·华生和斯金纳等人行为主义旧理论的冷饭。换句话说，操作性条件反射解释了一切。按照这种说法，婴儿只是被动地在两个现象之间建立了联系：一个是在照顾者面前伸出手去够某个物体，另一个是照顾者将该物体递到他们手里。还有的批评者可能认为，这和新兴的"统计学习"（statistical learning）理论是一回事，更何况所谓"统计学习"也不过是操作性条件反射观点的"新瓶装旧酒"而已。根据这种说法，婴儿学习新词的方式很简单，不过是看该词与其对应物体同时出现的频率罢了——频率越高，学得越快。这在早期词汇的研究中已经得到了证明，同样的过程也可以用于手势的学习。[39]

尽管我们强调行为活动在人类心智发展中的重要性，但我们并不赞同行为主义，而且想在此指出一些关键性的差异。如果用行为主义理论来描述儿童的学习过程，就回避了一个主要的问题——世界是如何在儿童眼中变得有意义的？只有当孩子想要的事情发生了（或没有发生），他们才会在这一结果和某个条件之间建立联系。也就是说，结果之所以对孩子有意义，是因为他们得到了自己想要的东西——也许是如愿以偿地投入了舒适的怀抱，也许是愉快地与照顾者一起做想做的事情。孩子和世界之间的积极关系才是充满意义的，而非如行为主义所言，只有被动的联系。是有意义的关系让婴儿建立了联系，而不是相反的情况。因此，关于联系的讨论是一个抽象的概念，不足以体现儿童与他人的积极互动中有意义关系的形成。

本章小结

为了研究人类交流形式的发展，我们选择了从尽量简单的案例开始。婴儿是如何发展出手势（如指物）能力的呢？对此人们持有不同的观点，我们对其中的几种观点进行了探讨。我们认为，对婴儿来说，要意识到自己的行为对他人的意义，就必须了解他人是如何回应的。这被描述为"用他人对待自己的态度来对待自己"。也就是说，除了表现真实的自己，他们也开始从外部、从别人的角度来审视自己。儿童必须同时成为既能拥有自身经验的主体和又能从他人视角来加以审视的客体。我们着重关注的是婴儿出生后第一年到一年半的这段时间，但即使在相对成熟的两岁时，儿童依然不能完全理解或熟练使用像指点这样的手势。从他们的行为中，我们能看到学习的影响。例如，他们会把成人的指点动作当作一种交流的手势，但如果这个动作是由同伴完成的，他们就不会这样认为。[40]

我们认为，婴儿之所以能够发展出思维和心智，一个核心原因是他们被父母和其他经常接触的人当作"人"那样对待——正如我们在之前讨论的手足关系中看到的那样。婴儿是如此可爱有趣，我们会情不自禁地用对待"人"的方式来对待他们。在这个过程中，婴儿被拉进了属于人类的互动中，并发展出思维和心智的形式。如果事实确实如此，肯尼斯·凯建议学者们将之视为商业机密：

婴儿与其说是"人"，不如说是有机体，在接近周岁之前，他们既没有心智也没有自我，但是……成年人被骗得把他们当成了交流对象。如果这是真的，那么心理学应该把它作为一个商业机密。我们有充分的理由让父母在这方面自欺欺人，让公众了解这一点也没有什么好处。在过去的10~20年里，人们已经普遍认为新生儿和小婴儿是有智力的，是可以采用各种手势动作进行交流的，这种被大众熟知的说法完全没有坏处。它唯一的不足之处只存在于严格的理论层面，只有作为学者，我们才需要知道真相，作为父母则不需要。[41]

那么，我们为什么要泄露这个秘密呢？因为我们相信，成年人会情不自禁地将婴儿的行为视为有意义的。即使在知识层面上意识到了这种发展观，我们仍然会把婴儿当作"人"来互动——我们难以抗拒。而且，这样的互动对于婴儿的心智发展是极其必要的。

推荐阅读

- Canfield, J. V. (2007). *Becoming human: The development of language, self, and self-consciousness*. New York: Palgrave Macmillan.
- Carpendale, J. I. M. (2018). Communication as the coordination of activity: The implications of philosophical preconceptions for theories of the devel- opment of communication. In A. S. Dick & U. Müller (Eds.), *Advancing developmental science: Philosophy, theory, and method* (pp. 145–156). Abingdon: Routledge.
- Mead, G. H. (1934). *Mind, self and society*. Chicago, IL: University of Chicago Press.

注 释

1. Geertz（1973, p. 6）。
2. Carpendale & Lewis（2015）。
3. 在许多方面，本章是对迈克尔·托马塞洛（2014）所著《人类思维的自然史》（*A Natural History of Human Thinking*）一书的回应。我们在其他地方对这种观点进行了批判（Carpendale 和 Lewis，2015），在这里也一样（虽然更含蓄）。
4. Bates（1979）。
5. Bates（1979, p. 33）。
6. 关于孤独症的补充说明。
7. Tomasello（1995）。
8. Liszkowski & Tomasello（2011, p. 16）。

9. 我们认为，有相当明确的证据表明，这个年龄段的婴儿还不能充分理解他们的手势对他人的影响（他们的行为似乎也不是有意要和人交流），也不能将别人的手势理解为交流。在我们形成人际交流的过程中，这些技能的发展是一个重要的组成部分。不过，需要指出的是，我们在本书中批评的一些立场认为，这些技能是写进我们的基因构成里的。这类说法通常被称为"丰富论"，该理论认为，只需要一丁点儿互动，就足以触发这种早已存储在大脑中的理解。

10. Wittgenstein（1980, p. 31）。

11. Lock（1978）。

12. Mead（1934, pp. 80, 81）。

13. Mead（1977, pp. 164, 191, 192, 193）。奶瓶的例子具有重要意义，因为它需要婴儿适应不一样的吸吮动作，即使是用母乳和奶瓶混合喂养的婴儿。

14. Seyfarth & Cheney（2003, p. 168）。

15. Mead（1934, p. 78）。

16. Mead（1922, pp. 163–164）。

17. Mead（1922, pp. 163–164）。

18. "在社会体验的过程中，觉察或意识对意义来说并不是必需的。"（Mead, 1934, p.77）"因此，在觉察或意识到意义之前，意义的机制就已经存在于社会行为中了。"（Mead, 1934, p.77）

19. 在上面描述的"姿势对话"的例子中，是没有自我意识参与的，或者用米德的话说，并不是"有意义的"。第一只动物并不知道它的动作对第二只动物意味着什么。也就是说，它并不是相互的——姿势的意义不是两只动物分享的。因此，意义并不是什么隐藏在头脑中通过语言传递给其他人的神秘事物。在成年后我们可能会有类似的神秘体验，但这是发展出来的。意义是在人类的互动中逐渐被意识到的，正因为意识到了，我们才能在对话中互相理解。但这原本是一个可以被个人预期的社会过程，而不是反过来。我们是以躯壳的形式在社会空间中互动的。

20. 这是一个被称为"元叙述"（protodeclarative）的例子，因为它被认为是陈述性的早期形式（即婴儿在"指出什么"）。事实上，我们可以去掉"元"（proto）这个前缀。当成年人使用同样的指向性手势来引导他人注意或提出要求时，我们不会因为仅仅使用了手势而不是语言就将其称为"元叙述"或"元命令"（protoimperative）。

21. Cooperrider & Núñez（2012）；Wilkins（2003）。

22. Bates（1976）。

23. Liszkowski, Carpenter, Striano, & Tomasello（2006）。

24. Liszkowski, Carpenter, & Tomasello（2007）。

25. Fogel & Hannan（1985）。

26. Murphy & Messer（1977）。

27. Franco & Butterworth（1996）。

28. 迈克尔·托马塞洛目前在杜克大学任教。

29. Darwin（1877）。

30. Adolph et al.（2008）。

31. Carpendale & Carpendale（2010）。

32. Fogel & Hannan（1985）。

33. Shinn（1900）。

34. Bates（1976）。

35. Kettner & Carpendale（2018）。

36. Canfield（2007）；Winch（1958）。

37. Piaget（1952）。

38. 在很多不同的社会情境中，婴儿和成人会保持注意同步。婴儿就是在这些情境中逐渐发展其社会技能的。这些互动模式包括在越来越复杂的情况下追随他人的目光、用不同类型的指向动作来提出要求或引导注意，以及给予和接受，还包括婴儿和成人扮演角色互换的游戏。在我们看来，所有这些常见的社会活动都有助于婴儿发展技能（Bibok, Carpendale, & Lewis, 2008）。在婴儿能够进行这些不同形式的互动之前，他们并不需要具备对他人意图的所谓"基本洞察力"。相反，随着婴儿逐渐掌握不同的社会技能并将它们结合起来，他们的行为才开始看起来像是基于一种基本的洞察力。也就是说，对于作为观察者的我们来说，与他人各种形式的互动可能是基于一种潜在的洞察力或认知能力，但这些可能最初是以独立社会技能的形式分别发展的（e. g., Carpendale et al., 2018；Carpendale & Lewis, 2015）。

39. 自20世纪90年代以来，关于如何学习词语的讨论越来越多。有研究表明，婴儿可以在连续重复的新音节中对他们听到的声音做出区分（Saffran et al., 1996）。但这并不能否定我们在本章中所构建的论点。在Catherine Tamis LeMonda及其同事的一篇文章中，提供了一个如何做到这一点的例子，他们展示了儿童是如何从他人的言行中找到规律的，但这是在双方达成理解的沟通中发生的（Tamis-LeMonda et al., 2014）。

40. Kachel, Moore, & Tomasello（2018）。

41. Kaye（1982, p. 248）。

第 5 章

理解他人

本章我们将描述儿童如何超越婴儿期的认知，以理解他们的社会世界。

讲一个杰里米的儿子马克斯的故事。在马克斯大约四岁的时候，一天下午，他要求杰里米离开厨房。杰里米知道马克斯想吃饼干，认为他不想让别人看到他拿饼干，所以想一个人待着。这种多此一举的行为显示了马克斯正处在理解他人方面的一个重要发展阶段。也就是说，他以为如果能让杰里米离开厨房，杰里米就不会知道他拿了饼干。虽然能产生这样的想法是个了不起的进步，但马克斯当时根本没有想过这样做会让杰里米感到奇怪，也就是说，可能会让杰里米怀疑马克斯要他离开厨房的动机。[1]对怀疑的理解是对"别人可能会怎么想"的进一步思考。但在发展心理学领域，大家最感兴趣的还是理解的第一步，即理解他人是如何根据所见所闻形成某种信念的。

正如我们在前几章中讨论的，婴儿很快就能熟练地与他人展开互动，但他们在童年时期仍有许多关于社会世界的知识需要学习。刚刚蹒跚学步的时候，幼儿运用手势的技能就已经远远超过了黑猩猩的幼仔，而学龄前儿童取得的成就则完全就是质的飞跃。[2]请听听马克斯在两岁零四个月大时说的话："安妮从她家走了。汉娜真的很伤心。"即使他还只能勉强把词语组合到一起，我们已经能从这句话中知道他对社会世界和情感世界有了初步理解，而且完整地陈述了一个事实：一个朋友的离开可能使他的妹妹感到不快乐。[3]在接下来的几年里，这种技能会变得更加复杂。儿童对他人的理解超越了他们在婴儿期所掌握的东西，本章我们就用关于思维的基本观点来探讨一下这个主题。

我们对日常世界的理解，与其他人的互动，一般来说是直截了当的，而且驾轻就熟，毫不费力，以至于我们很少意识到这一点，因为我们已经成长为社会关系中不可分割的一部分了。就连习惯用语和其他因素（如礼貌等）也被我们视为理所当然。如果偶尔有人的行为让我们理解不了，我们就会猜测他们做某事的动机。但对绝大多数的日常经历，如买一杯咖啡、排队等车、对朋友或同事说早上好，等等，我们都能不假思索地应对得游刃有余，直到在这方面遇到问题。例如孤独症患者，他们在与他人互动方面有很大的困难，即使只是互相致意这样的小事也会出岔子。孤独症的特点是在沟通和理解他人方面有困难。因为在互动中，双方都需要熟悉沟通的方式，遵守规范和惯例。

了解他人心思

让我们回到前面提到的特殊技能，即马克斯试图确保杰里米不知道他拿了一块饼干。在过去的40年里，研究人员一直在关注这项技能，也就是对人们可能有的错误念头的理解，这在发展心理学上被称为"误念理解"（false belief understanding）。"误念理解"并不是指错误地相信圣诞老人或复活节兔子，而是理解如果在房间里发生某件事情时有人不在，那他们可能会产生一些错误的念头。马克斯建议杰里米离开的行为表明，他以为当自己拿饼干时父亲不在厨房，父亲就不会知道这件事。这种对他人心思的微妙揣摩代表了社会理解能力发展的一个重要阶段，表现出了对头脑如何运作以及人们如何获得信念的理解。通过向儿童展示故事中的人物是如何产生错误念头的情景，我们可以评估儿童的这种洞察力。例如，海因茨·沃纳（Heinz Werner）和约瑟夫·佩尔奈（Josef Perner）[4]设计了一项经典测试，该测试涉及德国民间故事中的一个人物马克西。马克西和妈妈一起去买了很多东西，回家后他把买来的巧克力放进一个蓝色柜子里,然后出去玩了。当他在外面玩的时候,他妈妈从这些巧克力中拿了一部分出来做了一个蛋糕,然后把剩下的巧克力放到了另一个地方——一个绿色柜子里。这个时候测试者告诉孩子们,马克西饿了,要回来拿他的巧克力,他会去哪里找他的巧克力呢?五岁的孩子通常会说:当然会去蓝色柜子里,那里是他放巧克力的地方。但令人惊讶的是,三岁的孩子通常会把这个问题弄错,他们说马克西会去他妈妈放巧克力的绿色柜子里找,即使他们知道当时马克西在外面,不可能知道巧克力被移动了。[5]

显然,三岁儿童还认识不到人们可能会持有错误的信念,这可能是他们对捉迷藏等游戏有奇怪理解的原因。他们可能会一直躲在同一个地方,可能会喊:"我躲起来了。来找我吧!"虽然他们很喜欢这个游戏,但对他们来说,这和"躲猫猫"没什么区别。他们还不明白,这个游戏的关键就是最好让寻找者不知道其他人藏在哪里!三岁儿童也很难理解自己会有的错误念头。这可以在一个测试中得到证明。测试者先给孩子们看一个大家都知道用来干什么的容器,比如一个装聪明豆(一种在加拿大和英国常见的糖果)的盒子,然后问孩子们知不知道里面装的是什么,孩子们可都是糖果专家,他们一定会说"聪明豆"或"糖果"。但随后当测试者打开盒子时,孩子们看到里面装的是完全不同的东西,而且很无聊,比如铅笔,这时有些孩子可能会哭起来,等他们停止哭泣后,测试者再问他们:"你起初认为盒子里是什么?"令人惊讶的是,三岁的孩子往往会回答说:"铅笔。"完全不考虑他们最初可是有一个错误想法的。如果再问他们,当盒子全部合上时,他们的朋友会认为盒子里有什么,他们通常会说朋友也会知道盒子里有铅笔。这个反直觉的发现引发了大量的研究。

上面提到的这些情形都比较简单，但关于信念的理解可能会变得极为复杂。例如，当马克斯八岁时，他被邀请参加朋友雅各布的生日聚会，雅各布告诉马克斯他想要的生日礼物是一个指板（一种用手指操作的缩小版玩具滑板）。后来，当杰里米与马克斯、汉娜一起出去买礼物时，他们开始谈论这个话题，结果发现雅各布跟每个人都说他想要一块指板。马克斯和汉娜都意识到，也许每个人都会给他买同样的礼物，所以最终他们买了别的东西作为礼物。但是，如果所有被邀请的孩子都像马克斯和汉娜这样想，那雅各布可能最终得不到想要的指板！最后的结果也确实如此。

这种涉及对他人信念的思考会变得很复杂。关于我们会对事物发展出何种信念的问题，还有更多深层次的理解。例如，如果两个人一起去看一部电影，但其中一个人在关键时刻出去买爆米花了，她可能会因为错过关键信息而对这部电影产生不同且错误的理解。这种情况就像五岁孩子已经掌握而三岁孩子仍在百思不得其解的误念测试。但成年人甚至年龄较大的儿童所理解的东西可远不止这些。他们明白，即使两个人真的一起看了整部电影，他们仍然可能会有不同的解释，因为同样的模糊信息可以有多种不同的解释。这是对知识的进一步理解，根据这种理解，人们可能会以不同的方式解释相同但模糊不清的信息。这方面的理解能力是在七八岁左右开始发展的，从一些非常简单的情景开始，比如一个有歧义的词语或句子。但这个问题实在太复杂了，它的后续发展贯穿了整个青春期和青年期。[6]

在理解某些形式的幽默（如双关语）时，需要儿童掌握解释的技巧。这些幽默的前提是同样的词具有不同的含义（参见第3章）。儿童对这种幽默的理解大约从六岁开始。正是在这个时候，杰里米的女儿希望别人给她讲笑话，并要求以笑话书作为她的生日礼物。她的同龄小朋友也对笑话很感兴趣，但年纪比她更小的孩子在听到这些笑话时只会表现出懵懂、困惑。在马克斯五岁的时候，他自己编了一个笑话："临睡前你吃饭的碗会对你说什么？……晚安。"他能编出这个笑话，是因为他明白"碗"和"晚"的区别，而且这两个字听起来都一样。对不同解释的理解也涉及讽刺和反讽的用法，这一点也在第3章中讨论过了。[7]

情感是儿童必须了解的社会世界的另一个维度。就连不到两岁的孩子都学会了谈论情绪，如快乐、悲伤、害怕等。大约在四岁时，儿童已经掌握了许多所谓的基本情绪，甚至能够分清自己在不同情境中体验到的不同情绪。但对于这些复杂的心理状态，仍有许多东西需要学习。我们可以通过多种方式来评估儿童对情绪的理解程度。例如，在一个被称为"钱德勒旁观者任务"的测试中，孩子们会看到一个由一系列图画描绘的故事。[8]在故事的开头，一个小女孩目送着父亲乘坐飞机离开，表现得很伤心。后来，一个邮递员来到她家，把一个包裹递到了女孩手里。想到有礼物可收，女孩立刻高兴起来，但在打开礼物看到是一架玩具飞机后，她再次感到悲伤，因为飞机让她想起了父亲的离开。在故事的不同阶段，孩子们会被询问女孩当时的感受及其原因，最后一个问题是邮递员对女孩的悲伤会怎么想。当然，作为一个晚到的旁观者，邮递员对女孩父亲乘飞机离开的事一无所知，也不会理解为什么女孩在收到这样的礼物后会哭。[9]虽然这个错综复杂的故事涉及快乐和悲伤这些貌似简单的情绪，但越来越复杂的情况使女孩体验到的情绪越来越难以理解。还有一些情绪可能由于各种原因而难以把握，例如，尴尬、羞愧和内疚涉及人际关系层面，因为要理解这些情绪，就需要理解其他人对自我的看法。

理解力发展有先后

到了一定的年龄，儿童就开始理解他人的心思和情感，正如我们前文所描述的那样，这种转变发生的平均年龄我们也提到了。但并不是所有儿童都会在同一年龄段发展出这些形式的社会理解。那么，为什么有些孩子会比其他孩子更早了解他人的心思（既有正确的也有错误的）呢？是什么让一些孩子的经验比同龄人更胜一筹？事实证明，有许多社会因素与儿童的社会发展有关。朱迪·邓恩（Judy Dunn）就这个主题开展了一些早期开创性研究。她对 50 个家庭进行了纵向研究，记录了在儿童学习揣摩他人心思的过程中家庭互动产生的影响。她和其他研究人员发现，儿童的社会经验和他们的社会理解之间存在着关联。在与两岁孩子谈话时，母亲提到的心理状态词汇越多，一年后孩子与同龄人相比就越出色。[10] 相反，在一些条件落后的机构（如罗马尼亚的孤儿院）中长大的孩子在"误念理解"方面明显落后于他们的同龄人。[11] 早期的研究结果显示，有较多兄弟姐妹的儿童较早学会理解别人的错误念头，他们通过"误念理解"测试的时间最多可提前一年。[12] 这项"误念理解"测试最早出现在英国，随后加拿大、澳大利亚、日本、希腊和美国的研究者也在重复测试中发现了相同的模式，尽管不是所有研究中都会出现这种"手足效应"。[13] 这表明儿童经历的社会互动在"误念理解"的发展中起着重要作用。但是，这不仅与是否生活在大家庭有关，还与儿童经历的社会互动的质量有关。当然，与兄弟姐妹之间的互动可能有很大关系，但有兄弟姐妹也会改变父母与孩子说话的方式，所以这可能应归于他们听到的具体言语情况。[14]

语言可能很重要的另一个证据是，失聪儿童在理解他人心思方面的发展往往会出现延迟，但有趣的是，如果他们的父母也是失聪人士，他们就不会出现延迟。[15] 如果父母是失聪人士，就意味着他们会精通手语，因此这些孩子在发展早期就会接触到复杂的互动形式和手语。但是，如果失聪儿童的父母听力正常，则父母不可能精通手语，那么他们的交流就不会那么顺畅了。这些情形表明，接触复杂的对话（口头或手语）可能对儿童学会理解他人心思很重要。现在有一致的证据表明，在评估儿童对他人错误念头的理解时，父母在家庭谈话中经常使用诸如"认为""知道""记得""想要"等心理学词汇的儿童表现得更出色，这足以证明两者之间有很大关系。[16]

社会理解的发展

既然我们已经描述了儿童的社会理解在发展过程中的各种变化，并对可能与这种发展有关的社会因素有了一些概念，下一步就该解释儿童如何发展出这种理解了。那么，儿童是如何了解他们的社会世界并理解他们或他人的感受和想法的？

我们认为，儿童具备对周遭世界和他人想法进行思考探究的能力，这种能力与另外一种能力有关，即从心理学角度谈论人类活动的能力。那么，这种能力又是如何形成的呢？在前面的章节中，我们已经讨论了婴儿如何在社会互动中进行沉浸式体验，就像他们学习如何在物理环境中行动一样。他们逐渐开始使用手势，比如用手指点，以执行各种社会功能，包括提出要求、通知他人、询问或回答问题或指出某些东西，等等。一旦婴儿学会了提要求的手势，学会使用"想要"这样显然与心理相关的词就指日可待了。一个词语可能最初是与手势一起使用的，后来逐渐仅用语言取而代之。[17]在对日常活动有了充分理解后，儿童就可以开始使用词语来传情达意了。当需要提出要求时，他们可能会说"果汁"或"牛奶"，或者干脆说"还要"来表示"想要"。

儿童在生活中逐渐学会了表达情感的词语，如开心、悲伤、害怕，也学会了表达意图和想法的词语。我们认为，这类词汇的掌握是以儿童在日常接触中的自然反应为基础的。例如，成人和大一点的孩子很容易分辨出幼儿在公园里看到动物向他们跑来时的表情是快乐还是惊恐，之后父母可能会谈论这件事，儿童就会了解到应该在哪些场合使用这些词语。儿童并不是通过内省并将其映射到一个内在实体上来学习某个词语的。

像"高兴"和"害怕"之类的词可能会比"球"这样的名词更难学一些。但是，当一个孩子感到"高兴"或对一只大狗感到"害怕"时，显然会在他们的活动中表现出来，而他们正是通过这种外在表现来学习这些代表反应和体验的词语的。人们用这些词语来谈论快乐和恐惧，但快乐和恐惧并不完全是内在的、精神上的东西，与外在表现出来的行为也并非毫无关系，相反，它们直接导致了外在的行为表现，例如欢呼雀跃。以我们在研究婴幼儿交流时遇到的一个孩子为例，她的名字叫伊斯拉，在她刚刚 13 个月大的时候，就第一次使用了表示"害怕"的手势！那是因为此前不久，当伊斯拉的母亲发现女儿正站在床头柜上时，在惊恐中用了这个手势。后来，在伊斯拉 16 个月大时，她被家里的警报声吓坏了，再次使用了这个手势。

路德维希·维特根斯坦将这些互动模式描述为"生活的形式"。[18] 它们是一些日常事件，通常在个体之间的交流中出现。在我们的设想中，随着交流的推进，交流双方的动作和注意自然就会变得协调一致，这在人类的互动中是可预期的，就像漩涡是一个可预期的模式或结构一样，在特定条件下自然会出现在流动的液体中。语言就是以这些平常的生活形式为基础的，人类互动的规律性本身就植根于我们的生理习性中。这并不代表行为是在我们的基因中编码的，而是意味着它们是一个相互作用的因素组成的系统所产生的结果，那就是儿童的发展系统。[19]

我们刚才讨论了从兄弟姐妹的日常接触到儿童听到的语言等与社会因素有关的种种过程，它们在社会认知的发展中各自发挥着重要的作用。我们可以把它们视为标志，标志着照料者与儿童之间有着良好的合作关系，在这种关系中，照料者（父母和其他人）愿意试着去理解孩子的观点，愿意和孩子讨论那些有助于他们理解身边现状的事件。[20]在学习如何用心理词语来谈论人类活动时，这种交流是必不可少的。一旦孩子们掌握了用语言来指代他人行为的能力，他们就可以用这种技能来审视他们的世界。

在第 4 章中，我们讨论了婴儿如何在学习指点等手势时发展出对他人的早期理解，这种学习方式以及儿童后来使用语言的方式与他们谈论信仰和思考的能力之间有什么联系？我们认为，它们是在不同阶段取得的发展成就，但在每一项之间并没有一条明确的分界线。它们是交流的不同层次，要看清楚它们是如何逐层递进的，就需要观察幼儿在第一次尝试使用词语时的情况，这些词语扩展了他们使用手势的技能，并与他人的注意联系在一起。例如，在快到两岁的时候，格雷开始在用手指引导他人注意时说"看"这个词。在这之前不久，他就会用"瞧"这个词来引起他人注意了。像"看"和"瞧"这样的词通常不会被认为是表示某种心理过程的心理状态词，但要学会如何正确使用它们，确实取决于说话人是否对他人的注意有某种程度的理解，因此也可以说取决于是否有某种程度的社会理解。[21]

与此相似，伊斯拉在 20 个月大时第一次使用了"看"这个词。当时她正坐在汽车后座上，在画板上涂涂抹抹，她的父亲正在开车，母亲坐在副驾驶位上。她一边说"看"，一边拿出她的画向母亲展示。她的母亲转过身来惊喜地说："哦，哇，这是你画的吗？我好喜欢！"在接下来的 5 ~ 10 分钟里，伊斯拉一直重复说"看"并等待她的母亲转过身来予以回应。如果不能完整地看到她的画板，母亲就会说："给我们瞧瞧。"伊斯拉就会移动画板让母亲能看到它。像"看"和"瞧"这样的词可以用在不同形式的互动中，很多都涉及心理层面，因为其中包括了他人的注意、他人是否看到了什么并因此有所了解等种种心理过程。儿童使用词语的方式以一些早期互动形式为基础，这些互动涉及他们与他人的共同关注。

儿童学习其他更复杂心理词汇的方式也与此类似。以三岁女童克里斯蒂为例，如果母亲给她带来的吐司上面没有抹果酱，她就会说"你忘了"。"忘了"是一个心理词语，能否掌握这个词可能要取决于说话人是否对记忆和心智的运作方式有所理解，包括记忆容易出错的特点。可供儿童学习该词的情境有很多，比如我们描述的这个早餐场景，它们的共同点是他人没有完成预期中的事情，也就是说，这个词的意义是在人类的日常活动中出现的。

正如我们在第 4 章所做的分析，我们意识到，一说到行动和行为，学术界通常的反应就是将之认定为行为主义。正如一位评论家所言，"行为一词往往会给认知科学敲响警钟。"[22] 将行为与行为主义联系起来的倾向几乎变成了一种本能。如果当前关于心理状态的想法受到质疑，就认为是被动地受外部强化塑造的行为。这再次反映了一种立场，即不认为还有另一种既不是心理主义也不是行为主义的可选项。具有讽刺意味的是，这两种选择都有相同的出发点——它们将内在心理活动与外在躯体行为割裂，如此一来，我们要么被困在孤立的心智活动中，要么只能从行为层面上去理解。在这样的立场中，一开始提出的假设就有问题，并阴魂不散地一直跟到了最后。而我们以关系理论为依据，从活跃的婴儿开始，在他们与他人和世界的互动中考察人类理解的起源，我们的智力正是在这种互动中萌芽的。

"他心问题"

前文中描述了儿童如何形成对他人的了解，当然这些描述都是以本书所赞成的观点为出发点，而现存的理论流派中我们不敢苟同的也不少。[23] 现在就让我们来看看几位同行所持的观点。塔姆辛·杰尔曼（Tamsin German）和艾伦·莱斯利（Alan Leslie）将"心智理论的基本问题"定义为"既然信念、欲望和伪装既不能被看到、听到，也不能被感觉到，那幼儿的大脑是如何成功了解它们的？"[24]

首先，是幼儿在了解其他人，而不仅是其大脑。从上面的定义中我们不难看出，杰尔曼和莱斯利用了一种大家都能接受的方式来描述幼儿在理解他人时所面临的问题。这也是很多人的出发点，即使他们不同意杰尔曼和莱斯利提出的答案。我们认为，他俩对心智所持的这种看法正是哲学家们已经苦思了数个世纪的"他心问题"的始作俑者。幼儿必须通过某种方式来理解心智和无形的精神实体，但他们只能依靠由他人无形的内在精神状态引起的外在躯体行为来做到这一点，这实在是难解之谜。人们认为，在此过程中儿童必须实现一个飞跃——从对某人外在行为的观察到对其内在心思的推测。

这种将心智作为一个独立推理实体的观点是在17世纪30年代由勒内·笛卡尔明确提出的，因此通常被称为笛卡尔哲学。如果被人将自己与笛卡尔联系在一起，大多数现代理论家都会感到恼火，因为笛卡尔是把心智和身体割裂开来看待的。然而，在大量关于社会认知的著作中，对心智的默认观点与笛卡尔有很多相似之处。这种观点认为，我们的心智是私人的，只有我们自己可以访问；我们可以对自己的心智进行内省，其他人却无法触及；它们是隐藏的，私人的。

这种对心智的看法由来已久。早在圣奥古斯丁描写自己幼年生活的《忏悔录》中，我们就可以找到这一基本思想。奥古斯丁把自己想象成一个试图与他人交流的婴儿，因此假设婴儿一开始就有心智而且必须摸清他人的心思。我们前面提到过米德的比喻，他认为，所有个体刚开始的时候都像被隔离在单人牢房里的囚犯，必须找到某种方式来实现相互之间的交流。每个囚犯都有心智，可以思考并且必须学会把自己的想法传递给别人。这种说法假定每个人一开始就具有心智，并引出了如何了解其他人的心智的问题。

我们可以在后来被称为"心智理论"的传统方法中见识到这种问题提出方式，它通常会被大众毫不存疑地全盘接受。但被人们忽视并一直没意识到的是，这种初始假设是没有任何实证的。它提出了一个儿童必须解决的问题，但这种常见的设问方式不过只是假设而已。正如哲学家大卫·乔普林（David Jopling）指出的，我们必须对那些一开始提出的问题进行严格的审视。[25] 心理学为自己是一门科学而自豪，所以我们可能以为，这个出发点的依据在某种程度上是具有实证性的，但实际上它只是关于心智本质的哲学假设。它并不是经由科学研究得出的，只是想当然的结果。这种观点以心智的存在为前提条件，在此基础上产生了如何理解他人也有心智的问题，这最初的一步跟着我们走到了最后。用路德维希·维特根斯坦的话说："变戏法的关键动作已经完成，而这正是我们认为很无辜的动作。"[26] 事实上，该设问方式本身就带着几个可能的答案。其中常被引用并针锋相对的三种方法是"理论"论、"先天模块"论和"模拟"论。但每种方法都认为儿童会遇到"他心问题"。鉴于它们在当代心理学的主导地位，我们在此对每种理论做一番简介。

最常见的说法是，儿童就像小科学家，他们建立了一种适用于自己和他人的心智理论。这种儿童建立理论的说法被称为"理论"论，因为它是一种认为儿童持有理论的理论。"心智理论"这个朗朗上口的短语已经广为流传并有了自己的生命。该术语也成功地占据了公共媒体，即使四岁的孩子就能形成关于心智（或其他东西）的理论的说法似乎非常不靠谱。事实上，儿童可能知道物体通常会向下坠落，但我们没必要据此称他们为重力理论家或物理学家。但仍有许多研究人员继续使用这个短语，刻意无视它与"理论"论的联系。[27]

第二种理论也假设同样的问题必须得到解决，认为既然社会理解在我们人类的生活方式中如此重要，大自然就绝不会把这种认知能力简单地交给运气去决定，因此心智很可能主要与基因有关。按照该理论，社会理解是一种先天的神经认知机制（或模块），它为儿童理解他人做了必要的"计算"。[28] 在第 8 章中，我们将讨论"人生而知之"这种说法存在的问题，以及这种说法是否与当前的生物学知识相一致。在第 9 章中，我们将介绍对"心智就像计算机"这一观点的批评。就目前的讨论而言，我们要指出的是，这种观点显然是笛卡尔式的，因为在对儿童面临的困境做出假设时，将其明确描述为其他心智的问题，而且这些研究者还进一步声称答案早就写在了我们的基因组成中。

第三种当代流行的说法认为，不用非得形成关于心理状态的理论我们才能理解他人，因为我们都有属于自己的心智，只需想象或"模拟"他人的思考方式并通过类比进行推理就可以了。[29] 这种"模拟"理论由来已久。早在 17 世纪，哲学家托马斯·霍布斯（Thomas Hobbes）[30] 就曾经写道，既然人皆生而相似，我们大可以通过审视自己来理解他人。当然，作为成年人，我们完全能做到这一点，尽管可能很少这样做。但这样做的前提是我们已经形成了社会理解。婴儿也能做到这一点吗？我们不这样认为。事实上，这种"模拟"理论一开始就预设了婴儿存在着某种程度的社会理解，否则它宣称的"模拟"过程根本就不会发生。[31]

已经有大量文献对上述几种基本理论进行了批评、修改甚至融合。[32] 我们和其他很多同行一样,在这场辩论中各抒己见。但在这里,我们打算采取不同的方法。与其对这些理论逐一进行反驳,不如以这三个理论共同引以为据的假设为靶子。尽管存在着不少分歧,但它们实际上有一个共同的起始假设,即认为儿童在逐渐理解其社会世界时面临着"他心问题"。

作为成年人,我们可能都有对自己的想法进行反省和审视的经验,并且觉得这些想法是私人的,是别人无法触及的,但有时候我们又能非常轻松地理解别人的想法和感受。而且,正如吉尔伯特·赖尔(Gilbert Ryle)经过深思熟虑后得出的结论,想要隐藏自己的想法,可能需要刻意而为。[33] 如果人的心思完全无法捉摸,"扑克脸"就不会那么难做到了。一些优秀的牌手就掌握了这种隐藏心思的能力,可以成功掩饰他们对发牌的反应,让人猜不出手中牌的好坏。但要达到这样的境界绝非一日之功,有些人甚至必须依靠戴墨镜或学习复杂的故弄玄虚之术才能做到。这在婴幼时期就初见端倪,以五岁半的马克斯和不到八岁的汉娜玩的棋盘游戏"线索"为例,该游戏的目标是收集线索并找出谁是凶手,玩家们是互相竞争的关系,所以对自己收集的线索保密很重要。有一次,马克斯说:"汉娜开始笑了,而且笑得很傻。我猜她已经发现了什么。"汉娜还没有学会如何掩饰自己的心思,就连她五岁的弟弟也能猜出她知道了关于凶手的重要信息。

作为成年人,我们可以用更复杂的方式来思考和想象我们在各种情况下可能会有的感受。这往往会让我们陷入把心智当作既定的陷阱,有些人甚至认为婴儿肯定也有同样的体验。这种感受会随之反馈到心理学家为解释儿童社会发展而提出的各种理论中。在反思自身的感受时,成人和大龄儿童可能会据此推断出他人的感受,但按照维特根斯坦的观点,我们不可能是通过反思而学会了与信念、意图和欲望有关的词语含义的。我们把这个观点用来解释社会理解的发展。目前有一种趋势是将成人的理解强加给婴儿——将他们"拟成人化",然后心理学家以这个假设为基础形成他们的理论。但已经有很多学者指出这一基础存在着无法解决的缺陷,而且不是修修补补就可以自圆其说的。成年人能够体会到自己拥有心智,有反思的能力,但这种体验是一个漫长而渐进的发展过程的终点,这并不是我们的出发点。如果认为反思能力是帮助儿童理解心智的必备技能之一,那就本末倒置了。

前面我们回顾了一些研究结果,看到了社会互动在社会认知发展中的重要性,那么,不同的理论家会如何解释这些结果呢?有证据表明,一般来说,要获得正常的认知发展,是否有兄弟姐妹、是否有安全的情感依恋、是否能接触与心理相关的言语有很大关系,满足这些条件的儿童会较早发展出"误念理解"的能力。而在"理论"论的支持者眼中,这不过是提供了更多证据表明婴儿都是形成理论的小科学家罢了,可能还有人认为这是因为触发了某种先天反应。按照这样的观点,当儿童听到更多表示心理状态的词语时,比如"知道""认为",就会将其映射到自己的内在经验中,通过这种方式来学习该词的含义。[34]

该观点认为儿童可以通过反思自身想法来了解心智,但依据的只是一个假设——假设儿童可以"反省内心"并观察到行为背后的心理实体。按照这样的说法,儿童在学习一些词语的含义时,比如思考、好奇、记忆等,采用的方式是将它们与自己的心理状态联系起来。维特根斯坦关于"私人语言"的观点反对的正是这种笛卡尔式的成人心智论和语言模型论。尽管世人对维特根斯坦的这一论点(或不止一个)有相当大的争议,但他口中的"私人语言"并不是指因为种种原因导致仅有一个人说的语言,比如该语言是某人刚刚发明出来的,或该语言在世上仅剩最后一个会说的人。更确切地说，他指的是一种有必要私人化的语言，因为该语言中的词汇是通过和一些私人内心感觉建立私人联系而获得其意义的。维特根斯坦认为，正是这种认为能够以一种他人不可触及的方式进行内省并为此感觉命名的想法犯了最关键的错误。正如我们前几章的讨论，意义不是这样来的，意义依赖的是我们与他人的共同经验，而不是词语和感觉之间的一些私人匹配。

"他心问题"是哲学家们要面对的问题，而不是婴儿。婴儿只会与有生命和无生命的客体互动，周围的世界也会以不同的方式做出反应。当然，这个世界中其他的人会比物体更活泼。刚开始的时候，婴儿无法对身边的物理世界和人类做出明确的区分——此时他们生活在体验的海洋中，但婴儿对物体的体验与和他人互动的体验完全不同。用詹姆斯·马克·鲍德温的话说，物体有一种"静止不动的特性"，而"人实际上是侵入性的。在他所体验到的全景舞台上，他们像枪炮一样轰鸣；在他最意想不到的时候，他们会起来攻击他；他对他们的反应大致分为惊讶的满足和惊讶的失望。"[35] 通过这类经验，婴儿将人与物区分开来——婴儿学会了对两者区别对待。

我们直接将他人视为"人"来对待，而不是间接地先按照科学家的理论判断他人是"人"。心理学领域的一种流行做法是假设婴儿会先对其他"躯壳"进行观察，然后猜测这些"躯壳"可能具有心智。[36] 但事实是婴儿会直接与他人展开互动，在互动中他们的贡献最初是呈阶段性的，就这样一步步促进更复杂的互动形式出现。所以，我们考虑的不仅是这些理论中的缺陷，还有这些理论在建立之初就存在的一个基本错误——"他心问题"。

笛卡尔哲学认为心智是私人的、隐藏的，在对其他与人类密切相关的动物（如黑猩猩）的研究中，我们可以看到该观点的进一步衍生结果。在笛卡尔看来，只有人类才具有心智和灵魂。当然，当代研究人员会与这样的观点保持距离，但并没有划出一条明确的楚河汉界。[37] 在达尔文和米德思想的引导下，人们认为一个物种与另一个物种之间会有连续性，而且在两者中都存在着心智的自然化。这意味着我们在解释心智时应立足于自然世界，将社会互动和生物习性都视为儿童自然环境的组成部分，他们在这个环境中形成了属于自己的思维方式。这是因为婴儿的生物特征在一定程度上决定了他们成长的社会环境。

在定义心理状态词的时候，常见的一个问题是搞清楚这些词语和那些不指向心理状态的词语之间的界线。以"欺骗""隐藏""看看""瞧瞧"这样的词语为例，在本章前一部分中，我们提到了伊斯拉和格雷幼年时说的话，这些动词通常不会被视为心理词汇，但要恰当地使用"隐藏"一词，需要说话人对他人正确和错误的念头有所了解才行，因为"隐藏"什么东西的全部意义在于让别人不知道它在哪里。此外，如果我们认为人的意图是与行为相联系的心理状态，那么像"尝试""企图"等词语也应该被包括进去。即使我们只是简单陈述一个事实，说孩子向巧克力棒"伸手"，这也意味着她想要抓住它，意味着她相信这真的是一块巧克力棒，而不是假的或空的包装纸，而且她出于某种原因想要这块巧克力棒，很可能是为了吃它。因此，"伸手"这个词在使用中似乎是与心理状态联系在一起的，而心理状态本身又与谈论人类的生活方式、世界上的互动方式复杂地联系在一起。但是，如果我们把这样一个词也算作心理状态词，那什么词才不算呢？我们可能还得考虑许多其他的词，比如"走""跑"等，要在这类词之间划出明确界线可不是件容易的事。而且这个问题恰恰表明，也许那些使用"心智理论"一词的人是从错误的角度来理解心理状态的。

本章小结

本章我们探讨了儿童是如何在心理意义上形成对社会世界、自己和他人的理解的，介绍了多种与之相关的理论。目前围绕着心智有颇多争议，有三种理论在研究文献和电视纪录片中占据了主导地位，但我们认为它们的基础假设就存在着问题。我们特别研究了儿童学习心理词汇意义的问题。在我们看来，心理谈话通常与人类活动相关，所以必然与目的、情感、兴趣等纠缠在一起。例如，当一个三岁女童看到一群音乐家正在讨论下一首曲子时，转身对她的父亲说："他们是在做决定吗？"当然，她是对的。她提出的问题正好阐明了我们的观点，即我们在谈论"思考"的时候，并不是指导致行为出现的内在心理实体，而是人类的外在行为活动。一旦孩子学会用心理词汇来谈论自己和他人的行为，他们就可以思考自己和他人知道什么、相信什么、想知道什么等话题，然后他们就可以体验到心理层面的内省。这是我们在本书中重点讨论的人类发展过程的结果，而不是一个婴儿的起点。

那些更复杂的行为形式也同样如此。儿童是否具备理解他人和自己的能力，与复杂的人际互动、对批评的敏感性、对欺凌和攻击的理解等密不可分；他们参与争论的方式，他们对幽默、讽刺、反语、礼貌以及沟通中共鸣之处的理解也同样大有干系。只要把眼界打开，在谈及理解他人时将那些复杂微妙的行为形式也列为讨论对象，我们就会发现，理解与我们如何对待他人以及他人对我们的反应有关。以杰里米的儿子马克斯八岁时的一件小事为例，他很好奇穴居人是怎样为身边事物造词命名的，于是用他的小脑瓜进行了推测。他指着一只翼龙并叫出了它的名字，然后就满意地认为自己已经解决了给物体命名的问题。可是没过多久他又犯愁了："但'谢谢'要怎么弄呢？这可有点难了！"这种表达方式并不是一个具体的物体，所以我们没法把它指出来，而且指出来也并不能解决所有的问题，我们之前已经讨论过了。"谢谢"是语言的一个重要组成部分，但它似乎也与我们对他人的理解、对社会的理解和礼貌有关，甚至可能与道德、我们对待他人的方式有关。同样的问题在说"对不起"时也出现了。我们很难搞清楚这些表达方式是否只是语言和社会理解的一部分，或者说得更广泛一点，它们是否必然涉及我们在道德框架内对待他人的方式。其实我们想说，在这种情况下根本就没有区别。从中我们可以得出一个结论，从广义上讲，被我们称为"语言"的东西是社会活动的一部分，也就是说，是人类生活方式的一部分，是我们在这个社会世界中的一种存在方式，而在这个社会世界中，道德是其核心。这是我们必须在下一章说清楚的内容。

推荐阅读

- Carpendale, J. I. M., & Lewis, C. (2006). *How children develop social understanding.* Oxford: Blackwell Publishers.
- Carpendale, J. I. M., & Lewis, C. (2015). The development of social understanding. In L. Liben & U. Müller (Eds.), *Handbook of child psychology and developmental science, vol. 2: Cognitive processes*, 7th edition. Oxford: Wiley Blackwell.
- Hobson, P. (2002). *The cradle of thought: Exploring the origins of thinking.* London: Macmillan.

注　释

1. 在普雷马克（Premack）和伍德拉夫（Woodruff）（1978）关于"心智理论"的论文中，有一个关于黑猩猩的有趣案例。一只在猩猩群体中地位低下的黑猩猩在某处发现了一个奖励（香蕉），它的表现是去另外一个新的地方"守着"，一直到那些地位较高的黑猩猩检查了这个地方并失去兴趣。当它们看上去不再关注时，地位低下的黑猩猩就会冲到食物所在的位置，想大快朵颐。但他的这番举动被一只地位较高的黑猩猩发现了，很快将香蕉据为己有。这里最大的问题是，每只黑猩猩对其他猩猩的心思能揣摩到什么程度？

2. 我们知道，量子跃迁是很小的（在微观层面上），但这个比喻却错误地用它来表示观点上的巨大转变。

3. 这个孩子此时不可能只是在简单地模仿她的父母，因为成年人通常不会这样造句。

4. Wimmer & Perner（1983）。

5. 我们已经对这一文献进行了全面回顾（e. g. Carpendale & Lewis, 2006, 2015）。

6. Carpendale & Lewis（2006）；Carpendale & Chandler（1996）。

7. Carpendale & Lewis（2006）。

8. Chandler（1973）。

9. Chandler（1973）。

10. Dunn（1996）；Dunn et al.（1991）。

11. 事实上，即使后面已经给孩子提供了大量丰富的活动刺激，这些早期影响仍会持续到成年期（Mackes et al.，2020）。

12. Perner, Ruffman, & Leekam（1994）。

13. Carpendale & Lewis（2015）。

14. 关于社会因素的研究已经扩展到了很多方面。研究发现，安全依恋与误念理解的早期发展有关，与育儿方式以及社会和经济环境也有关。

所有这些社会因素都与儿童社会理解的发展有关。社会剥夺与社会理解的延迟有关。盲童往往在误念理解方面有所延迟（见 Carpendale & Lewis, 2015）。

15. Woolfe, Want, & Siegal（2002）。

16. Astington & Baird（2005）；Carpendale & Lewis（2015）；Devine & Hughes（2017，2018）。

17. 有的沟通形式是可以从自然反应开始的，问候就是这样的一个例子。婴儿在看到照顾者时自然会感到高兴，所以他们在这种情况下会自然地做出反应。这种自然反应随后可以逐渐发展成一种常规的互动形式，并在这种常规互动模式中增加相应的语言——即问候。

18. "语言游戏的起源和原始形式是一种反应，只有从这里开始才能发展出更复杂的形式。我想说，语言是一种历经打磨淬炼的精品，'太初有为'……我想说，我们语言的特点是，它的发展基础包括稳定的生活方式和规律的行动方式。它的功能首先是由它所伴随的行动决定的。"（Wittgenstein, 1976, p.420）

19. "生活方式由人类的基本活动组成，这些活动源于人的生物本性和社会本性。生活方式跨越了文化边界，因为在所有文化中，它们都是最基本的人类生活形式。"（Saari, 2004, p.141）

20. 是否因为当儿童在偶然间为某个物体和行为命名时，父母和其他人做出的反应才让他们的早期语言能力得以发展呢？这是一个在过去40年里人们争论不休的话题。然而，来自文化（Ochs & Schieffelin, 1982）和亚文化（Heath, 1983）的案例研究表明，幼儿只需通过观察他人的互动就可以掌握语言。

21. Campbell & Bickhard（1993）；Russell（1992）。

22. Hendriks-Jansen（1996, p. 113）。

23. Carpendale & Lewis（2006，2015）。

24. German & Leslie（20040, p. 230）。用German和Leslie（2004）的话说，是"心智理论"机制"使年轻的大脑能够关注……心理状态，尽管这种状态不能被看到、听到、感觉到"（p. 107）。

25. Jopling（1993）。

26. Wittgenstein（1968, §308）。

27. 这是目前对心智的一种看法，认为"意图直接促发了身体动作"（Meltzoff et al., 1999, p. 24）。这是被哲学家吉尔伯特·赖尔形容为"机器中的幽灵"的理论（Ryle, 1949）。詹姆斯·拉塞尔（James Russell）将其描述为"一个纯粹的精神意愿实体被困在身体里，如果它拉动正确的杠杆，就能使身体按照它的意图运动"（Russell, 1996, p.173）。

28. 在过去数年间出现了这一观点的各种不同版本。根据一些人的说法，是一种先天机制让儿童注意到了心理状态（German & Leslie, 2004），但这些心理状态据称是不可见的，所以我们根本搞不清该机制是如何起效的，也不清楚它怎么就是先天的（另见第8章）。想了解更多从这个角度展开的详细分析，参见Carruthers（2006）。

29. 这在心理学中是由保罗·哈里斯（Paul Harris）提出（1991），而在哲学中是由罗伯特·戈登（Robert Gordon）提出（1986）。

30. Hobbes（1988, p. 82）。

31. 在过去40年里，发展心理学的研究人员一直为一个有趣的现象争论不休。即使还在产房里，只要你向新生儿伸出舌头，他就有可能以同样的动作回敬你（Meltzoff & Moore, 1977）。争论的焦点在于新生儿是否会模仿，模拟理论家认为非常小的婴儿就具有"跟我学"的能力，并认为这是一种"天生"的技能，社会理解就是在此基础上发展起来的（Meltzoff, 2011）。Meltzoff（2011）声称，由于婴儿生来就认识到别人和他们一样，故而他们可以把自己与行为有关的内部感受经验归于他人。然而，对新生儿模仿的证据存在着很大的争议。新生儿确实会伸出他们的舌头，尽管这可能是他们唯一一始终配合的动作（Anisfeld, 1996; Anisfeld, Turkewitz, & Rose, 2001; Ray & Heyes, 2011）。但他们也会对许多有趣或令人振奋的情况做出反应，有物体靠近和离开时他们会一直盯着看，小手被触摸时会有回应，甚至在听到音乐（比如《塞维利亚的理发师》，Jones, 2006）时也会做出一些反应。因为这项研究，琼斯（1996, 2009）认为，婴儿配合他人伸舌头的行为可以更简单地解释为对有趣事物的反应。此外，婴儿在大约 2~3 个月后就不再做出这些配合反应了，而模仿是婴儿大一些后，即一岁左右才来之不易的技能（Jones, 2007）。因此，我们赞同它们只是简单的行为反应，不需要新生儿的任何模仿（Carpendale & Lewis, 2015; Carpendale, Lewis, & Müller, 2018）。

32. Carpendale & Lewis（2006, 2010, 2015）。

33. Ryle（1949）。

34. Slaughter et al.（2009, p. 1054）; Meins et al.（2002, p. 1724）。在使用所谓的"心理状态词"时有个问题，比如"认为"这类词的不同用法。如果我们不是很确定是否在下雨，可能会说"我认为在下雨"，以表达确定的程度。（笛卡尔曾写出了"I think therefore I am"这样的句子，但当酒保问笛卡尔是否要再来一巡时，笛卡尔回答说"I think not"，不过并没有因此而停止存在。当然他用的是这个词的不同意义。）这个领域的研究人员认识到了词语的不同用法的问题，于是开发了编码系统来解决，这样他们就可以把那些确实指代心理状态的词语用法分离出来。

35. Baldwin（1906, p. 60）。

36. Gopnik & Wellman（1992）；Carruthers & Smith（1996）。

37. Coulter（2010）。

第 6 章

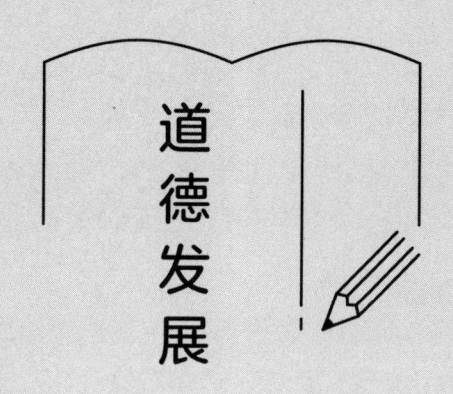

道德发展

本章我们探讨的是与亲社会行为和道德发展相关的研究和理论。

认识到他人是"人",是做人的一个关键因素。人类行为中有很多规范和原则,我们是如何逐渐理解它们的呢?本章和下一章要探讨的就是这种认识能力的发展。我们将从研究人员是如何在幼儿甚至婴儿中寻找道德的早期根源开始。在寻找这种能力的来源时,研究人员探索了多种可能性,包括情感的核心作用。在接下来的两章中,我们将向大家介绍近代为解释道德发展而提出的大量理论,并指出这些理论的问题所在,同时探讨可以从不同理论中学到哪些东西。有人认为婴儿已经有了一些关于道德的认识,这种观点是我们首当其冲要讨论的,特别是关于婴儿会帮助或阻碍他人的说法。接下来我们会简单介绍一些以几个月大的婴儿为对象的研究,这个年龄段的婴儿似乎很喜欢帮助别人。与之相关的是婴儿在发展过程中出现的一种能力——将东西拿出来与兄弟姐妹和照顾者分享。情感是道德讨论中另一个非常重要的话题,关于情感在道德中所起的作用,我们会探讨各种不同的观点。最后,为了给第 8 章和第 9 章的讨论做一个铺垫,我们会讨论一下生物学在理解道德发展时可能起到的作用。

婴儿有道德生活吗

婴儿懂道德吗?令人惊讶的是,在 2010 年《纽约时报》(*New York Times*)的一篇文章中,心理学家保罗·布鲁姆(Paul Bloom)声称婴儿是懂的。他长篇大论地论述了"婴儿的道德生活",声称他们生来就有一些关于善恶的知识。用他的话说,婴儿"从生命伊始就有了基本的道德意识",而且"一些善恶感似乎在骨子里孕育"。[1] 在杂志和电视节目等大众媒体中,这种对婴儿可能已经懂得道德的执念并不鲜见。但布鲁姆较为谨慎,他和同事在著名的《自然》(Nature)杂志上发表了一篇文章,题为《语前婴儿的社会评价》(Social Evaluation by Preverbal Infants)。他们在文章中并没有准确定义"社会评价"涉及的内容,而是描述了婴儿以比较中立的方式去判断他人的技能。但人们很容易把婴儿对善恶行为的评价视为道德。人们为什么会对此这么肯定呢?这是我们要详细研究的。

为了论证婴儿"天生有识"的观点,凯利·哈姆林(Kiley Hamlin)、凯伦·怀恩(Karen Wynn)和保罗·布鲁姆让我们关注他们的研究内容,因为他们认为该研究足以表明幼儿已经"知道"各种物体和简单的算术。但他们并没有提及人们对这项研究和他们所做解释的批评,只是详细介绍了一些表明婴儿对道德有明显认识的实验。在这些实验中,他们用画着眼睛的几何体代表小人,让婴儿观看由这些"小人"演绎的一连串场景,这些场景描述的是一些帮助或阻碍他人的社会事件(图6-1)。例如,他们会看到一个有眼睛的红色圆球正在试图上山。也就是说,它先往上走,然后又滑下来,再往上走,好像它在拼命想到达山顶却徒劳无功。然后,一个黄色的三角形(代表好人)前来帮忙,三角形最终把圆球推到了山顶。在另一个场景中,一个蓝色的正方形(代表坏人)前来捣乱,它把红色圆球推到了山脚下,阻止圆球实现上山的目标。在实验中,实验者会交替使用代表好人的形状和颜色,因此一半时间的帮助者是黄色三角形,蓝色方块是坏人,而另一半时间则相反,这样做的目的是确保最后出现的结果与婴儿对特定形状或颜色的偏好无关。

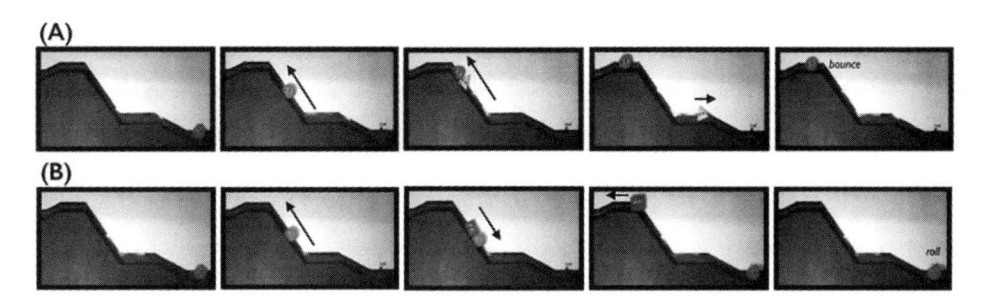

图 6–1　让婴儿观看的帮助（A）和阻碍（B）事件（哈姆林，2015）

哈姆林及其同事想知道婴儿会如何评价这些场景中帮助者和阻碍者的行为。为此，他们向婴儿展示了与帮助者和阻碍者相对应的两个几何体，实验者感兴趣的是婴儿会首先向哪个物体伸手。大多数 6 月龄和 10 月龄的婴儿会向帮助者而不是阻碍者伸手，也就是说，他们更青睐好人。这被解释为婴儿认可的是帮助行为，而不是阻碍行为。这些研究人员还想知道的是，婴儿是否会对圆球在面对帮助者和阻碍者时的反应形成心理预期，因此他们给婴儿播放了一段影片，影片中圆球要么接近帮助者，要么接近阻碍者。6 个月大的婴儿在观看这两个场景时的表现没有什么差别，但 10 个月大的婴儿则表现出了差异，当看到圆球接近推它下山的几何体时，他们盯着看的时间与看圆球接近帮助者时相比明显更久一些。哈姆林及其同事将此解释为当婴儿看到圆球接近阻碍者时感到惊讶的表现。[2]

在另外一项研究中，实验者让婴儿观看各种简单的道德剧，比如，当主角正试图打开一个盒子时，配角 A 出手帮助，而配角 B 却跳上盒子把它关上，让主角没法打开。在另一个场景中，扮演主角的木偶把球滚给另一个木偶，后者很配合地又把球滚回来，而第三个木偶，即坏蛋，一直拿着球跑开，不把它送回来。在这些研究中，5 个月大的孩子更喜欢好人，这表现在他们向代表好人的物体伸手。

哈姆林及其同事对这项研究的解释是，这表明"根据个体在社会互动中的表现来予以评价的能力是人人皆有且无须学习的"。[3]当然，布鲁姆承认，婴儿不是天生的道德哲学家，他们长大后仍有很多关于道德的文化层面的东西需要学习。但他指出，"婴儿拥有某些道德基础——对他人行为做出判断的能力和意识、一些正义感以及对利他主义和卑鄙行为的直觉反应。"[4]这些斩钉截铁的论断引发了诸多问题。

这项研究引起了人们的关注，但也在实证和概念方面受到了批评。尽管哈姆林及其同事已经发表了不少论文并报告了颇具说服力的研究结果，但这些结果在其他实验室里并不能得到可靠的复制。虽然还有一项研究确实发现了同样的结果，但该研究是在12～36个月大的婴儿中进行的。[5]

此外，该研究中的婴儿并不是新生儿，他们是6月龄、10月龄或12月龄的婴儿，尽管也有一项研究是以3月龄婴儿为被试的。[6]因此，以出生后数月才进行的评估为证据，声称婴儿"生来"就有知识是有问题的。这相当于声称一个学生在9月份已经懂得了数学，却在次年6月该学生已完成了微积分课程后才对他的知识水平进行测试，这种逻辑显然不对。在出生后的第一年里，婴儿学到的东西多得令人难以置信。在6～10个月大的时候，婴儿正在做很多我们不想声称是"天生"的事情，例如，布鲁姆详细阐述了婴儿在实验中所做的一些事情。他指出，婴儿总是会"在看到好事发生时微笑和拍手，而在看到坏事出现的时候会皱眉、摇头并表现出难过"，一个幼儿甚至怒而抽打了干坏事的木偶。微笑是一种动作，而不是什么"在骨子里孕育"的东西。虽然有其生物根源，但它是在婴儿出生后的数月内发展起来的，其发展取决于婴儿体验到的社会关系（详见第2章的讨论）。拍手是一种必须通过学习才能掌握的日常手势，我们不能说它是与生俱来的——婴儿并非生来就知道如何拍手，更不用说理解该动作通常意味着快乐或赞赏了。[7] 摇头也是一种需要花点时间才能学会的日常动作。[8] 如果在参与这些研究实验的时候婴儿已经学会了这些常规手势，那么他们也能学会与道德有关的人类活动模式，如帮助或阻止某个对象达到目标。[9]

在成年人看来，这些简单道德剧（如让婴儿观看的几何体爬山的实验）的意义是显而易见的。在进行科学研究时，我们必须警惕一个很容易出现的倾向，即假设婴儿会以与成年人一样的方式来理解剧情。100多年前，威廉·詹姆斯（William James）和詹姆斯·马克·鲍德温将这种倾向称为"心理学家谬误"（psychologist's fallacy）。[10] 我们应该对此处的所有假设加以详细说明。如果婴儿更喜欢的是帮助行为而不是阻碍行为，需要什么前提？前提是他们能够理解被我们定义为"帮助"和"阻碍"的人类活动模式。他们还需要理解有眼睛的圆球是一个有意图和目标的角色，它正试图到达山顶，但没有成功。也就是说，他们必须理解行为的目标，以及圆球无法达到其目标的事实。而且，他们需要意识到，协助一个角色实现其目标，比阻止其达到目标的行为要好。当然也不能一概而论，因为在有些情况下达到目标可能是有害的，但这并不适用于爬山这个简单的例子。

我们并不是说婴儿必须像成人一样，在思考层面上"知道"所有这些，而是说他们应该在实际层面上了解人类活动的典型模式。婴儿是否像哈姆林、怀恩和布鲁姆所宣称的那样，生来就具备有助于理解"帮助"和"阻碍"是何意的知识？纵观本书，我们的答案是否定的。正如我们在本书序言中简要提及并将在第8章进一步讨论的，要解释基因（在形成蛋白质方面起作用）–神经网络联结–知识这样的发展过程，没有什么简单之法。"帮助"和"阻碍"都是人类活动的内容，是儿童需要学习才能了解的。例如，在6～10个月之间，婴儿通过学习了解到，抓取的目标是伸手这个动作所要企及的终点。我们怎么知道婴儿有这样的理解呢？从他们伸手的动作可以知道，他们完全能够预料要抓起来的物体是什么，这可以从他们的视线和手形看出来——目光看向正确的方向，手的形状和即将抓取的物体大小吻合。能否从手的形状来预测婴儿要抓的物体是大是小（大的物体是张开的握法，小的物体是几乎闭合的握法），取决于婴儿是否具备了伸手取物的能力。[11]还有一个例子也能让我们看到婴儿是通过学习了解人类活动模式的，那就是对婴儿预测父母是否会抱起自己的研究。从2个月大的时候就可以看出，婴儿已经对父母抱起他们的动作有了足够的了解，他们会绷紧自己的身体，以便配合父母的动作。不久之后，即3～4个月大时，这种配合会变得更加顺畅。[12]这些都是婴儿通过学习了解人类活动模式的例子。

这类研究提出了两个问题：这些能力是如何发展的？会出现什么结果？我们不能把问题往生物学家那里一推就撒手不管——从基因到道德意识之间，并没有一条直接的发展路线。这是一个复杂难解但也令人着迷的发展问题。现在让我们再向前迈一步，探索亲社会行为的发展。

乐于助人的幼儿

让我们继续在幼儿身上寻找道德的痕迹，还是以帮助为主题，不过现在从婴儿转向蹒跚学步的幼儿。这个时候的幼儿总是自告奋勇地想要助父母一臂之力，这一现象早已被观察者们注意到并记录下来了。[13]在1982年发表的一项开创性研究中，哈里特·莱茵戈尔德（Harriet Rheingold）较为系统地研究了幼儿的助人行为。[14]这是我们一直都能看到的现象——许多幼儿积极主动地想帮父母做事情。莱茵戈尔德指出，幼儿对参与他人的活动特别感兴趣。我们可以把这称为"汤姆索亚效应"（Tom Sawyer Effect）——以马克·吐温笔下一个角色的名字命名，这个人故意利用自己的朋友，因为他知道这些朋友会坚持帮他粉刷栅栏。

最近，菲利克斯·沃内肯（Felix Warneken）和迈克尔·托马塞洛（Michael Tomasello）以及其他研究人员进行了一系列有趣的研究，将这一研究方向拓展到了更广阔的领域。沃内肯和托马塞洛发现，当14～18个月大的幼儿看到实验者笨手笨脚的行为时——比如在试图把衣服挂在晾衣绳上时掉了一个夹子，他们会主动上前帮忙。[15] 还有一种实验情景是让幼儿看到实验者拿着一大堆书，并试图把它们放在一个封闭的柜子里，这时他们会主动帮忙打开柜门。看到路上有障碍物，这些孩子们也会去帮忙，他们不需要表扬、奖励，甚至不需要别人开口求助。20个月大的幼儿甚至会放下手中有趣的玩具，去帮助一个手忙脚乱不断掉东西的成年人。[16] 这些研究非常可爱，也引起了大众媒体的关注。

问题来了，这些有趣的证据对于解释道德的进化和发展有什么意义呢？沃内肯和托马塞洛声称，这是"利他主义在人类个体发育中的一些早期表现：孩子们乐于助人，不求私利。"[17] 在黑猩猩身上也发现了一些帮助他者的证据，沃恩肯和他的同事认为，这意味着"人类利他主义的根源可能比以前以为的埋得更深，最远可以追溯到人类和黑猩猩最后一个共同的祖先。"[18]

作为科学家，在描述我们正在研究的现象时必须谨慎。所以一定要问清楚，从成人的角度看，这些幼儿的行为是真的在帮忙，抑或只是因为对参与成人的活动感兴趣？幼儿的所作所为非常有趣，可能在道德发展中有一定的作用，但我们不能确定这是否等同于成人意义上的利他主义。事实上，幼儿的这种行为有时候（甚至在通常情况下）实际上是没帮上什么忙的。家长们会将孩子的行为形容为帮忙，但他们也说通常更愿意在孩子打盹或忙于其他事情的时候做家务，因为这样更容易把事情做完。当幼儿真的参与进来时，他们似乎对参与活动比完成工作更感兴趣。他们可能想帮忙洗衣服，但所做的只是把衣服翻来覆去地摆弄。

就笔者而言，如果子女在 18 个月大时想参与洗碗，我们会称之为帮忙，但如果在大孩子们玩 tiddlywinks（挑圆片游戏，用大圆片压小圆片的边缘使其弹入杯状容器）时他们想帮忙，我们就会称之为玩耍。但孩子们真的意识到了两者有什么不同吗？也许这个例子可以更简单、精确地被理解为幼儿想和大孩子一起玩。要把儿童的一个行为算作"帮助"，他们首先应该理解活动目标是什么。一位母亲告诉我们，她那蹒跚学步的孩子非要用成人尺寸的大扫帚，而不是专门为他购买的小扫帚，尽管大扫帚重得让他根本驾驭不了。威廉在 15 个月左右的时候也是这样的，所以，儿童乐于参与这项活动可能更多的是模仿父母的行为，或者是在看到其他家庭成员扫地时觉得很有趣。我们还观察到另一个小男孩的行为，他快乐地把地上的玩具全部捡起来放进一个盒子里，然后再把盒子里的东西全部倒出来，这样他就可以重新做一遍了。对他而言，乐趣似乎在于活动本身，对于整理房间的概念他没什么理解。[19] 另外一个观察结果表明，幼儿喜欢做大人正在做的事情，例如 4 岁女孩塔亚，当她想帮祖母洗碗而遭拒时，她先是说"你不让我玩"，然后又纠正说"你不让我帮忙"。

莱茵戈尔德曾在她的一篇原创论文中指出，"人类婴儿的一个基本特征是对他人及其活动感兴趣，这也是助人以及其他许多亲社会行为的基础。"[20] 这是一个非常重要但至今仍被忽视的见解。如果这就是助人行为的基础，那么我们最需要解释的就是人类婴儿的这一特征。与其假设某个行为表现出了某种形式的利他主义的遗传倾向，我们可能首先需要解释一下为什么儿童会对参与他人活动这么感兴趣并且乐在其中，甚至只要能引起他人注意就心满意足。也许这样的行为就是道德的根源之一，是一种暗示了我们所谓"道德"的早期互动形式。[21] 对他人的兴趣和关心是道德发展的关键。婴儿需要关心他人，这是道德得以发展的基础，但它不是道德行为本身。

展示与给予

> 我自己拿你的三明治吃，和你主动与我分享是不一样的。
>
> 肯尼斯·凯伊（Kenneth Kaye）[22]

在上面这句话中，凯伊用调侃的语气精辟地道出了索取和给予之间的区别。虽说两者之间泾渭分明，但孩子们仍然需要通过学习才能理解。但确切来说，两者的区别到底是什么呢？区别之一与对他人的认识有关——也就是说，要认识到他人是一个有目标和愿望的"人"，而不是什么可被当作物品来对待的东西。之所以不问自取，可能是对所有者权利的无视，也可能自以为对方已经给予了许可，所以这样的行为与"所有"的观念有关。[23] 这样的社会理解在我们与他人的日常互动中至关重要，也是儿童必须逐步培养的意识。

说得更广泛一点，给予是我们日常社会中必不可少的活动。在狩猎-采集社会中，分享食物必定是维持生存的一个重要方面，在资源的交换中发挥着关键的作用。交换资源的作用和重要性在不同社会中可能有所不同，但很难想象没有这种社会行为的人类生活方式。马塞尔·莫斯（Marcel Mauss）在近百年前的著作中讨论了很多社会中的给予行为，并强调了这些行为的经济、道德、法律甚至宗教意义。[24] 在一些文化习俗中，带着感恩接受来自他人的礼物是一种义务，比如收下奶奶给你织的袜子，即使你并不喜欢，这样的做法是基于对"所有"的假设。[25] 不同文化对"给予"和"接受"的理解有所不同，儿童对它们的理解也是逐步形成的。既然这种社会交换行为具有如此不可思议的复杂性，那我们现在就来探讨一下婴儿是如何理解"给予"行为的。

如果我们对儿童如何形成对他人的关心感兴趣，如果 14~18 个月大婴儿的帮助行为被认为是利他主义的早期证据，那么他们在 12 个月左右向他人展示和赠送物品的行为就可以被视为利他主义的更早证据。这些行为都是在婴儿第一个生日前后出现的，很早就有研究人员对它们感兴趣了。[26] 但千万不要想当然地认为，这种行为与大龄儿童和成年人的付出行为是一样的。当我们关注婴儿对他人及其活动的兴趣如何发展，以及这种兴趣是如何成为助人行为和许多其他人类社会活动的基础时，或许可以在婴儿向他人慷慨展示并赠送物品的行为中找到其早期根源。[27] 与其说是利他主义的早期萌芽，不如将婴儿的赠予行为理解为在愉快的日常活动中一种配合他人的模式和游戏，婴儿在此过程中了解自己该干什么并预测接下来会发生什么。

如果我们将婴儿慷慨展示并赠送物品的行为理解为利他主义的证据，那就存在一个问题，乌鸦也会向它们的同伴展示并提供物品，这又做何解释呢？西蒙·皮卡（Simone Pika）和托马斯·布格尼亚尔（Thomas Bugnyar）认为，这些行为是一种宣告式的表达，它们"可能起着'测试信号'的作用，用来评估对方是否有成为伴侣的可能，或者用来加强已有的联系。"[28] 不必据此假设乌鸦是天生的利他主义者，还有其他方式可以解释这种有趣的行为。乌鸦通常喜欢去探索那些看起来与众不同的东西，可能是因为这有助于它们找到新的食物来源，它们还喜欢那些看上去有趣、闪亮的东西。当乌鸦把这些东西叼在嘴上的时候，它们的伴侣可能会受到吸引，乌鸦通过这种方式了解到这些行动对伴侣的影响。儿童可能也是在行动中了解到，当他们向成人展示物品时，就可以吸引成人的注意。此外，人类婴儿可以通过其他发展途径习得这些模式，比如某个由成人发起的游戏。给予的概念在各种文化中都很重要[29]，但是，尽管我们把婴儿所做的事情形容为"给予"，但一定要觉察其差异所在，同时要意识到，要从这种幼儿行为前进到成人的付出能力，还有一段非常复杂的发展道路要走。

情感与道德

数个世纪以来，情感在道德中扮演的角色一直是个有争论的话题。在众多强调其重要性的学者中，哲学家大卫·休谟（David Hume）也许是最著名的一位。相比之下，伊曼努尔·康德（Immanuel Kant）则以论证推理在道德中的重要性而闻名。这场辩论最近又卷土重来，乔纳森·海特（Jonathan Haidt）、约书亚·格林（Joshua Greene）和马克·豪瑟（Marc Hauser）等人提出了一些独到而突出的见解。海特认为，道德可以简化为进化后的情感本能反应，而道德推理不过是在做出某种选择后的自我辩护。从这个角度看，人们实际上并不像道德法官那样，用推理来决定该做什么，而更像律师那样，试图为自己的案件辩护，去说服他人，并为自己的行为寻找理由。[30]

研究道德的人很多，这是一个包罗万象的领域，研究者们探索的方向也各有侧重。要理解其中的千变万化，就一定要思考每个研究者正在探索的问题是什么。不仅道德的定义在不同研究中有所不同，要解决的问题也不尽相同，因此，一些分歧产生的根源可能是由于研究者谈论的是不同的事情。海特专注于社会心理学，研究人们如何用道德来说服他人并为自己的行为辩护。他和格林将道德简化为人们在事情发生后将其合理化的情感反应，这些反应是人类在漫长的发展过程中逐渐形成的。尽管海特的理论模型中确实包含了道德推理，但他并不注重这方面的解释，因为他认为很少用到。他认为，道德推理的主要目的不是用来弄清楚该做什么，而是用进化出的直觉来证明自己想做的事情是合理的。因此，海特试图用后设理性（post hoc rationalization）来解释我们大部分的日常互动，比如将二手车当新车卖给别人并为自己的行为辩护。就此而论，他说的可能确实颇有几分道理。如果你想问的是为什么世界上有那么多不公正，以及为什么人们会比你以为的更讨厌，那么海特的理论可能会提供一些有用的见解。如果我们对一个人如何为自己出售二手车的欺骗行为辩护感兴趣，海特的这类理论可能也很适用。

海特和格林声称这涵盖了绝大多数的道德领域[31]，我们认为这种说法言过其实。即使道德推理只是我们社会世界的一小部分，也并不意味着它不重要。有些道德问题虽然只是偶尔遇到但极其关键，它们可能对我们的人生和身份认同具有核心意义。

大卫·休谟在 17 世纪中期出版了一本名为《关于道德原则的探讨》（*Enquiry Concerning the Principles of Morals*）的书[32]，他在该书开头就问道德到底是源于理性还是感性。于是海特抓住这个问题不放，将休谟的文章作为对以下说法的支持：决定是以感性直觉为基础的，任何推理都是后来的事。但休谟的理论可比该说法复杂多了，他认为像推理这样的思考并非简单的直觉反应，相反，推理对于培养我们的直觉也很重要。所以，其实在 250 多年前，《关于道德原则的探讨》就明确反对了海特所谓"天生直觉"的可能性。在休谟看来，直觉是经验和思考的结果。

还有一些道德层面则被人们忽略了。道德是关乎大是大非，还是仅仅与是否符合当地习俗有关？道德肯定不只是循规蹈矩。从表面上看，道德的主要问题是解释哪些事情不对，人们的哪些行为不道德。但事实上，如何解释公正以及培养认识和反抗不公正的能力可能才是更大的问题。这些冲突只是海特的假设，但他并没有尽力去解释这是如何形成的。不过，这正是皮亚杰和科尔伯格等人致力于要解决的主要问题，我们将在第 7 章加以探讨。在这之前，让我们先来看看从神经科学角度开展的研究。

道德与神经科学

可能有人认为，最近的神经科学研究可以帮助我们解释道德，并从大脑中找到正义感的基础。[33] 从某种意义上说，要解释道德肯定得有神经科学的参与，因为我们人类本身就是生物，故而思考道德问题就像思考其他事情一样，必须涉及大脑活动，所以一些神经学层面的分析必须要有。显然，我们需要神经元来进行思考，这是不言而喻的。但如果据此认为可以在神经元层面上对道德进行完整的解释，那就要警醒了，此处一定要小心再小心。尽管意识与道德都需要神经元的参与，但神经元本身既没有意识也没有道德。遵循或违背道德行为准则、思考大是大非的是具体的人，而不是他们的神经元。道德出现在人际关系层面，而不是神经活动中。我们可以做一个研究，看看儿童在理解助人行为或撒谎行为时会有哪些变化。毫无疑问，随着神经通路的建立，他们对社会世界的理解会越发复杂，他们的大脑也会随之变化，但倘若我们只研究神经网络的变化，就不会真正了解他们在理解这些行为时发生的改变。换句话说，如果不理解人类的义务、承诺及行为不检的本质，我们就不可能仅仅通过研究脑组织的功能来了解人类经验这一维度。

而且，如果我们试图将道德还原为生物学，为什么要止步于神经元呢？如果一定要在生物学中寻找答案来解释道德，那我们应该继续到一个更基本的层面，比如神经元放电时离子在细胞膜上的运动。如果我们不考虑一个由多层次相互作用的因素组成的发展系统，而是将生物因素从其他因素中孤立出来，那才是真正的问题，只用质子和电子来描述一个人无疑是远远不够的。虽然神经元是必须考虑的要素，但在这个层面上我们找不到其意义所在。

当我们回顾与道德和神经科学相关的研究时，务必要搞清楚研究者是如何定义这个概念的，以及他们实际研究的是什么。虽然研究人员使用的是同一个术语，但他们可能指的是不同的东西，所以有必要一开始就搞清楚神经科学研究对道德是如何定义的。例如，豪尔赫·莫尔（Jorge Moll）及其同事指出，"道德被认为是一个文化群体接受的一套指导社会行为的习俗和价值观，是一种不假设绝对道德价值存在的观点。"[34] 他们的定义忽略了上面讨论的那种道德观的局限性，把道德简化为对特定文化中做事方式的遵从，这种定义根本无法解释道德规范的变化。这真的是一个完整的定义，还是偷换概念？很多神经科学领域的研究人员对道德的定义看上去都有点莫名其妙。他们研究并称为"道德"的东西，与发展心理学家对人类行为这方面的概念完全不可同日而语。有时候我们会在一些研究论文的标题中看到"道德"一词，但当我们读到论文的研究方法部分，看到他们解释的实际操作时，就忍不住怀疑他们研究的其实是顺从而不是道德。所以，当我们着手研究某个课题时，最好先对要寻找的东西有一个清晰的概念。

神经科学在研究道德时的常用方法之一就是试图定位参与道德决策的大脑结构。一般有两种方法。一种是对大脑特定部位受损的人进行研究，其中最著名的例子是菲尼亚斯·盖奇（Phineas Gage），他在 1848 年不幸遭遇了一场爆炸事故，一根铁钎穿透了他的半边脑袋。虽然他奇迹般地从那场可怕的事故中恢复过来，但再也不是从前那个秉性正直的模范公民了。有关专家以此为证据，认为他大脑中受损的区域与他的道德本质有关。[35] 在其他一些案例中，当事人的大脑特定部分也受到了损害，这些损害也被用来与此人可能存在的任何道德缺陷相互关联。

第二种常见方法是以大脑的神经影像学研究为基础，一边让被试做出道德判断和决定，一边监测其神经活动。这样做是想确定当被试在思考道德话题时，大脑的哪些部分会显得更活跃。受实际条件所限，研究者通常的做法是将志愿者放入 fMRI 机器，向他们呈现一些具有道德含义的场景，鼓励他们思考各种道德主题。有时对被试思维的操纵只涉及向他们展示不同的词汇，这些词汇会引发不同的道德联想。fMRI 的信号是基于血流的，这就产生了代表大脑不同部分血流增加的图像，但我们必须知道，许多"信号"是在数据被"清理"之后才显示的。这是一种信噪比计算，考虑到了大脑中血液流动的持续性以及头部运动、心率和呼吸模式的变化、血压和环境作用（如吸入的二氧化碳量）等多种因素的影响。要计算与大脑活动有关的血流增加，就必须将这些因素纳入考虑范围。[36] 图像生成后，另一个问题就来了，这样的图像到底能告诉我们什么？如果证据显示血流量确实增加了，在对其做出解释之前，我们必须对这些区域通常涉及的功能有充分的了解。但大脑的同一区域往往与多种不同的功能有关。例如，在一项研究中，约书亚·格林及其同事[37]报告说，当被试遇到个人的道德困境时，大脑中与情感有关的部分是活跃的，而在考虑非个人的道德困境时，与抽象推理和问题解决有关的大脑区域是活跃的。然而，这样的区分并不是那么明确，因为一些与情绪有关的区域也与记忆和语言有关。[38]

与此主题相关的神经科学研究的目标是确定大脑的哪些部分参与了道德决策。尽管已经对此进行了不少研究，也锁定了大脑的多个区域，但我们并不打算对此多费笔墨，因为这些研究最后得出的结论似乎只是一句"许多大脑区域对道德判断做出了重要贡献"。[39] 如果最终结论不是这样才奇怪呢，因为道德是一个错综复杂包罗万象的问题。这就让我们不得不问了，道德到底是什么呢？要怎么定义它？哪些属于道德领域？这是第 7 章要讨论的主要问题。神经科学并不能对道德进行完整的解释，它只能提供一部分说明。[40]

道德不能简单地归结为神经活动。更确切地说，我们认为，生物适应性为婴儿的社会互动奠定了基础，而人类的发展正是在这种社会互动中发生的。这就是我们在本书中秉持的理论。情感投入、关注他人都是这种适应性的体现，当然还有一些其他因素。以早产为例，要促进早产儿的身心发育，就必须让他们参与一定的社会互动。交流、意义和思维都是在互动中逐渐发展出来的。

道德模块：从基因到正义

在第 8 章和第 9 章中，我们将介绍并点评史蒂芬·平克以及其他一些人支持的理论，该理论认为，心智由一系列先天神经认知机制或模块组成，它们是为了解决早期人类遇到的特殊问题而进化出来的。同样的理论也被更具体地用到了道德问题上。约翰·米哈伊尔（John Mikhail）认为，人类进化出的先天"模块"是道德决策的来源。米哈伊尔还列出了他所谓的证据（尽管连他自己也承认说服力不足）——三岁孩童就知道一些关于道德的事情，人类所有的语言似乎都有处理道德问题的词汇。[41] 但是，三岁的孩子已经学会很多东西了，如果他们是北美人或英国人的话，还包括与芭比娃娃相关的内容，我们不想假设他们脑子里有一个专门理解芭比娃娃的模块。据目前所知，确实所有人类语言都有谈论道德问题的方式，这一点很有意思也很重要，但并不意味着这种知识是与生俱来的。它只是意味着道德问题构成了人类生存的一个重要维度，语言必须进行相应的调整，让我们能够对这些问题进行思考和交流。我们肯定还会发现，所有语言中都有"你好""再见""对不起"和"谢谢你"等词汇，因为它们是人类重要的生活方式，在所有文化中都是如此，但并不需要用一个先天模块来解释它们。米哈伊尔的第三个证据是，"对谋杀、强奸和其他攻击行为的禁止似乎是普遍的，或几乎是普遍的。"[42]这也许是真的，但也是必须加以解释的。

只是抛出一个"模块"——正如今天的许多心理学家所热衷的那样，并没有简化或完成我们的任务。这种主张和写张欠条的行为没什么两样。我们还需要解释清楚这样一个模块是如何演变而来的，以及它是如何形成的。也就是说，我们是如何从影响生物遗传的因素中得到这些模块的？[43]

本章小结：进化和道德发展生态位

我们想重申一点，在质疑将道德简单地解释为与生俱来的说法时，我们当然不是在拒绝达尔文认为道德根植于人类生物学的观点——从这个意义上讲，道德是进化而来的，我们质疑的是这种发展的性质。关于进化，有两种截然不同的思考方式：一种专注于基因，另一种专注于婴儿成长为人的整个发展系统。道德并非简单的遗传影响，相反，人类道德发展需要一个社会性、情感性的发展系统，生物特征在该系统的建立中功不可没。这听起来像是吹毛求疵，但我们认为这两种可能性之间有一个重要的区别。它们是基于两种不同的观点，对人类思维的本质和起源有着截然不同的看法。[44]

在我们看来，应该寻找的是那些截然不同的生物能力。我们不会去寻找那些会以某种方式生成神经回路的基因，也不会探索这些神经回路会如何影响人类在道德情境中的反应。相反，这个过程要复杂得多，我们需要探索发展的故事，寻找最适合人类婴儿创造并参与社会关系的方式，在这种关系中，交流和思考逐渐形成。这就是我们在本书中一直讨论的内容。

道德的发展需要条件，这些条件一定是在不同文化中都存在的，至少是可能存在的。那么新的问题就出现了：在人类生活形式中，这些条件是什么？它们是如何使道德发展成为可能的？思维必然是社会性的，心智和思维是通过社会过程产生的，这是本书总的主题。因此，我们要探索追问的是，在人类婴儿出生后，什么样的方式能够让他们迅速融入社会环境？什么样的方式能够让他们在创造社会环境中发挥作用？正是在这种环境中，婴儿逐步形成了人类特有的思维形式，包括对道德问题的思考。在下一章中，我们将研究这种复杂的思维形式，它使我们远远超越了遗传的影响。

推荐阅读

- Carpendale, J. I. M., Hammond, S. I., & Atwood, S. (2013). A relational developmental systems approach to moral development. *Advances in Child Development and Behavior*, 45, 125–153.

注　释

1. Bloom（2010）。

2. Hamlin, Wynn, & Bloom（2010）。

3. Hamlin, Wynn, & Bloom（2010, p. 559）。

4. Bloom（2010）。

5. Margoni & Surian（2018）对 26 项研究做了元分析。另见，Tafreshi, Thompson,& Racine（2014）；Cowell & Decety（2015）；Salvadori et al.（2011）；Scarf et al.（2012）；Scola et al.（2016）；Decety et al.（2016）；Carpendale & Hammond，2016。

6. 在婴儿三个半月大时有一些证据，但这采用的是时间观察法（Hamlin & Wynn, 2011），所以解释起来更为困难。

7. 在我们写下这些文字时（2018 年 11 月），曼彻斯特大学学生会已经禁止在其会议上鼓掌，以防这种活动让孤独症谱系的学生会成员感到不安。所以，鼓掌并不是所有时候都受欢迎的。关于孤独症谱系障碍患者对特定类型的房间设计过度敏感的讨论，详见 Kanakri 等人（2017）。关于什么会使孤独症患者敏感的文献，见 Lucker（2013）。关于婴儿用拍手的方式来提要求的例子，参见 Carpendale & Ten Eycke（媒体报道中）。

8. Kettner & Carpendale（2013）。

9. Carpendale, Hammond, & Atwood（2013）。正如我们在本书中讨论的，我们也可以问，声称婴儿生来就有道德知识，这在生物学上是否合理？虽然布鲁姆没有明确说明，但通常的假设是这种知识根植于可以进化和被选择的基因中。我们将在第 8 章中专门讨论最近的遗传学研究，这些研究清楚地表明，从基因到知识不可能有简单的直接途径。如果声称能力是与生俱来的，就阻碍了试图揭示这些能力的复杂发展过程的努力。我们一定要拒绝这种烟幕弹，支持对发展过程的研究。

10. James（1890）；Baldwin（1906）。

11. Ambrosini et al.（2013）。

12. Reddy, Markova, & Wallot（2013）。

13. Hay（2009）。

14. Rheingold（1982）。

15. Warneken & Tomasello（2006，2009）。

16. Warneken & Tomasello（2013，2014）。

17. Warneken & Tomasello（2009, p. 459）。

18. Warneken et al.（2007，p. 1418）。

19. Carpendale, Kettner, & Audet（2015）。

20. Rheingold（1982, p. 115）。

21. Carpendale, Kettner,& Audet（2015）。

22. Kaye（1982, p. 147）。

23. Rochat（2014）。

24. Mauss（1967）。

25. Rochat（2014）。

26. Rheingold, Hay, & West（1976）。

27. Hay & Murray（1982）。

28. Pika & Bugnyar（2011, p. 1）。

29. 例如，Mauss（1967）。

30. Haidt（2001）。

31. Haidt（2001）；Greene & Haidt（2002）。

32. Hume（1751）。

33. 例如，Greene（2003）；Greene & Haidt（2002）；Moll et al.（2008）。

34. Moll et al.（2005，p.799）。

35. 事实上，这个案例颇有争议。更多讨论见 Macmillan（2008）。

36. Miller（2008）。关于信号如何在 fMRI 分析中被"清理"或"去噪"的描述详见 Caballero-Gaudes & Reynolds（2017）。

37. Greene et al.（2001）。

38. Miller（2008）。

39. Greene & Haidt（2002，p.517）。

40. 一定要考虑这种理论背后的隐含假设。它假设心智像计算机一样处理信息，认为可能有一些神经系统是专用于道德决策的。它还假设这些神经回路/机制已经进化了，这些模块是由基因决定的，或者说是天生固有的。这种理论的基本假设是意义一定是固定的——唯有如此模块才能够发挥作用，我们将在第 8 章中对此进行批判。格林和其他人是真的想接受该理论全部暗含的意义吗？我们并不清楚（因为他们确实谈到了一些文化的影响，但因为实在是太轻描淡写，很难说这在他们的理论中起了什么作用），所以他们对该问题实际上是避而不答。还有一些人如莱达·科斯米德和约翰·托比（2013）则大大方方地把宝押在了一种遗传决定论上，这种理论认为先天固有的知识有限。而我们关注的观点与此不同，该观点认为大脑受社会互动影响，而意义是社会性的。因此我们认为，人类不可能进化出会"计算"意义的神经机制，而是进化出了各种适应性，形成了各种各样的互动形式，为人类思维形式的出现搭建了舞台。正是因为这些思维形式的出现，"是什么让我们生而为人"这个问题才有了最有意思的答案。

41. Mikhail（2007）。

42. Mikhail（2007, p. 143）。

43. 马克·豪瑟在他的《道德思想》(*Moral Minds*，Hauser, 2006a) 一书中也认为，人类道德就像语言一样，有一套通用、固定的语法。前文中我们提到了乔姆斯基将语言视为固有模块的论点，豪瑟完全可以将此照搬过来解释道德。事实上，乔姆斯基的语言观遭到了不少强有力（在我们看来）的抨击，但豪瑟对此置若罔闻，更别说予以回应了。本章的目标是介绍我们对道德发展所持的观点，这种观点与我们在本书中呈现的总体理论是一致的，当然我们也会介绍一些其他的道德理论。但关于道德进化的研究实在太多，有很多我们无法顾及，如果要一一介绍，那就需要一整本书的篇幅了。比如丹尼斯·克雷布斯（Dennis Krebs,2011）关于道德进化的研究我们就没有讨论到。我们的理论与他的观点也有一致的地方，至于一致到什么程度，就要取决于他所说的道德机制的进化是什么意思了。我们的观点是，我们在本书关注的人类思维形式是在社会互动中出现的。而要说清楚这些社会条件的演变和发展过程，就需要进化和生物方面的知识了。

44. 我们可以笼统地说踢足球的能力是遗传的，但培养出这种技能与长出比赛所需的大长腿是完全不同的两码事。比赛所需的技能包括奔跑、控球、学习规则、协调自己与团队中其他人的行动以实现传球、进球并赢得比赛。这就是胜利，但它是在遵守约定规则的前提下，在一定范围内的胜利。这是一项社会化的，同时具有特定文化性的活动。尽管世界杯引发了人们巨大的兴趣，但足球并不是在所有文化中都这么受欢迎的。然而，当我们在描述那些涉及道德的情境时，却认为它们一定会在所有文化中出现。认为足球是基于生物性的想法似乎很可笑，这就是为什么没有人去寻找从事这项活动的特定基因。但如果真做这样的研究，无疑会发现与成功表现相关的基因。那这些基因就是足球基因吗？不。它们可能与足球运动中那些有用的特质相关，如快速反应、心血管耐力、用于冲刺的快缩肌、平衡性、协调性、比赛中预测模式所需的智力、适合球队中各种位置的个性。需要明确的是，它们并不是以某种方式决定这些特质的基因，而是可以导致这些特质出现的发展系统的一部分。

第 7 章

明辨是非

本章我们将探索道德的本质并解释其发展。

> 有两种东西，我对它们的思考越是深沉和持久，它们在我心灵中唤起的惊奇和敬畏就越是日新月异，不断增长，这就是我头上的星空和心中的道德定律。
>
> 伊曼努尔·康德[1]

上面这段引文来自在哲学界举足轻重的德国哲学家伊曼努尔·康德，被他的朋友们选来刻在了他的墓碑上。那么，文中提到的"道德定律"具体是指什么，从何而来？在本章中，我们将对这个基本问题进行思考，并给出几种可能的答案。和我们在第 1 章开始时就提出的观点一样，康德还认为，理解"我们内心的道德定律"与理解"我们头上的星空"一样，是一个复杂棘手而又令人沉迷的问题。

儿童一定要形成道德意识，其重要性是毋庸置疑的。那么他们要怎样才能形成道德原则呢？很多人可能会回答说，让父母告诉他们的孩子是非对错不就行了。事实上，你在大街上随便找个人问这个问题，对方都会说这个答案不是明摆着吗。我们会在新闻节目中反复听到某位良好市民做出"榜样行为"。很多人会想当然地认为，其他人只需要模仿这些榜样人物就好了。这样的想法是 20 世纪 60 年代行为主义留给我们的影响，该理论用社会学习（或社会化）理论来解释道德的发展。当然，道德的发展肯定离不开这样的学习，但如果认为这是一个完整的解释，那就把道德简化为顺从，似乎只是做父母告诉我们的或跟着父母做就对了。如果这样的学习就是唯一的因素，那这个社会就永远不会有任何变化。然而，有许多著名的例子表明，人类的道德观是不断在变化的。例如，为什么威廉·威尔伯福斯（William Wilberforce）在 200 年前迈出了结束奴隶制的一步？为什么柏林墙会被推倒？南非是如何和平过渡到民主社会的？为了解释如上的种种例子，我们就不能只把道德视为顺从，肯定还有一些别的。

上一章得出的结论认为，道德的发展固然有生物和进化的一面，但还需认识到社会关系在儿童发展系统中的作用。我们将道德的发展解释为社会关系的产物。

什么是道德

一方面，每个人都知道什么是道德，但另一方面，任何试图明确定义它的尝试都只能使其变得更加模糊。首先，它涉及的人际冲突问题实在是太广泛了，从谎言、诚实到谋杀乃至种族灭绝。我们会给孩子们讲从前的纳粹大屠杀，也会讲一些距今还不那么久远的事件，如缅甸的"种族清洗"、卢旺达的种族灭绝。不幸的是，这些例子并不只是孤立的事件而且极其复杂。作为发展心理学家，我们只关注人们在日常社会活动中如何与他人互动以及如何对待他人。在这个意义上，道德可以被认为是我们人际互动的一个维度，是对他人的关心。当我们必须与他人协调互动时，它就会产生，因此，它与我们对待他人的方式有关。这是一个把言行有礼和尊重他人也算在内的广泛定义，是互动的基础。人类是一个道德物种，因为我们的生活离不开与他人的互动，而这些互动必然包含道德维度。

但如今当我们思考道德问题时，还有一个问题必须要考虑。过去道德讨论只需协调当下的利益冲突，无须考虑时间的影响。而人类现在拥有更多技术力量来改变这个星球上的条件，足以影响所谓"现代人"人生的质量乃至可能性。我们应该关心自己的所作所为对后代造成的影响，这一条同样适用于其他物种。近年来，由于人类活动导致的物种灭绝速度正在接近五次大灭绝时期的速度。我们有能力影响这个星球上其他形式的生命，这就提出了一个问题：我们现在是否也有能力对生物圈的其他成员负责。[2]

哪怕只是买杯咖啡这样简单的行为,也有道德上的影响。这杯深得你心的咖啡是公平交易的吗?是树荫下种植的有机作物吗?是用一次性杯子装的吗?支持这样的咖啡对农民和环境有什么影响,对后代有什么影响?在购买其他物品时同样也会有这样的担忧,比如鞋子、衬衫等,因为我们会考虑它们是否是在血汗工厂里由连最低生活工资都无法保障的工人制造的。我们选择的生活方式也会影响碳排放量,比如你的交通方式——是乘坐公交车还是骑自行车,是否关灯节能,等等。碳排放量会通过气候变化的方式影响我们的孩子以及孩子的孩子的生活。[3]而我们在政治上投票给谁(如果我们能投票的话),可能会在采取减少温室气体的行动方面产生更大的积极或消极影响。

我们从这个简短讨论中可以清楚地看到,我们可以从多方面影响他人的生活。而这只不过触及了复杂问题的表面而已,我们并没有试图匆忙地对道德概念下一个严格定义,更不用说解释道德如何形成了。要讨论道德,涉及的范围就太大了——从我们在日常互动中对待他人的方式到更广泛的政治问题,包括我们的生活方式对他人生死存亡的影响。有了这样大致的了解后,我们就可以来谈谈"道德观"了。这是我们之所以成为"人"的精髓,现在就让我们来看看它是如何形成的。

道德观的传递方式

道德观是如何代代相传的?人们通常认为是下一代把父母说过的是非对错照单全收,果真如此吗?让我们再做一番思考。按照这样的说法,儿童在这个过程中是全然被动的。接下来我们首先要做的就是详细讨论这一观点产生的影响，并告诉大家这样的解释远远不够。从"第一原则"出发，我们可以问父母是如何学习道德的，答案当然是从祖父母等长辈那里。那祖父母又是从哪里学习的呢？……如此一层层追溯下去，到哪里才是尽头呢？如果说我们是从父母那里学会了道德准则，而他们又是从他们的父母那里，如此循环下去，这个问题就会如著名的"乌龟"问答一样没完没了。[4]

这些道德原则最初是谁提出来的？当然，它们可以归功于一些终极权威人物，如上帝或众神，但许多人已经不满足于这种解释了。还有一个令人疑惑的问题是，不同的道德原则来自不同的神明，那谁是正确的呢？所有战争主角可能都声称上帝站在他们一边。历史上以上帝之名流过多少血？多到简直无法想象！比如，当十字军1209年围攻法国南部的贝济耶时，一位战士问应该如何区分清洁派教徒和天主教徒，一位领导人的回答是："把他们都杀了，让上帝来分辨。"不管他是否真的这么说了，按照历史真实的记载，在这座拥有两万人口的城市中，所有市民都以上帝之名被杀害了，无论其性别、年龄甚至宗教信仰是什么。更何况，这种将道德归于更高权威的说法无法解释的问题还有很多。

对宗教文本的解读还需要更慎重一些，而且这种解读会随着时代的变化而变化。认为道德思维只靠代代言行相传的观点并不能解释在一种文化中所遵循的原则是如何随着时间而变化的。道德规范的变化不可能是随便发生的，很多情况下更可能是一种进步。很多曾被大众广为接受的观点现在被认为是不道德的，如奴隶制、男人对妻儿的所有权等。例如，按照通常的说法，民主起源于古希腊，但正如特里·迪尔伊（Terry Deary）在他专为儿童而写的《恐怖历史》（*Horrible Histories*）系列中指出的那样，"他们一开始的做法不太对"。[5]他指的是当时只有拥有土地的男性才可以投票。如果我们认为赋予更多公民投票权是一种进步，那不妨来追溯一下不同国家的女性是何时才获得投票权的。直到 1893 年，才出现了第一个赋予女性投票权的国家[6]；直到第一次世界大战之后，英国和几个欧洲国家才赋予本国女性这一权利；在加拿大，原住民公民直到 1960 年才被允许加入选举名册，当代仍有一些国家叫停了所有公民的选举权，而在所有国家，要在工作自由和奴隶制之间划出明确分界线都不简单；直到 2015 年，沙特阿拉伯女性才开始参与投票，而这还只是在地方选举中。选举权只是民主的一个方面，公民仍然需要机会去参与和使用这一权利，有的国家选民会受到压迫，还有一些国家（如美国、英国和加拿大）的投票制度仍然不能产生反映实际投票模式的政府，这类国家的公民不一定都是自由的。例如，2004 年，在距离查理家 5 英里的莫克姆湾，有 21 名采蚶工人在莫克姆湾溺水身亡。他们就在公众、警察和其他政府机构的眼皮底下，像奴隶一样工作。

正如很多家庭的现身说法，认为道德规范不过是简单的代际传递的观点还有一个更大的问题，那就是它根本不靠谱。为人父母者都知道，孩子们可不会一直乖乖地按你的要求去做。如果孩子拒绝接受父母的一些说法，也并不一定意味着是在拒绝父母让他们成为正直公民的忠告并从此"黑化"，还有另外一种可能性也要考虑到。也就是说，这个社会之所以不断在变化，人们所受待遇不断在进步，可能正是因为年轻人对现有做法的质疑。孩子们可能会质疑父母的行为是否符合道德，而不是将父母的价值观全盘接受。在关于道德和可持续发展的问题上，许多当代年轻人在父母面前充当了教育者的角色，例如，他们让父辈们知道，浪费水、燃烧化石燃料或倾倒废旧发动机油或塑料的行为可能不会给后代留下一个可持续发展的地球环境。从孩子们对父母行为方式的质疑中可以看到，道德不只是顺应传统那么简单。这揭示了那些被认为理所当然的做法背后的假设，暴露了关键的道德问题。

以种族隔离时期在南非长大的白人儿童为例，可能有很多家长会赞同种族隔离制度，但他们处于青春期的子女开始质疑这种做法，后来甚至直接投票反对。再以纳粹德国的青少年为例，下面我们要讲的是一个发生在慕尼黑的著名故事（2005年的电影《苏菲·索尔的最后时光》即以此为原型[7]）。一对兄妹加入了希特勒青年团，在对被强行灌输的内容进行了一番思考后，他们拒绝接受这些强加的教条。于是他们离开了希特勒青年团，并成立了他们称为"白玫瑰"的团体，以反纳粹为主要宗旨。这是一个非常勇敢但也非常危险的伟大事业，既表明他们对相关道德问题进行了深入思考，也显示了他们的责任和担当。不幸的是，他们最终被纳粹逮捕，很快就被"审判"并斩首。再举一个不那么久远的例子，让大家看看子女是如何改变父母想法的。在北卡罗来纳州海岸的一项为期两年的纵向研究中，有一批10至14岁的学童参加了一个关于气候变化对当地环境影响的学校项目。在该研究结束时，研究人员发现，孩子们也大大影响了他们父母的观点。尤其值得一提的是女孩对父亲产生的影响，显著增加了保守派父亲对气候变化的关注。[8]

但遗憾的是，正如我们从纳粹德国的悲惨历史中看到的那样，并不是所有年轻人都能有自己的思考。许多孩子确实相信并接受了希特勒青年团的宣传，而且通常是在父母的鼓励下这样做的。但也有的孩子是在父母反对的情况下一意孤行，甚至有孩子向当局告发自己的父母。这其中涉及许多复杂的社会、历史以及发展因素，超出了我们在此处讨论的范围。此类问题的复杂性有时可以通过小说的形式得到很好的呈现，比如《河里的石头》(*Stones from the River*)[9]，它讲述了德国一个小镇在第二次世界大战前后发生的故事。众多的例子表明，来自他人的压力并不是儿童接受道德规范的唯一方式。如果我们只是简单地跟在别人后面亦步亦趋，那我们的行为就不是需要区分是非对错的"道德"了。在纽伦堡审判中，"只是奉命行事"的辩护就被法庭拒绝了。

年轻人是能够独立思考的，而且也有很多人确实这样做了，虽然也有很多人没能做到。这只能以道德发展的理论来解释，社会化的假设在这里显然难以自圆其说。

另一个问题与相对主义有关。如果道德只关乎奉行某种文化的规范和价值观（父母告诉我们的），我们就没法对其他道德体系说三道四，因为难以对其进行评估。在此可以参考一下沃伦·杰夫斯（Warren Jeffs）的案子，他被指控强迫一名14岁少女与她的堂兄结婚并发生性关系（更过分的是他娶了60多个妻子）。杰夫斯辩称，对他的指控是宗教迫害，因为这就是他所在社区和文化的行事方式，虽然他也是美国公民。在一些文化中，对14岁就结婚的情况可能没有那么多争议，但这就引发了一个问题，对新娘或新郎的成亲年龄是否有一个明确的限制？如果道德只是一个特定社会的行事方式，那我们怎么能对其他文化约定俗成的行事方式加以质疑呢？如果一个女人被指控通奸，或者被性侵犯，我们又凭什么说用石头砸死她是不对的呢？我们还需要解释一下，为什么在好莱坞以及其他一些地方，一代又一代的女性遭到剥削，却一直没有引起如今这样明显的愤慨，乃至最终出现了全社会范围的MeToo运动。

不同文化在道德规范方面确实有所不同，所以道德相对论也是不争的事实，但这是否意味着道德规范就应该不一样呢？我们认为两者不可相提并论。如果我们要回答不同道德观点是否具有同等价值，或者某些观点在某种意义上是否比其他观点更好的问题，就会引发更多深层次问题。很明显，道德观在不同文化中确实有所不同，就连幼童对此的态度都显得颇为复杂。例如，一项研究将印度5~7岁的婆罗门儿童与美国儿童进行了比较，研究人员发现，婆罗门儿童认为吃牛肉、对父亲直呼其名、在父亲去世后剪头发或吃鸡肉的行为是错误的。但与此同时，这两组儿童都认为无视乞丐、违背承诺、踢无害的动物或偷花是错误的。[10] 但这样的共识仍然不能回答我们的问题,是否有合理的立场让我们对各种道德原则加以审视?选择一种道德体系是否就像选择你最喜欢的冰激凌口味一样随心所欲?

之所以遇到这样的悖论,是因为我们不愿把自己的道德思考强加给其他文化,这是完全可以理解的。在我们的历史上有很多可怕的先例,比如加拿大的寄宿学校,很多原住民、因纽特人和梅蒂斯人的孩子被送到那里,不让他们有机会说本民族的语言并践行自己的文化,以此来扼杀他们身上印第安人的痕迹。为了说明我们不应该将文化习俗强加于人,再举一个不那么极端的例子,这件事情与在圣帕特里克节穿绿色衣服的习俗有关。当杰里米的儿子马克斯六岁时,他拒绝在圣帕特里克节穿绿色衣服,因为他听说圣帕特里克把所有的蛇、蜥蜴和黄鼠狼从爱尔兰赶到了海里。马克斯喜欢蜥蜴和黄鼠狼,因为他认为黄鼠狼会让那些被人扔掉的东西派上用场。他还说黄鼠狼会破坏汽车,而汽车会造成污染。此外,他还认为圣帕特里克的做法破坏了生物的多样性。

社会化的观点似乎沦为了道德相对主义,因为不同文化给了儿童不同的道德体系,我们根本无法对其进行评估。不过对某些与众不同的道德信仰我们确实有话想说。比如,当黑帮分子杀死向警察"告密"的人,他们有着什么样的道德观?还有所谓的"荣誉谋杀",在一些传统社会中,如果自己的儿子或女儿让家庭或宗族蒙羞,例如在公共场合与女友或男友牵手,父母就可能将其杀死。这些谋杀被称为"荣誉谋杀",因为它们是有预谋的,其目的是清除家庭和宗族的集体耻辱,这样一来,谋杀者就成了为其群体恢复荣誉的英雄。[11] 当有些家庭迁移到不同的文化,遇到文化价值观之间的冲突时,就可能出现这样的情况,但这种手段未免太极端了。[12]

道德相对主义悖论的另一个更深层问题是文化的规模。一个群体必须达到多大规模才会被认为是一种文化？一群黑帮分子算不算呢？群体要达到多大规模才能形成亚文化？一个家庭算是一种小型亚文化吗？如果答案是肯定的，那如果我们听到隔壁的丈夫在打他的妻子，或者妻子在打她的丈夫，就没法说什么了[13]，因为这只是那个家庭文化中的行事方式，也许他们的父母曾经言传身教地告诉他们这样做是对的。具有讽刺意味的是，如果道德只是来自父母的教导，那它就会沦落成这样的私人事务。但道德不可能仅仅是一种私人行事方式。

社会化理论还有一个问题也很让人担心。该理论认为，成为道德人士就像学习一套美德，比如童子军推崇的诚实、勇敢、忠诚、纯洁等原则。劳伦斯·科尔伯格（Lawrence Kohlberg）把这叫作"德行袋"理论，接下来，我们要讨论的就是他的理论。按照该理论，只要儿童集齐了袋子里装的德行，他们就成为道德人士了。但这个系统并不管用，因为一旦各种德行之间发生冲突，它就无法应对。举个例子，假设你此时正生活在第二次世界大战期间的欧洲，你在阁楼上藏了一个人。半夜时分，党卫军敲响了你的门，问你是否窝藏他人。你应该说实话吗？你应该遵循童子军的美德——永远诚实吗？或者反过来，你应该遵循拯救他人生命的美德吗？这些规则是冲突的，它们没有提供一个简单的解决方案，也没有什么规则手册可供我们查找现成的答案，我们必须对这种两难局面反复斟酌权衡。再举一个例子，假设你的朋友快要饿死了，你却无法为其提供食物，除了去偷窃外别无他途。在这种情况下，拯救他人生命的美德与不偷窃的美德相冲突。这些例子表明，并不是只要循规蹈矩就万事大吉了，还需要动动脑子去判断是非对错。

社会化的理论假设可能有助于理解被我们视为道德的部分内容，但它不能完全解释人类的道德世界。因此，我们不得不求助于其他观点。让·皮亚杰认为，从上一代人那里选择性接受或全盘接受一套行为规范的观点不足以解释儿童是如何成为道德人士的。问题是这到底是道德还是顺从？不但如此，我们在本节中使用的许多例子还表明，子女们往往会构建一套与父母的价值观不同，有时甚至相反的道德准则。心理学家贝尔（R. Q. Bell）曾经是行为主义的忠实拥趸，后来却成了一位坚定的批评者。他指出，即使在行为层面上，孩子对父母施加的影响和受父母影响的程度是一样的——所以道德是我们可以在一个微妙的协商过程中从孩子身上学到的东西。[14]诚然，我们确实会向父母学习，但还应了解规则是如何制定和修改的。

推理与道德

劳伦斯·科尔伯格是道德发展领域最知名的心理学家之一。他之所以决定研究这一课题，一个动力来源就是为了理解大屠杀。他在1958年发表的博士论文是道德推理发展研究领域一个突破性的尝试。科尔伯格关注的是那些导致道德原则发生冲突的事件，并鼓励人们去解决这些道德困境。在科尔伯格设定的两难问题中，下面这个可能是最有名的：有个人的妻子生了重病，性命垂危，但家中一贫如洗买不起救命药。为了救妻子一命，他只能铤而走险去偷药，但这显然是违法行为。在这种情况下，他该如何选择呢？尽管这是一个很抽象的问题，而且可能离我们大多数人的日常生活很遥远，但在非洲艾滋病流行期间，这样的问题并不鲜见——制药公司的天价药使许多生命无法得到拯救。用加拿大驻联合国前艾滋病问题大使斯蒂芬·刘易斯（Stephen Lewis）的话说：

仿佛20世纪所有的战争都凑到一块了。3000万人死亡，3400万人携带该病毒。去年有 250 万新的感染病例，其中 33 万是儿童。在非洲，超过 50% 的感染者是妇女。[15]

科尔伯格还用到了一个涉及安乐死的道德困境——一个女子在痛苦中等死，绝望地恳求医生给她注射过量的吗啡。一方面我们有遵守法律的义务，另一方面个人拥有自主选择权，此时这两者是冲突的。自从科尔伯格构建了这一道德困境后，多个国家纷纷修改法律，试图应对这个问题，为临终问题提供更多选择。

科尔伯格认为推理是精髓所在，因为我们不可能对一个孤立的行为做出道德评判，更不可能只考虑一个行为而不考虑该行为的原因。举个例子，如果我们知道某人逃税，是否应该直接断定这是不道德行为？如果有人不交税是因为他们拒绝支持政府发动的战争，那该行为就可以被认为是非常有原则的，甚至是英勇的。再举一个例子，假设你目睹了这样一个场景：一个年轻人推倒了一位老人。如果镜头向后移，让你看到了更大的背景，你就会恍然大悟，原来事实是这个年轻人英勇地将老人从一辆急速行驶的卡车前推开，此时你会认为这种行为非常有道德。从这些例子中我们就明白了为何科尔伯格如此强调对行为原因的推理。

科尔伯格对推理过程的关注包含了他最感兴趣的一个发展维度。他描述了个体发展所经历的一系列推理阶段或形式。每一个阶段都较前一个阶段更为复杂，能够帮助个体应对更复杂的情况。为了理解人们为什么做出（或不做出）道德行为，我们必须首先理解他们是如何思考相关问题的。科尔伯格借鉴了柏拉图的观点，即知善才会行善。他认为，如果人们明白了善恶是非，就可以帮助他们理解之后的道德行为。当然，他也意识到，知道何为善行与做出善行之间并没有直接的联系，但他认为推理是走向行善的一个重要步骤。

皮亚杰的道德论

我们之所以先谈科尔伯格，是为了引出一些关于道德的重要理念。事实上，科尔伯格借鉴了不少让·皮亚杰的观点。[16] 很多人认为他们俩关注的都是推理在道德发展中的作用。科尔伯格确实深受皮亚杰的启发，但他的方法和皮亚杰完全不一样。皮亚杰从孩子们的活动开始，观察他们一起玩耍的方式，他们如何逐步形成一种朴素务实且生动鲜活的道德——一种能让他们和谐相处的方式。所以，孩子们通常会在实际互动中摸索出有效的相处之道，并与同龄人形成强烈的情感纽带。皮亚杰正是从实践出发，即理解如何与他人互动。他关心的是"排队的道德，而不是讲坛的道德"。[17]

皮亚杰在研究道德时用到的一种方法可能会被认为不走寻常路。他和男孩子们一起玩弹珠，问他们一些关于规则的问题。年幼的孩子会告诉他，规则是不能改变的，不能随便制定新规则。这些孩子们似乎把规则看作某种存在于外界且一成不变的东西，他们认为这些规则来自某种权威，比如他们的父亲，或者来自终极权威——上帝。不同的是，12 ~ 13 岁的男孩们会说，你当然可以改变规则或制定新的规则，只要大家都同意。他们明白规则是建立在相互同意基础上的，唯有这样他们才可以继续玩下去，而不必总是争论不休。于是问题就来了，孩子们是如何在这段年龄跨度内把握住民主精髓的？皮亚杰的答案是，男孩们在 14 岁左右就不再玩弹珠了，所以，在他采访的 12 ~ 13 岁的孩子中，并没有更年长的孩子把一套规则强加给他们。这些男孩们是在内部经过平等商议制定规则的。皮亚杰认为，正是在这种平等尊重的合作关系中，人们形成了对共同规则的理解。尽管其他主题中出现的道德困境更为严重，但皮亚杰将游戏作为他研究道德的主要方法之一，因为它生动地展现了规则是如何代代传承的。

皮亚杰认为道德规范是儿童在社会关系中建构的，不同的道德形式是在不同类型的关系中形成的。这与道德是由外部资源强加的观点即社会化理论，形成了鲜明的对比。儿童可能会在与父母的互动中被灌输一些道德准则，这类关系是带有约束性质的，父母期望孩子俯首听命，不需要理解这些强加给他们的道德规范，只要照做就行。如果孩子顺从，父母只需发号施令即可，不用担心会被质疑。但这种情形显然不利于达成理解。

与此相反，皮亚杰认为，理解他人和发展道德规范的最佳方式是在平等的合作关系中。这种形式的关系是建立在相互尊重基础上的，因此每个人都觉得有义务对自己的言行做出解释，并倾听他人的意见。在此过程中个体间有可能达成相互理解，并制订出一个大家都同意的解决方案。此类关系最利于达成相互理解并形成道德规范。这个合作过程通常发生在同龄人之间，因为他们往往是平等的，故而可以很快找到大家都同意的互动方式。和朋友一起玩是快乐的，但如果你对待朋友的方式不对，可能很快就没有朋友了。当然，任何关系都是既有约束也有合作，欺凌也可能发生在同龄人之间。反过来，在亲子关系中，父母的合作程度因人而异，儿童对父母可能有一定程度的配合。[18]

接下来，儿童会意识到在与同伴互动时他们遵循了哪些原则并能将之诉诸言语，在这个过程中逐渐形成对这种实用道德的理解，皮亚杰将其称为"有意识的实现"。这不是对内部心理过程进行内省后的口头报告，这代表他们具备了对交友之道进行反思的能力，此前他们都是不假思索地付诸行动，从没认真思考过为何这样做。对皮亚杰来说，这就是儿童构建道德规范的方式，从与他人的实际互动中开始。孩子们逐渐意识到，他们与人交往的方式体现了他们的交友原则。

皮亚杰的研究涉及道德的诸多方面，包括比较典型的正义问题。例如，他研究了儿童对撒谎行为的理解。第一种理解方式出现在具有约束性的亲子关系中。幼儿此时会说撒谎不好，因为他们会因此受到惩罚。这样的解释表明幼儿还不理解说谎对人际关系的影响。皮亚杰认为，儿童天生就喜欢编故事，喜欢幻想。[19] 然后父母会告诉他们这样做不好，但他们并不真正理解为什么。只有当他们作为社会成员生活在一个信任和期望的关系网中时，才会开始理解说谎给人际关系造成的影响；只有当他们意识到误导朋友的严重后果，意识到这是对信任的背叛，孩子们才会理解说谎，这种理解更有可能发生在平等的合作关系中。当皮亚杰与孩子们聊到撒谎的话题时，年幼的孩子告诉他，你不应该对大人撒谎，但对孩子撒谎是可以的，因为你不会因此受到惩罚。大龄儿童的说法则正好相反，他们说，有时他们不得不因为一些愚蠢的规则对成年人撒谎，但绝不能容忍对朋友撒谎！所以，要让孩子理解撒谎，不是说教就可以的。只有亲身经历过，他们才会真正明白，而要做到这一点，就必须让他们有机会去体验平等合作的关系。

在皮亚杰看来，像正义这样的概念并不是儿童生来就有的，也不是由社会强加给他们的。事实上，父母也不能将它强加给孩子，因为孩子们理解不了。皮亚杰提出了第三个选项，也是与本书观点一致的，即正义的念头可能会在特定类型的关系（指合作关系）中萌芽。在某些条件下，正义的念头可能会自然而然地出现，就像特定条件下漩涡的结构会在流体中不断出现一样。漩涡在任何意义上都不可能是预先存在的，但它会在适当的条件下自然出现。同样，正义是一种会在合作关系中自然出现的理念，因为每个人都被认为是平等的。因此在道德冲突中，每个人的立场都会被听取并得到协调，最终达成一个每个人都能接受的解决方案。

我们前面的讨论可能会让你以为，道德发展过程是简单而直接的，但事实上这是不可能的。孩子们都有自己的小算盘，所以他们经常会犯错。当一个三四岁的孩子第一次说"这不公平"时，原因可能只是她希望能自己说了算。但是孩子们通常喜欢和其他孩子一起玩，所以，如果一个孩子在和小朋友玩的时候只顾自己，最后大家都不跟他玩了，那下一次他可能就会适当照顾其他小朋友的愿望，希望能和大家玩得更开心一点。所以，孩子们是有可能在玩耍中达成一致目标的。我们要做的就是进一步探索他们是如何做到这一点的。

米德的"道德方法"

> 作为社会人，我们才是有道德的人。
>
> 乔治·赫伯特·米德[20]

道德关乎对错是非。我们觉得有义务做正确的事。因此，它涉及对"正确"的坚守。[21]但这些道德规范从何而来？如果我们是在社会压力或生理因素的驱使下采取行动的，似乎就不能算作一种基于道德的行为。最大的问题是，道德标准怎么可能是从一个因果世界中出现的呢？一些当代学者认为，道德规则是与生俱来、进化使然，因而具有偶然性。也就是说，它们只是碰巧成为这样的，本来可以是那样的。还有一种观点认为，道德规则只是文化的具体实践而已——特定社会群体当下的行事方式。这两种理论都有一系列的问题，前面我们已经讨论过了。本书的目标是说明人类智能是日常互动的产物，因此我们必须解释道德规则是如何在这个因果世界中形成的。[22]在寻找自然主义的解释时，我们并不会作茧自缚到只从物理世界中寻找原因。相反，我们还将被称为"社会过程"的高水平社会互动纳入研究范围，这样我们就可以用人际协议来解释规范性的出现。

如果道德既不是与生俱来，也不是仅仅基于社会习俗，那就是建立在所有人的理性共识之上——道德规范是任何有理性的人都不能拒绝的，这是第三个选项。要达成这样的共识，需要综合考虑所有相关人员的理性观点并协调一致。这与本书的主要观点是一致的，即我们的思维是在社会互动中产生的，但与道德理解的关系仍然需要进一步解读。共识是如何达成的？人们是如何发展到这一步的？

科尔伯格再次用比喻的方式提出了"道德抢椅游戏"。当个体在做出道德决策时，就好像在想象的世界中玩"抢椅子游戏"一样，在形成道德冲突的各种立场中轮换，轮番体验所有涉及的观点。在这种情况下做出的决策应该是符合道德的。科尔伯格的想法源于乔治·赫伯特·米德对这个问题的早期看法。在米德看来，哲学家伊曼努尔·康德所强调的道德判断的普遍性之所以产生，是因为我们是群体的一部分，正是通过我们与他人的关系，我们才能"采纳整个群体的态度，或所有理性人士的态度……也就是说，每个能理性理解这种情况的人都同意这一点。因此，我们判断的形式是社会性的，所以，不管是内容和形式上的目的，都必然是社会性的"。[23] 根据米德的说法，这是一种达成道德决定的方法。重要的是，米德认为这是与群体的对话，而非简单地顺从群体观点。

尤尔根·哈贝马斯（Jürgen Habermas）[24] 是一位当代哲学家，他提出了一种普遍性的道德，其基本观点是：道德规范是那些在实际商谈中能得到所有冲突相关方一致同意的规范。这种商谈以"理想的言论环境"为必要的社会条件，在这种环境中不存在任何胁迫。每个人都可以畅所欲言，表达自己在冲突中的立场。当然，并不是所有对话都是这种理想的形式，但不那么愉快的例子只是稍微走了点样而已。由此可见，哈贝马斯的商谈伦理学试图从以达成相互理解为前提的沟通中得出一种普遍的道德。在这样的沟通中，各方必须做到尊重他人、解释自己的观点并倾听他人的观点。哈贝马斯认为，道德早已存在于我们的日常交流中并被视为交流的前提条件，平等和尊重的道德观念已经成为日常交流活动的基础。在日常对话中，我们倾听他人的意见，对他们的立场做出回应，用这样的方式尊重他人，尊重他人的观点，并以此为现实的交往原则，这是我们做任何事的前提。这与皮亚杰的观点颇为相似，他也认为道德已经存在于我们与他人交往的方式中，并不是什么被外界强加的东西。哈贝马斯关注的是互动中现实而鲜活的那一面，对话正是以此为基础的。皮亚杰的兴趣则在于充满烟火气的人际互动中道德的出现，而科尔伯格专注的是言语推理。

这些学者的共同之处在于，他们提出的是做出道德决策的过程，也就是米德所说的"道德方法"，而不是一套要求他人遵循的规则。有一些道德冲突可能是我们司空见惯的，什么是最好的做法也是不言而喻的。但有一些冲突可能会在更复杂的情况下出现，不能简单地沿用以往的规则。此时我们就需要一个过程来协调观点上的冲突，最终达成一个道德结果，一个平衡了各方利益并让所有相关人员都能接受的解决方案。

要让前面提到的整个过程顺利进行，就必须让情感发挥作用。也就是说，一定要让成长中的孩子学会重视他人。要让他们知道，他人是值得珍视的存在，要将其视为"人"而不是"物"。[25] 发展过程中他人的存在很重要，人类不可能各自发展然后才聚在一起并认识到达成社会契约有好处，这样的想法是发展思维的倒退。对他人的关心和兴趣一定要及早形成，然后才能成为道德发展的基础。

这样的论述似乎预设了一个观点——人与人之间会相互沟通并互相给出理由。但我们要如何解释儿童这一步的发展呢？因为幼儿是无法给出理由的。在此之前我们必须先解释为什么我们是活在一个"理由空间"中，以及在这样的空间是如何生活的。前面通篇的内容都与此有关。也就是说，我们提出了思维发展的观点，提出我们需要向他人提供理由，这是以相互交往的社会生活为前提的。

提供理由的原因

> 人是理性的人，因为他是社会人。
>
> 乔治·赫伯特·米德[26]

如果道德的发展至少有一个方面与推理有关，与弄清是非对错有关，那就很有必要解释一下人类使用推理的能力。提供理由的需要来自我们的社会关系，来自人际关系的义务，以及维持与他人情感关系的需要。如果我们对朋友不理不睬，对他们的问候不予回应，我们就会被要求做出解释，给出这样做的原因，因为这样做（或不这样做）会对人际关系产生重大影响。我们受到道德规范的约束，感到有义务向他人解释和证明自己的行为。我们关心他人，在意他人对我们的看法。[27] 不但如此，我们还认为其他人应该对他们的行为负责，应该主动提供解释。这一点和地球上其他社会化物种不一样，比如蜜蜂、狒狒等无须对自己的行动做任何解释就能配合默契。提供理由首先是一个社会过程，目的是维系人际关系，后来才被视为一种个人思维形式。责任、借口和责备的概念同样源于社会关系。因为这个过程是社会性的，所以也是情感性的，全程以我们对他人的在意和关心为基础。

大家都知道，在日常生活中一定要小心看护幼儿，不能让他们去摸滚烫的炉子，因为他们不知道这个行为意味着什么。等孩子们年纪稍长掌握了足够的语言后，我们就会向他们详细解释为什么要这么做，为什么不能那么做，这是为了让他们理解为何有这样的禁忌。这些解释包括对物理世界的理解，或者该行为对身体可能造成的伤害。还有一些原因是关于社会世界的，强调行为对人际关系造成的影响。在交换理由的过程中，这种人类特有的交流形式也改变了双方的情感关系。我们会向他人解释为什么要这么做，或者为什么不要这么做。举个例子，假设你正和孩子一起待在房间里，这时你突然起身离开，孩子可能会以为你是不想和他玩了，但如果你给孩子一个理由，告诉他你只是去拿一样东西，很快就会回来，孩子就不会将你的行为视为一个拒绝的信号。这就是依恋理论家约翰·鲍尔比（John Bowlby）提出的"目标调整的伙伴关系"（goal corrected partnerships），在依恋发展的这个阶段，语言为学龄前儿童提供了一种维持关系的新方法。[28] 要真正理解他人提供的理由，就要理解他人的观点以及他人对自我的看法。

理由也是为他人准备的，如果我们想要影响他人对自己的看法，就必须提供足够的理由。所以我们认为，当儿童充分意识到他人对自己的看法时，推理能力就会得到发展。这样的发展取决于是否具有自我意识，是否能够思考他人对自己的看法。在第2章中我们分析了儿童的"羞怯"表现，"羞怯"就是该发展过程的一部分，但还没有达到思考他人看法的阶段。随着儿童推理能力的发展，为自己的行为提供理由就会逐渐成为一种习惯，当人们在日常交流中习惯于提供理由并期待来自他人的解释，道德就在这样的互动中出现了。

本章小结

道德发展的社会条件：一部自然志

道德的发展与人类的生活方式密切交织在一起，不能将它简化为奉命行事或一味顺从。我们在此要解释的是儿童如何构建和接受道德规范的问题。皮亚杰在20世纪30年代使用的方法中包含了一些被忽视的见解，它们在今天仍然具有重要意义。他感兴趣的是儿童在互动中形成的实用道德。儿童无法理解那些由成人强加给他们的道德规则，直到他们自己琢磨出这些规则并理解制定这些规则的原因。事实上，儿童是在合作的关系中，在实际的互动中对成人灌输的道德原则进行重新构建，然后才逐渐真正意识到它们的意义。合作关系是在彼此平等的人群中建立的，所以在这样的关系中儿童有义务解释自己的想法并倾听他人的意见——这是最利于达成相互理解的情形。如果他们想留住朋友并继续游戏，就必须听取朋友的意见。通过一番拉扯协商，儿童最终得出了对每个人都公平的游戏规则。这个过程与米德的"考虑所有观点"或哈贝马斯的"理想言语情境"类似。这是一种互相制衡的交流形式，因为如果一个孩子在协调各方利益时吃了亏，他就会说"这不公平"，直到最终达成大家都满意的解决办法。从这个意义上讲，当发生利益冲突时，最好的解决方法是找到一个大家都不能拒绝的道德决议，因为它是以所有人都能接受的理由为基础的。[29] 所以，从协调利益以达成平衡决议这个意义上讲，互动的逻辑才是最重要的。因为该决议是经过所有孩子一致同意的，任何特殊利益都不能将其推翻。[30]

考虑到我们每天在世界范围内看到的大量不公正和压迫现象，前面概述的立场可能看起来过于乐观了。人类的经验世界是有道德的，但这并不意味着他们总是善待彼此——远非如此！正如库尔特·冯内古特（Kurt Vonnegut）指出的，人们可能比我们认为的更恶劣，也可能比我们认为的更善良。[31] 显然，并不是所有决定和行为都是道德的，可能很多都不是。在现实关系中，并不是所有互动都是合作性的，可能只有一小部分是。导致人们拒不合作的因素有很多。但我们需要解释的一个问题是，人们怎样才能够"认识"到不公正的存在呢？正是因为认识到有存在"不公"的可能，我们才有了建立各种道德规范的动力，也有了一个可行的方法去评价道德决策和行为的好坏，去判断某个决定是否为最优解。当某种冲突爆发时，哪个解决方案包含的观点更多，该解决方案就会更完整，因而也比其他解决方案更可取。我们可以说这是一种方法，也可以说是一个过程，道德规范由此而生。因此，我们将自然世界视为思想与道德的源头，而人类的自然世界与社会关系密不可分。

推荐阅读

- Carpendale, J. I. M. (2009). Piaget's theory of moral development. In U. Müller, J. I. M. Carpendale, & L. Smith (Eds.), *The Cambridge companion to Piaget* (pp. 270–286). Cambridge: Cambridge University Press.

注　释

1. Kant（2015, p. 1）。

2. Jonas（1984）。这在过去并不令人担心，因为当时人类改变环境的能力还没有强大到能对后代产生负面影响的程度。更准确地说，是我们对人类改造环境的认识发生了变化，这是因为现在环境被改造的速度实在是太快了。几千年来，人类一直在改变着地貌景观，但最近这种改变能力呈指数级增长。不管是水、空气还是食物供应皆是如此，而且我们正在将其他物种推向灭绝。对森林的砍伐或许就是一个触目惊心的例子。尽管在历史记录中人类的伐木活动在公元前3000年左右就首次出现了，但这个过程是很缓慢的。例如，英国曾经是一片被森林覆盖的土地。从前对这片森林的砍伐是高强度密集型的劳动，是一个耗时数世纪的缓慢过程，而且似乎总有另一个国家或另一块大陆可供采伐。当然这些都发生在人类认识到地球资源有限之前，但是，对这个概念的理解似乎只停留在知识层面，在实际层面上依然没有得到深刻的认识。16世纪末，加拿大东部和新英格兰地区有数百家锯木厂在运作。现在，一棵重达200吨的参天大树，在北美西海岸生长了一千多年，可能只需一个小时就能被砍倒并送到锯木厂。更别提较小的树木了，不过短短几分钟的工夫而已。现在三个人用现代机器就能完成的工作，在20世纪30年代至少需要十几个伐木工用一天时间才能完成，在1890年需要几周的时间，而在1790年，如果有机会砍伐这样的大树，则需要几个月的时间（Vaillant, 2005）。到20世纪20年代，新西兰的大部分巨型贝壳杉森林已经被砍掉了，其中的一些古树在耶稣基督出生时就已经生长在这片大地上了。在硕果仅存的几株贝壳杉中，最大的一棵被命名为"森林之王"，估计已有1250至2500年的历史，每天都有不少公共汽车满载着游客前来参观。用琼尼·米歇尔（Joni Mitchell）的话说，"他们把所有的树都搬到了树木博物馆"。新西兰确实有一个专门介绍贝壳杉的奇妙博物馆。这个例子让我们看到了人类改变环境的能力增长得有多快，而它不过是无数例子中的一个而已（Vaillant, 2005）。

3. 随着气候变化的证据越来越多，道德的这一层面正在变得越来越清晰。

例如，格温·戴尔（Gwynne Dyer，2008）在《气候战争》（*Climate Wars*）一书中详解了世界平均温度上升两度带来的影响。据估计，印度的粮食产量将减少25%！这意味着印度失去了四分之一的粮食，也意味着印度四分之一的人口——大约3亿人，可能会挨饿。这些数据是世界银行计算得出的，它可是世界上最保守的机构之一。这几个数字（当然现在已经过时了）强调了我们的选择是如何对其他人的生活造成严重影响的，因此是道德问题。

4. 这种表达方式被用来解释无穷回归的问题。16、17世纪的西方哲学家曾思考过一个来自古印度的谜题：如果把地球固定在一只乌龟的背上，那么"是什么把乌龟固定在原地"？答案是一只稍大的乌龟。以此类推，不管这个问题重复多少遍，答案都是一样的。

5. Deary（2014）。

6. 这是新西兰过去的情况。之前有几个国家和地区授予了部分投票权，包括1881年英国的马恩岛。

7. 在泰卡·瓦提提（Taika Waititi）所著的《乔乔兔》（*Jojo Rabbit*，2019）中，他用更具讽刺意味的手法提到了一个类似的道德困境，比较适合低龄儿童。

8. Lawson et al.（2019）。

9. Hegi（1994）。

10. Shweder, Mahapatra, & Miller（1987）。

11. Wikan（2008）。

12. 例如，乌尼·维坎（Unni Wikan，2008）描述了瑞典的一个案例：一位26岁的女子因为自己找了个男朋友并与他在公共场合散步而惨遭其父杀害。此前她的弟弟也曾试图杀死她，并因威胁她而被关进了监狱。

事实上，在某些案例中，可能整个家庭都参与了杀戮。确实有亲弟弟杀死姐姐的案例，只是因为年龄较小而未受严惩。我们可以在2006年丹麦的一个案件中看到这种情况，在该案件中，有9人被认定参与谋杀了一名18岁少女。因为她与男友私奔，两天后被其兄弟杀害。下令杀人的是她的父亲，也是被判得最重的。这起案件与德国和瑞典大约同一时期的案件形成鲜明对比。在德国的案件中，一名年轻女子被她的三个兄弟杀害了，因为她与包办婚姻中的家暴丈夫离婚了。瑞典一名年轻男子被其女友的兄弟杀害，女孩的父母旁观或可能参与了这场极其残忍的谋杀。每起案件中都有一个被定罪的人因年幼而被从轻发落。在加拿大，一对夫妻杀害了他们的三个女儿和该男子的第一任妻子，两人都受到了审判。他们的儿子也被指控参与谋杀。在印度的一个罕见案例中，8名社区长者因在20年前折磨和谋杀一对年轻情侣及其朋友的惨剧中扮演的角色而被判处死刑。女孩是高种姓，男孩来自"贱民阶层"。各种资料显示，每年都有几百对年轻夫妇因违反种姓法而被杀害。

13. 关于夫妻之间攻击行为的证据并不完全符合刻板印象：虽然男性对其女性伴侣造成的伤害更严重，但女性主动攻击的情形更为常见（Archer，2000）。

14. Bell（1968）。

15. 史蒂芬·刘易斯（Stephen Lewis）基金会（2012）。

16. 然而，皮亚杰的观点在20世纪30年代往往被忽视，尽管它与当前的争论仍然高度相关。这可能是因为人们认为科尔伯格的观点就是在皮亚杰理论的基础上发扬光大的，所以想当然地认为皮亚杰的观点已经完全融入了科尔伯格的理论（Carpendale，2009）。几十年来，科尔伯格关于道德推理的理论和研究一直影响深远，但也因为一些原因受到了严厉的批评。特别是有人认为，在关注推理的同时，科尔伯格忽略了情感在道德中的作用。

17. Tesson & Youniss（1995, p. 106）。也就是说，道德存在于琐碎的日常生活中，并不是什么高高在上的抽象概念。

18. Piaget（1965）。

19. 这是心理学中经常讨论的一个问题。例如，麦吉·布鲁克（Maggie Bruck）和史蒂芬·塞西（Steven Ceci）20年来一直认为，我们不能相信儿童对事件的叙述（例如他们在法庭上的证词），因为他们很容易受到问题的误导。证据显示，成年人同样会受到暗示性问题的影响（Loftus et al., 1978），如果被问到的问题没有误导性，孩子们会给出非常准确的事件描述（Brown et al., 2013）。

20. Mead（1934, p. 385）。

21. 这些规范有不同的形式（Smith, 2006; von Wright, 1963），如逻辑规范、社会常规和道德规范，每种规范都有不同的发展背景。逻辑规范是关于如何调整行为以产生必然的结果。社会常规和游戏规则是关于如何与他人配合行动的一套协议，例如在道路的哪一边行驶、如何下棋等。道德规范是关于那些可能给他人带来损害的利益冲突。

22. Smith & Vonèche（2006）。

23. Mead（1934, p. 379）。接下来"一边是使自我成为可能的社会，另一边是使高度组织的社会成为可能的自我。两者在道德行为上相互呼应"（Mead, 1934, pp. 385–386）。"将所有包括社会和个人的利益都考虑在内的方法就是道德的方法"（Mead, 1934, p. 389）。

24. Habermas（1990）。

25. Spaemann（2006）。

26. Mead（1934, p. 379）。在米德的时代，使用性别歧视语言写作不仅可以被人们接受还符合规定。

27. 在自然科学的因果世界中，可有"理由"的容身之地？为什么很多人做事都是出于"因"而不是出于"理"？我们受到规范的约束，有义务解释我们的行为并给出理由。我们生活在一个"理由空间"（Forst, 2005, p.67），然而，如果我们试图将人类智慧的源头归为自然世界，那么这个人类空间就是从因果世界中产生的。我们不是机器，我们的行为不是以这种方式引发的，我们做事是有理由的。应该如何解释人类生活在一个理由世界的说法呢？那就是说，我们为自己的行为提供理由并期待他人也这样做，我们居住在一个"理由空间"内。为什么我们可以生活在这样一个理由空间呢？因为我们觉得对他人负有责任。那么，这种"第二天性"又是如何进化、如何形成的呢？我们的一切行为都是有意义的。事实上，在互动中，我们注定是有意义的（Heritage, 1984, p. 110; Merleau-Ponty, 1962）。也就是说，无论我们怎么做，都会被解读出某种意义。

28. Bowlby（1969）。

29. Mead（1934）。

30. 这是一个平衡了各方利益的决议。当然，这只是一个局部的平衡，因为所有的平衡都是局部的。所以，逻辑与论证有关，但论证和语言是以较为简单的人类生活形式为基础的，所以我们可以在互动的初期寻找逻辑的萌芽。例如，当两个人配合着通过一扇门或者搬一张桌子时，他们的行为中自有逻辑。

31. Vonnegut（1997, p. 12）。

第 8 章

遗传影响

本章我们将讨论基因在人类发展中扮演的角色,并分析大脑在人类思维形式中的作用。

第 8 章 遗传影响

2008 年 10 月 12 日，据说视频游戏开发商理查德·加里奥特（Richard Garriott）花了 3000 万美元，乘坐联盟号宇宙飞船前往国际空间站，随身携带了一个被他称为"不朽驱动器"的小型存储设备。在这个微型芯片上，他存储了包括自己在内的一群精心挑选出来的人物的数字化 DNA 序列，其中包括一些电子游戏玩家、音乐家，还有物理学家斯蒂芬·霍金（Stephen Hawking）、喜剧演员斯蒂芬·科尔伯特（Stephen Colbert）、职业摔跤手马特·摩根（Matt Morgan，人称"野兽"）和自行车手兰斯·阿姆斯特朗（Lance Armstrong，创纪录地连续七次获得环法自行车赛冠军）。这是在阿姆斯特朗因服用兴奋剂而被剥夺全部七项冠军头衔之前发生的事。唯一入选的女性是当年《花花公子》的封面女郎乔·加西亚（Jo Garcia），她也是一名"游戏玩家"。加里奥特这次斥巨资旅行的目的是保存他所认为的人类精英群体的 DNA 序列，假如地球上发生了灭顶之灾，这个时间胶囊就可以用来帮助克隆这些人，不出意外的话，他们的游戏技能也能保存下来。

加里奥特这次行动背后的设想是什么呢？就算不考虑后来披露的兰斯·阿姆斯特朗在所有比赛中不光彩的获胜方式，我们也很难摸清他的想法。从加里奥特的选择中我们可以看出他重视的是这些人身上的哪些社会贡献，他对整个项目的策划揭示了人类发展的一种理论。对加里奥特来说，遗憾的是他和其他人的道德行为并不能仅仅通过保留他们的 DNA 序列就能保证被传下去，因为从 DNA 到人的生物学过程实际上比这要复杂得多。其实他这样的想法完全是对基因工作原理的误解。只要我们对公共媒体关于基因的看法稍做了解，就能对该项目的构思一目了然。即使是在绘制人类基因组图谱的狂热时期，许多生物学家也在表达这样的担忧：发现所有染色体上每个基因的氨基酸序列并不足以解释人类的发展。有人认为基因包含着能决定未来发展的信息或遗传程序，这样的概念到今天仍然很普遍，特别是在大众媒体上。但这些是20世纪60年代和70年代流行的观点[1]，发展生物学家、遗传学家和生物学哲学家现在都声称，我们正处于一个"后基因组时代"，必须承认发展在进化中的重要性。一些更早的分析也指出，发展是一个多种因素互相作用的复杂系统，基因只是其中的一小部分。为了理解基因在发展中的作用，我们应该更仔细地研究该系统涉及的生物因素。这也是为什么我们不厌其烦地从基因开始，经过一番极其复杂的分析讨论后，最终才落到"人"。当然，如果完全不提及生物学，就没有人能够完整地说明人类的发展故事，但要讲明白这个故事比想象中复杂多了。事实上，最后我们会看到，要在生物因素和社会因素之间画出一条楚河汉界并不容易。

再论本能和天性

如果本书的任务就是解释思维和心智的发展，那为什么不干脆说人类的思维方式是由基因携带而来，就如同早已编好的程序一般？这样做的理论家可不少，而且越来越多。他们有的说思维的特征和形式是与生俱来的；有的说是"硬接线"；有的声称人类的各种思维形式是被"赋予"的[2]，"由我们的遗传程序指定"。[3] 时下的理论家在就人类的某种能力进行辩论时，如果用到了"与生俱来"一词，言下之意就是该能力可用某种基因机制来解释。"先天"和"遗传"这两个词通常被视为同义词。这种一说到技能就提及先天的做法与对神经科学和人类基因组图谱的狂热同步了。但与此同时，也有一些研究人员建议我们谨慎使用这些说法，他们说，哪怕只是对基因的实际工作原理略知一二，也该知道基因只是一个复杂系统中的一小部分，只有通过更全面的研究才能理解全貌。[4] 那这一小部分最终会得出什么样的结论呢？我们认为从基因到成为"人"没有简单的捷径，过程中会受到来自各方面的影响，包括我们与其他人的互动。而要得出这样的结论，就需要对"本能"和"先天"的概念做更深入的探讨。

关于"本能"的理念由来已久。大约 2500 年前，希腊文学中就有对它的描述，但其真正的历史可能要比这久远得多。[5] 这一概念在古代的起源似乎与界定人类和其他物种之间的明显差异有关。古人认为人类的行为以推理为基础，动物的行为则源于更简单的生物机制。[6] 本能和先天的概念似乎已成为我们日常思维的一部分，成了一种传统智慧。[7] 而现在常见的看法是，有些行为模式是有机体内在本性的结果，而其他特征则是由于环境的影响。[8] 一些被用来表达本能概念的古老用法，如"刻在骨子里"或"流淌在血液里"，现在已经在公开讨论中被"写在基因里"或"刻在 DNA 里"所取代。例如，新西兰的一个硬件（DIY）广告就是"DIY 刻在我们的 DNA 里"。

"先天"这一概念不仅历史悠久，而且家喻户晓。即使是来自同一家庭的子女，彼此之间也有很大的差异，如果你家里有好几个兄弟姐妹，或者生养了不止一个小孩，那你在这个话题上会很有心得。人们在讨论孩子们的表现时，往往会围绕着一个孩子是如何获得数学、音乐或体育方面的某些能力展开。这样的能力是来自母亲，还是来自父亲？当然也有可能是来自一些重要的人生经历，比如遇到了一位给孩子的人生带来深远影响的老师。

人们现在熟悉的"先天""后天"说法是由理查德·马尔卡斯特（Richard

Mulcaster）在1582年提出的。马尔卡斯特是一名英国教师，他认为先天因素和后天因素共同影响着儿童的发展。[9] 遗憾的是，这种"先天与后天论"完全被另一种理论潮流盖过了风头，该理论认为"先天论"与"后天论"是对立的，两种解释不能共存，只能是非此即彼。弗朗西斯·高尔顿（Francis Galton）爵士是这股潮流的始作俑者，他在1874年将这两个词语变成了"不共戴天"的仇敌，这种做法一直延续到了今天。[10] 不过，加拿大生物心理学家和遗传学家迈克尔·米尼（Michael Meaney）尖锐地指出，理解发展的目标"被一个莫名其妙的观点阻碍了，该观点认为我们可以将造成个体差异的因素劈成互不相干的两半——一半是遗传，一半是环境"。[11] 与其将先天因素和后天因素对立起来，我们更应该考虑两者之间的相互作用，因为"基因组不可能独立于其环境运行"。[12]

"先天"与"后天"的经典二分法由来已久。这种观点曾被多次宣布已寿终正寝，但不幸的是，它至今仍在图谋死灰复燃。然而发展资源不能被简单地划分为"先天"或"后天"。[13] 在解释一些诸如思维形式这样复杂的人类特质时，如果我们将遗传影响与环境影响完全对立起来，用迈克尔·米尼的话来说，这是"哪怕懂点基因功能的皮毛都干不出来的事"。[14] 所以，我们至少得对基因功能"懂点皮毛"，才能对目前认为人类很多特质是"与生俱来"的说法做出中肯的评判。

尽管心理学家经常把"先天"挂在嘴边，但事实上我们现在仍不清楚这个词是否有一个公认的定义。哲学家马特奥·马梅利（Matteo Mameli）和生物学家帕特里克·贝特森（Patrick Bateson）找出了这个词的26种不同用法，并发现它们都有问题。[15] 心理学家使用该词时，通常指的是在发展过程中由生物因素决定且不受环境影响的那部分。虽然生物学家认为先天的概念不但陈旧过时，还容易造成困惑，但心理学界依然用它来解释思维的形式。[16]"硬接线"的说法似乎也可以与"与生俱来"互换使用。有时在使用中会加上引号，以表明它只是用作比喻，因为"硬接线"的说法原本是对计算机某些功能的描述，这些功能是内置于硬件中的。每台机器在出厂时都是如此，不更换零件就无法改变。这个比喻意味着，在思维的构成过程中，人与环境的互动没有起到任何作用。

在第1章中，我们简单介绍了史蒂芬·平克关于"与生俱来"的核心主张，比如他所说的："我们不是通过学习才长出胰腺的，也不是通过学习才拥有视觉系统、语言习得、常识，或者爱、友谊和公平的感觉。"[17]他将人类的心理过程与重要生理器官的功能混为一谈，甚至将公平感的发展与心脏或肝脏的发育相提并论！但在下一页，他又说："但如果心智有复杂的先天结构，并不意味着学习不重要。"[18]在《心智探奇》一书中，平克说他的书是关于大脑的，但他"不会在神经元、荷尔蒙和神经递质上多费唇舌。这是因为心智不是大脑，只是大脑的功能，甚至包括大脑不能完成的功能，例如代谢脂肪和释放热量"。[19]

我们认为，如果平克多讲一些关于大脑的内容，这本书就会变成截然不同的另一类书籍。关于大脑如何发展，神经科学已经有了很多观点，他的主张经不起这些观点的检验。我们需要更好地了解神经科学，"对基因能做什么和不能做什么有基本的了解非常必要，这样我们在思考基因变异性与认知变异性的关系时，就不会做出什么异想天开的假设，并了解与此相关的各种假设。"[20]平克确实顺便指出，那些"模块"或精神器官确实必须"组装"起来。当然，他也确实不得不承认"发展必然会发生"这一相当明显的观点，但在这样做的时候，他并没有回答发展是如何发生的问题，也没有强调这一过程的重要性。

虽然大家都知道发展是必然的，但对此不置一词就会让人对其核心重要性没有清晰的认知。事实上，受精卵—胚胎中不存在任何性状，它们必须经历一番发育过程，但平克从来没有回过头来说明这究竟是如何发生的。我们认为，如果将这根岌岌可危的稻草拉下来，他的整个立场就会土崩瓦解，变成一种完全不同的理论。平克认为人类的孩子不需要学习公平原则，这种心理能力就像手臂或腿一样，会自然生长出来。如果他的主张是认真的，那就有一个复杂的任务摆在他面前——解释这实际上是如何发生的。但对此他甚至连隐晦的提示都懒得给，只是简单粗暴地认为实际情况就是如此。平克的这一观点造成的影响是本书要认真探讨的内容。虽然我们以这些研究人员为反面例子，但他们的整体理论也得到了很多人的赞同。

平克采用了和其他人一样的方法，如莱达·科斯米德（Leda Cosmides）和约翰·托比（John Tooby）等人，把发展问题放进"黑盒子"里。[21] 按照他们的论证逻辑，从基因到思维这样发展上的飞跃是没有问题的。把复杂难解的发展过程放进这样一个黑盒子里可以让他们避免挖空心思去解释。[22] 而我们作为发展心理学家，想往他们的黑盒子里看看，将这团乱麻理出个头绪来。这不仅因为发展是我们的专业领域，还有一个原因是我们需要把这些过程放到光天化日之下进行检查，以确定它们在生物学上是否真的合理。

思维形式与生俱来的说法貌似以生物学为理论依据，它们也因此显得更具权威性。但事实上，我们对神经科学了解得越多，就越无法相信所谓的先天模块可以仅由基因决定。新兴的进化发展生物学领域对发展问题非常重视，并认为有必要解释有助于性状构建的发展过程。事实上，这并不是一个新的思路，加拿大心理学家唐纳德·赫伯（Donald Hebb）在 50 多年前就认为，那些用"与生俱来"来解释思维模块的理论家有义务明确这种说法在生物学上是否确实可能。[23]

当然，不太可能有科学家是铁杆遗传决定论者，所有人都必须承认环境（或者更具体地说，有机体与环境因素的相互作用）也在发挥作用。但这种作用有可能被认为不值一提，其重要性也被严重低估甚至遭到忽视。当我们搞清楚环境的特定方面是如何在基因的开启和关闭中发挥作用，以及有机体是如何影响其所在的环境时，将基因视为稳定的内部实体、将环境视为早已存在的外部力量的观点就不攻自破了。在这个"后基因组"时代，这样的理念才是更符合生物学原理的。

近年来对基因与环境之间相互作用的分析表明，这些作用机制是极其复杂的。例如，玛丽安·巴克尔曼斯-卡内伯格（Marian Bakermans-Kranenburg）和马努斯·范·伊兹多恩（Marnus Van IJzendoorn）对一些研究进行了一系列元分析。这些研究的对象是具有可识别基因突变的儿童，他们被突变影响了重要的神经递质 5-羟色胺和多巴胺，这两种化学物质对包括注意力、动机记忆和奖励在内的一些大脑功能至关重要。元分析的结果表明，如果父母的教养方式不稳定或控制欲强，带有这些基因突变的儿童就容易出现行为问题。但是，如果父母育儿有方，儿童就不易受到这些行为问题的影响，而且可以表现优良。[24] 曾经有人用"蒲公英儿童"和"兰花儿童"的比喻来讨论这些差异："蒲公英儿童"在各种不同的环境中都能表现得相当好；而"兰花儿童"在逆境中的表现令人扼腕，但在优渥富足的条件下会表现得出类拔萃。这个比喻被大众媒体广为采用，尽管它确实有助于人们理解，但也暗示了一个孩子要么是蒲公英，要么是兰花，人为地把孩子分成两类。然而事实与这种观点相反，蒲公英与兰花位于同一个连续体上，孩子们只是在像蒲公英或像兰花的程度上有所不同。[25] 鉴于巴克尔曼斯-卡内伯格和范·伊兹多恩发表的分析报告汇集了数千名儿童的数据，我们可以相当肯定地认为，他们提出的模式揭示了基因和环境影响之间非常有趣也出人意料的相互作用。

我们的目标是解决基因和环境（或先天和后天）之间相互毫无作用的二分法。近年来生物学方面进行了很多研究，它们以发展过程中多层次相互作用的因素为重点——可远不止"基因和环境"这么简单，我们希望能让大家看到更多这样的研究。我们必须将儿童的发展当成一个整体的发展系统来思考，与他人的互动是这个系统的关键部分。我们认为，只要将这种建构主义的观点与巴克曼斯-卡内伯格和范·伊兹多恩提供的有趣数据结合起来，他们提出的模式就很好理解了。

对双胞胎的研究

为了区分基因与环境的影响，双胞胎一直是被密切研究的对象，尤其是那些拥有相同基因型的同卵双胞胎或"单卵"双胞胎。[26] 这个话题在大众媒体上引起了人们极大的兴趣，它们对此大加渲染，宣称研究提供了令人信服的证据，证明很多人类特质是由基因决定的，比如人格。一些著名的例子让我们看到，虽然同卵双胞胎自幼就被分开抚养，但长大后看起来却非常相似。[27] 最著名的一个例子是 2014 年媒体大肆报道的所谓"吉姆双胞胎"。[28] 这对双胞胎的名字分别是吉姆·刘易斯（Jim Lewis）和吉姆·斯普林格（Jim Springer），他们似乎有一系列不同寻常的相似之处，包括他们的职业选择、妻子和孩子的名字，甚至他们喝的啤酒和抽的香烟品牌。另一对广为人知的双胞胎是奥斯卡·斯托尔（Oskar Stöhr）和杰克·于费（Jack Yufe）兄弟，可能有助于我们更好地理解这些案例研究。[29] 他们于 1933 年出生，但其父母后来分居两地，奥斯卡在德国由他的母亲抚养，是天主教徒和纳粹分子；杰克的父亲在特立尼达岛以犹太人的身份生活，还在以色列的基布兹度过了一段时间。尽管他们的生活轨迹完全不同，但当两人最终约定见面时，却发现了彼此之间一系列惊人的相似之处。当时他们在一个机场见面，两人都戴着线框眼镜，穿着几乎一模一样的衬衫。两个人都喜欢吃辣，都有些粗心大意，手腕上都套着橡皮筋。是不是听起来像一部好莱坞电影？但这可能并不是一个巧合。媒体没有提到的是，这对兄弟以前就认识。事实上，他们已经有长达 25 年的接触史了。此外，他们把自己的人生经历卖给了一个好莱坞制片人，这表明他们可能是在强调彼此间"碰巧"存在的相似性，因为这能带来经济利益。只要愿意花足够的时间，我们可以在任何两个人之间找到相似之处，特别是如果他们正好是同时出生的——双胞胎显然更是如此。我们应该对媒体提供的证据进行更仔细的研究，而不是对报纸上的说法照单全收，因为报纸的兴趣更多在于卖报纸而不是报道科学。

这些双胞胎研究背后的理念是，如果那些在出生时即被分开，之后又各自长大的双胞胎最终极为相似，那就表明他们的个性肯定主要来自遗传。长期以来人们认为，如果基因非常相似的同卵双胞胎在不同的环境中长大，无疑是为我们提供了一个理想的研究设计，可以区分基因和环境的影响，这是一个所谓的"自然实验"。但这种情况实在是凤毛麟角，大多数双胞胎是在数年内一起成长，或者由亲戚或社会和经济环境相似的养父母抚养长大。此外，这样的双胞胎往往知道对方的存在并有频繁的接触。在一项对 121 例分离双胞胎的调查中发现，只有 3 例是在出生后的第一年就被分开，并且不知道自己有孪生手足的。[30] 这类研究的一个缺陷是，往往是由于双胞胎之间的相似性和他们已经知道对方的事实，研究人员才发现他们。许多双胞胎是通过媒体的呼吁被发现的，这就需要他们知道彼此的情况。事实上，在 1937 年的一项前期研究中，由于把双胞胎们从全美各地召到芝加哥的费用太高，性格不那么相似的双胞胎没能进入这项研究。[31] 在经济大萧条时期，免费游览芝加哥的吸引力可能会成为双胞胎夸大其相似性的动机。研究人员也意识到了这个问题，在最初的研究之后，他们试图招募更多的双胞胎。例如，他们曾与一对双胞胎中有兴趣参与研究的那一个通信，但他将自己的哥哥形容为"流氓"并拒绝合作。这说明了一个问题，即有很多不同之处的双胞胎同意参与这类研究的可能性不大。由于上述原因，研究人员可能在无意中选择了相似度更高的双胞胎参与研究。

这种缺陷大概是众多双胞胎研究方法难以避免的，这使得我们很难得出一个确定的结论。而且，研究的结果和报纸上报道的内容也不尽相同。双胞胎性格迥异的案例鲜少见于报端，可能是被媒体人认为新闻价值不大。双胞胎的共同点可远不止基因相同，他们有许多共同的生物因素，包括子宫内的环境。[32] 比较一下单卵双胞胎和双卵双胞胎（即同卵与异卵）的大型研究，就会发现同卵双胞胎比异卵双胞胎更具一致性，相当于人格属性有 40% 的一致性，更具体的高阶技能如自我控制有 60% 的一致性。[33] 即使是这个较高的数字，也只有 40% 能由我们在这里讨论的因素来解释，而且对孩子的影响可能不是直接的——基因可能以某些行为特征的形式得到表达，这些特征会引起照顾者的特殊反应，形成儿童与照顾者之间的特殊互动。

基因有什么用

有一种说法认为，思维形式是先天模块的输出，"模块的基本逻辑是由我们的遗传程序指定的。"现在就让我们来检验一下这种说法。[34] 支持先天论的理论家认为，"模块"是负责思考的基本机制，那么遗传和"模块"之间有什么联系呢？我们需要仔细研究一下基因的实际作用。随着"人类基因组计划"（The Human Genome Project）的普及以及大众媒体对这一隐喻的广泛使用，现在大家都知道，专家们普遍认为基因在"程序"中包含了一些"指令"或信息。既然我们已经绘制出了人类的基因组图谱，那我们知道如何打造出一个人吗？并不。为了更全面地了解基因在发展中的作用，我们认为这个比喻值得好好做一番推敲。假如我们手头有一张大师级厨子的购物清单，就可以烹制出一桌他能端出的美味佳肴吗？同样，如果拿着一份建筑材料清单或坐在成堆的木材中，我们眼前就能出现建筑师精心设计的建筑吗？当然是不可能的。如果没有一个职业钢琴演奏家的演绎，光有乐谱不一定有用。然而，即使是这些简单的类比也具有误导性，因为从基因和分子到心智和思考实在太复杂了，这些比喻实在难以模拟其万一。虽然基因的重要性是不言而喻的，但它们只是一个复杂系统中的一小部分而已。现在我们姑且假设蓝图这个比喻是恰当的，即使你拿着一张蓝图，也仍需一位有经验的建造者来进行具体的解释，对于那些在施工过程、建筑材料等方面缺乏必要经验的人来说，图纸基本上没有什么意义。从建筑师的想法（有时在设计图中体现得并不完美）到最后成形的房子并不是一个简单的过程。在这个过程中，由于各种各样的状况，例如原计划的材料用不了等，导致建造过程中可能会随时发生修改。那问题就出现了，建筑蓝图是需要有一个解释者的，那基因蓝图呢？也需要一个解释者吗？所以这个隐喻的构想很不妥当，任何需要这样一个解释者的理论都是不成立的。

事实上，基因与蓝图根本无法相提并论，前者并没有说明各个不同部分究竟是如何组合在一起的。基因参与形成蛋白质，所以说它们像一份构建结构所需材料的购物清单可能更贴切，就像一份砖头、砂浆和木材的清单一样。但即使是这样的比喻也过分夸大了它们的作用，因为基因的开启和关闭要受各种因素的影响，从细胞水平到社会经验形式，不一而足。所以，如果我们继续沿用建筑的比喻，那么基因更像是当地五金店或建筑用品店的商品目录。DNA 参与了 RNA 分子的产生，RNA 分子的产生导致了细胞内氨基酸序列的产生。但这仍然不是产生特定蛋白质所需的全部物质，正常功能所需的多肽折叠成三维蛋白质并不是由 DNA 指定的。正确的折叠取决于细胞内的典型条件[35]，而错误的折叠可能导致疾病。我们并不是建议用五金店的货物清单来替代蓝图一说，更确切地讲，我们是在推敲这些比喻的不当之处。我们也不是刻意将通常归于基因的功劳轻描淡写。的确，虽然比喻不够贴切，但基因所起的关键作用是毋庸置疑的，它们是一个极其复杂精细的系统中必不可少的部分。但是，这个复杂系统还有很多其他组成部分，同样起着极其重要的作用，我们的目标就是把它们找出来。

在心理学上，如果有人声称某种东西是遗传的，似乎就意味着它是"基因的"，或在基因组中编码的。但正如迈克尔·米尼（Michael Meaney）指出的：

只有在假定没有其他生物遗传机制存在的情况下才会如此。而这远非事实。可能存在的遗传机制有很多，如表观遗传标记通过生殖线的传递，母体 RNA 分子进入胚胎的传递，朊病毒蛋白从父母到后代的可能传递，受孕时配子的生化状态，以及营养物质、细菌或抗体从母体循环到后代的传播，等等。[36]

尽管我们身体里所有细胞在基因上完全相同，但它们在身体不同部位的发育却截然不同。那些帮助我们思考或看见万物的细胞是在身体的不同部位发育而来的。尽管由基因上完全相同的材料组合而成，但不同的器官（比如肝脏和大脑），只会产生相应类型的细胞。[37]这一点同样适用于行为。同一蜂巢中的蜂后和工蜂可能具有相同的基因组，但它们的发育和行为方式却因为所获食物的数量和质量不同而有着云泥之别。环境的这些方面影响了一系列基因的表达。[38]再举一个能让大家印象深刻的例子，某些种类的蚱蜢会神奇地"变身"

为蝗虫。

为了进一步说明基因和环境之间的相互作用，我们不妨以一组被认为具有攻击性的小鼠为例。经过人工选择具有攻击性的小鼠个体并进行世代繁殖后，这些小鼠具有了较强的攻击性。人们可能会据此认为，它们身上有了某种"攻击性基因"。然而，即使在39代之后，当实验人员将这些小鼠与其他小鼠一起饲养，而不是孤立地饲养时，它们并没有表现出攻击性。[39]这强调了饲养环境在"攻击性"这样的特质中所发挥的重要作用。

我们该怎样做才能让自己具有更广阔的心理想象力，以免做出像"基因就是蓝图"这样简单的解释呢？在此我们只想提醒大家看到各种层次的相互作用，它们足以让我们排除将思维假设为"天生"或"硬连线"的解释了。基因和行为之间的联系是如此复杂，我们怎么能轻率地说出"基因决定性状"这样的话来呢！它们不过是发展系统中众多至关重要的因素之一罢了。用神经科学家西蒙·费舍尔（Simon Fisher）的话说：

> 基因并不指定行为或认知过程，它们制造调节因子、信号分子、受体、酶等，在高度复杂的网络中相互作用，受环境影响因素的调节，以建立和维持大脑的运转。我认为，如果我们要理清基因与认知之间千丝万缕错综复杂的网络，就必须完全接受生物系统的复杂性。[40]

这些错综复杂的网络往往遭到忽视，因为人们有一种根深蒂固的直觉，认为动物生理上的某些特征是独立于环境的，因此一定是遗传的。[41]但这种直觉的诸多依据并不科学，这一基本假设经历了半个世纪的批判和证伪。[42]为了帮助大家消除以这种方式思考的倾向，我们可以参考一些环境因素影响的例子。例如，性别可能被认为是天生的，由基因决定，但海龟的性别是由蛋在被孵化时的温度决定的。对海龟来说，在30℃左右孵化的蛋会发育成雌性，而在低于这个温度下孵化的蛋会发育成雄性。[43] 虽然这个系统在几千年的进化过程中一直运作良好，但随着气候变化和温度的升高，它可能会成为问题。正如我们前面提到的，蜜蜂最后发育成工蜂还是蜂后的幼虫在其体型大小和行为方面有着云泥之别，这主要是由它们不同的饲养历史决定的。环境的诸多方面影响着一系列基因的表达。

基因和环境之间的相互作用可能会表现得极其复杂。例如，大鼠母亲对幼鼠的舔舐会影响参与其大脑发育的基因的调节作用，而舔舐的次数受母亲经历的压力水平的影响。可能还有人认为，雄性大鼠用阴茎交配的能力是"天生的"，但这并不意味着该能力仅由基因决定。确切地说，它是由大鼠幼崽发育环境中的一个典型条件引起的——来自母亲的舔舐。母亲舔舐雄性和雌性幼鼠生殖器部位的程度不同，会影响幼鼠发育中脊髓的基因表达。之所以出现这种舔舐差异，是因为雄性幼崽分泌的一种化学物质更多，这种化学物质引来了雌性的舔舐。这些例子表明，除基因外，发育过程中还有多种不同层次的因素发挥着复杂的相互作用，包括环境的多个方面。而且这些不同层次之间的影响是双向的，这一点同样非常明显。[44]

这些例子打破了一个很多人都持有的假设，即进化以对环境不敏感的方式使发展更为稳定可靠。事实上，发展生物学家认为，我们可以将稳定可靠的发展归功于环境的一致性。[45] 但这是一个相互影响的过程，正如我们在母鼠舔舐幼鼠的例子中所看到的，有机体的各个方面可能会对环境的各个方面产生影响。

基因的蓝图隐喻是理解发展的规律性结果的一种尝试，但也许我们还能找到其他更确切的类比。下面就让我们来看看环境生物学方面的一个例子。当发展背景大同小异时，发展成熟的森林在结果上往往也具有一致性。但我们不能说是因为基因的缘故森林才会这样！那我们该如何解释它们这种规律性的发展呢？举一个温带地区的例子。在北美西北海岸的一些地区，当森林火灾发生后，率先重新在这片土地上定居的物种之一是火草。紧随其后的是低矮的灌木，然后是落叶乔木，比如高大的枫树。但是，由于这些高大的树木会产生大量的阴凉，只有某些耐阴的树种才能在这种环境中发展得欣欣向荣，这些树种中就包括花旗松，特别是西部红杉和西部铁杉。最终，沿着太平洋海岸发展成熟的森林主要由雪松和铁杉组成。对于地球上有着这些相似特征的生物地理气候区来说，这是一个相当一致的成熟森林发展模式，然而这种可预测的结果在任何相关物种的基因中都不是被指定的。相反，共同的模式是由每个相互作用的物种特征所产生的变化条件的自然结果。鉴于环境的规律性和环境中各种因素的相互作用，这样的结果是相对稳定的。生态演替的例子向我们提供了另一种类比[46]，有助于让人们看到，即使基因中并没有预先存在着什么稳定性，发展的结果也可能具有稳定性。可以说，稳定的结果是通过具有稳定典型环境的物种之间的相互作用而产生的。

从分子到思想

"……的基因"这种说法在大众媒体上已经很常见了，我们听说过语言基因、智力基因、肥胖基因、冲动基因等。这样的说法虽然被应用得极其广泛，但它同样有很大的误导性。在思考一些行为问题的例子时，迈克尔·米尼曾经指出，这些说法"让许多科学家有点抓狂，因为这些数据只具有一些相关性，并不代表基因组变异和行为障碍之间存在着直接的因果关系"。[47] 也就是说，在某些障碍中可能有一些特定的基因比较常见，但这并不意味着它们是导致该障碍的直接原因。真实情形可能要比这复杂得多，FOXP2 基因及其在语言中的作用就说明了这个问题。有强有力的证据表明，这种基因与语言能力的发展有关。但这仍然不代表它是一种"语言基因"，因为它也参与了肺的发育和其他一些生理过程。此外，其他物种如小鼠也有一个非常相似的基因，然而小鼠并没有发展出任何类似于符号交流的倾向——除了在迪士尼的卡通片中。最后，基因在制造分子的过程中起着重要的作用，而分子是我们发展出心智的必由之路。[48]

按照米尼的建议，若要了解 DNA 在细胞生物学中的作用，不妨一开始只以一种基因为例，观察一下它到底复杂到了哪种不可思议的程度。[49] 他以编码糖皮质激素受体的基因为重点观察对象——该受体存在于每个细胞中，这种基因在不同类型的细胞中有显著不同的作用。糖皮质激素是由肾上腺皮质分泌的一种荷尔蒙，它们会与细胞中的糖皮质激素受体结合。当糖皮质激素受体不与糖皮质激素结合时，糖皮质激素受体就在细胞的细胞质中与伴侣蛋白结合。与糖皮质激素受体结合的糖皮质激素会与"伴侣蛋白"（它已与之结合）解离，转而与另一种不同的蛋白结合。结合成功后，这一对就会移动到细胞核中，糖皮质激素可以在这里结合到 DNA 上的某些位置。这种新的结合会影响细胞中不同的生理过程，如心血管活动、食欲、新陈代谢、免疫反应和电解质平衡。被激活的糖皮质激素受体还可以与其他被称为"辅助因子"的因素相关联，这些因子会改变它对 DNA 产生的影响。辅助因子对 DNA 产生的影响可能只是某种程度上的差异，但它还可以改变被激活的糖皮质激素受体所作用的基因，所以关联的辅助因子不同，产生的作用也千差万别。事实上，根据这种结合发生的细胞类型，被激活的糖皮质激素受体可以产生不同的影响，甚至产生相反的效果！例如，米尼解释说，"糖皮质激素受体的激活可以促进肝细胞的细胞存活，但会激发胸腺细胞的凋亡（细胞死亡）"。[50]

糖皮质激素受体还能以其他方式影响 DNA 和细胞的功能。例如，它可以参与减少炎症，因为它可以与一种蛋白质结合，阻止该蛋白质进入参与激活炎症反应的 DNA 靶点。但只有在那些激活炎症的蛋白质增加时这个过程才能起作用。在身体的几乎每个细胞中，糖皮质激素受体基因可能都很活跃，但其功能却迥然不同。在哺乳动物的胎儿过渡到用肺呼吸空气的过程中，它是很重要的，但在更成熟个体的大脑中，糖皮质激素受体的激活与神经元生成的减少以及神经元之间的连接强度变化的能力有关。此外，相同的基因可以产生不同版本的糖皮质激素受体，在某些情况下会产生不同的效果。

因此，这种蛋白质的基因有许多功能，具体取决于它所活跃的细胞类型。事实上，通过关注细胞中蛋白质相互作用的水平，我们了解的只是这一种基因而已，而且了解的只是一点皮毛。了解得越深，涉及的东西越复杂，观察到的结果就越多。[51] 我们只能将这种基因理解为在特定的细胞环境中发挥作用。而说到发展结果中那些令人难以置信的复杂性和多种因素的相互作用，这只不过是冰山一角而已。

最后我们想说的是，基因在发展中的作用实在是太复杂了！用《银河系漫游指南》(*Hitchhiker's Guide to the Galaxy*) 的作者道格拉斯·亚当斯（Douglas Adams）的话说，有一种理论认为，一旦我们完全理解了宇宙，它就会立即被一个复杂得多的宇宙所取代。还有一种理论认为，这种情况已经发生了！[52] 对于我们来说，一个重要的教训是，要解释人类思维发展，就要意识到发展系统中多层因素的相互作用；要解释人类思维，就要考虑社会互动的基本作用。

斯蒂芬·苏米（Stephen Suomi）及其同事对恒河猴的经典研究将基因和环境之间相互作用的影响阐释得淋漓尽致。在这项研究中，他们深入探索了养育方式和血清素之间的相互作用，血清素是一种参与调节情绪行为的神经递质。血清素转运基因会产生一种蛋白质，调节突触中血清素的数量，从而影响神经元之间的相互作用。这种基因的其中一个版本与婴儿期问题和攻击性控制能力差有关。但这种负面结果只有在这些猴子与其母分离并由同伴抚养时才会出现。当具有相同基因的猴子在婴儿期与母亲和同伴一起饲养时，则没有发现这种负面结果，这再次表明基因与经验在发展中的相互作用。[53] 我们在本章开头讨论了最近关于基因和人类行为的研究，表明人类也受到同样过程的影响。

本能与卵子

在前面的内容中，我们对遗传学和神经科学的最新研究做了一个简要的总结，大家可以看到，并没有一种简单的方法可以确定 DNA 分子的运作与人类行为或思维之间的联系。更确切地说，存在着多层次相互作用的因素。但我们在本章开头提出的关于"本能"的观点又该如何解释呢？有些动物不就是受生物本能需求的驱使吗？本能和行为的"先天""后天"观念是由著名的伦理学家康拉德·洛伦兹（Konrad Lorenz）和尼科·丁伯根（Niko Tinbergen）提出的。他们的意思是，本能行为是一个物种的特征和典型，即使个体被隔离饲养，没有学习的机会，也一样明显。这种观点在几十年前就被丹尼尔·勒曼（Daniel Lehrman）等人批评过了。[54] 勒曼举了很多例子，其中一个是小鸡的啄食行为。被孵化后不久，家养的小鸡就会啄食颗粒状食物了，即使是在隔离状态下养大的小鸡也会表现出这种行为。该行为包括头部向前冲、喙部开合和吞咽等一系列协调动作。这似乎是洛伦兹认为的本能行为的一个极好的例子。最近诺姆·乔姆斯基指出，这是由基因决定的。[55] 然而，这种说法是在没有任何实证研究的情况下提出的。事实上，勒曼转而仔细分析了几十年前郭任远（Zing-Yang Kuo）对小鸡胚胎发育的研究。郭任远设法在鸡蛋上开了一个小窗，通过这个小窗来观察蛋壳内小鸡的发育过程。在三天大的时候，小鸡的心脏开始跳动，每一次跳动都会推动它的头向前点一下。这项研究表明，小鸡的啄食动作实际上是孵化前复杂发育历程的结果。因此，这种特征性行为是胚胎在其通常环境的限制下发育的典型结果。小鸡在坚硬蛋壳内的发育是导致这种典型行为的重要因素之一，而这并不仅仅是遗传的结果。人们通常没有把像蛋壳这样的东西——环境的一致方面——在发展中所起的作用纳入考虑范围。[56]

这个例子表明，发育的典型特征并不需要在基因组中进行编码——这在任何情况下似乎都是不可能的。相反，它是诸多互动因素相互作用的复杂过程的结果，包括蛋壳内外典型发育环境的各个方面。再以野鸭子会听从母亲呼唤这样的生物特点为例，这是一种似乎并非后天习得的稳定行为。小鸭子们会跟着母亲的叫声走，即使它们待在蛋壳里的时候并没有听过这样的叫声，因此也显然没有机会学习这一点。不过，当小鸭子们独自待在蛋壳里的时候，它们自己就会发出声音，事实证明这样的发声在发育过程中是必不可少的。如果它们在蛋里的时候被"消声"了，导致它们发不出这些声音，那它们被孵化出来后就不会追随母亲的呼唤。[57]这表明了小鸭子经历中一些容易被忽视的方面所产生的重要作用，让我们再次看到了包括基因在内的整个发育系统的重要性。[58]

构建大脑

那么我们是如何从受精卵发展到拥有异常复杂大脑的人类呢？即使是一立方毫米的大脑皮层，也含有大约10万个神经元。如果再考虑这些神经元之间的相互连接——突触，那就大约有100万个。[59]在人类的整个大脑中，有超过1000亿个神经元，突触的数量可能高达10^{14}个。那可是1后面跟着14个0！

这个数字实在太大，大得难以将其概念化。为了更好地理解相互连接的程度，我们可以把一个突触想象成一毫米见方的沙粒，这就需要一个边长为100码的盒子——相当于一个立方体足球场，来容纳这些沙粒。[60]

人类大脑的连接网络纵横交错复杂至极，根本不可能完全由遗传决定。[61] 尽管对基因到底是何物还存在激烈的争议，但可以确定的是，人类基因组中可能有大约2万~3万个基因[62]，其中多达2万个可能参与了中枢神经系统的发育和维护。[63] 如果假定基因组包含着信息（我们已经证明这是不正确的），那么将没有足够的存储"信息"来指定成年人大脑中的相互连接——这太复杂了。更确切地说，大脑是在发育过程中逐渐塑造成形的[64]，而这种塑造是通过婴儿和儿童的实际体验产生的，其中很大一部分是社会性的。

第二个难题在于，不同物种的大脑在其复杂程度上完全不可同日而语，但基因的数量却并没有如此巨大的差距。[65] 虽然人类大脑要比小鼠大脑复杂得多，但矛盾的是，这两个物种细胞中的DNA总量是差不多的，"在进化过程中，基因的数量没有跟上大脑在复杂程度上的快速增加。虽然小鼠和人类每个细胞的DNA总量大致相同，但人类的大脑却要复杂得多"。[66]

要将大脑如此复杂的结构解释清楚，光靠基因怎么可能呢？我们很有必要思考一下人类的神经系统是如何发育成形的。人类大脑在从出生到成熟的这段过程中足足增加了四倍大小，而且这种增长持续了二十多年，涉及大量细胞体的生长。神经元之间的连接（突触）也发生了相当大的变化，既有连接的消减，也有出生后突触的增加。[67]

神经元生长的某些方面取决于它们的活动、电刺激的模式和持续时间。这与唐纳德·O. 赫布（Donald O. Hebb）的那句口号是一致的，即"一起放电的神经元连接在一起"。也就是说，它们形成了更强烈的相互联系。从神经建构主义的角度看，"大脑和环境是同一系统的基本组成部分，在时间上耦合在一起。"[68]

考虑到后来发生的巨大结构变化，在婴儿出生后，他们的大脑仍有大量的发展和塑造工作要做。[69]例如，有一种理论取向认为，语言中枢位于大脑左半球的一个特定部分。但这只是大多数成年人的情况。有些人，尤其是左撇子，语言可以位于右脑，而有些人则可以分布在两个脑半球。[70]只不过语言通常是位于大脑左半球的某个特定区域，因为该区域似乎很适合处理这种信息，所以语言通常在该大脑区域发展。用伊丽莎白·贝茨（Elizabeth Bates）的话说，左半球的那个区域往往能够"赢得语言合同"。然而，如果幼儿的这部分大脑受到损害，甚至失去了整个左半球，他们通常会在大脑的其他部分发展语言。[71]那么这类儿童的语言能力是否与其他儿童有所不同呢？对此人们仍有争议，但这类儿童在沟通方面通常并没有什么明显的缺陷。即使我们说语言位于左半球的特定部位，也不是那么简单直接的。尽管这些区域可能对语言的某些方面至关重要，但语言是人类大脑极其复杂的一种功能，它需要很多技能，其中一些会分布在大脑的其他部分。[72]

在大脑中寻找思维

对于大脑在思维中的作用，我们应该怎么看呢？哲学家帕特里夏·丘奇兰德（Patricia Churchland）最近发表了一篇题为《神经元是怎么知道的》（*How Do Neurons Know*）的文章。她在文中说："我对任何事情的认知都取决于我的神经元——我的大脑细胞。"[73]当然，从某种意义上说，这必然是真的，没有神经元，她的认知就不可能实现。然而问题是，尽管神经元对于认知是必要的，但它们是否足以对这种能力做出充分的解释？人们似乎普遍认为只需通过研究大脑就足以解释思维，但在我们看来，如果没有身体其他部分的参与，没有和其他人的互动，光靠大脑的话，帕特里夏的那些认知是不可能产生的。

大脑现在已经取代了灵魂的位置，从笛卡尔那里传下来的身心二分法现在已经转变为大脑和身体二分法。纵观历史，一直是其他器官扮演着这一主宰角色。在古埃及，人们认为心脏是身体的主宰。古代中国人认为，除了心脏之外，肝脏和肺部也很重要。[74]尽管西方文化认为大脑为重，但在有的文化中，鼻子的意义可比脑袋要大多了。嗅觉对于南太平洋的昂热人来说至关重要，他们的生活以嗅觉为中心，连身份也与他们的鼻子联系在一起，和别人打招呼时他们通常会说："你的鼻子怎么样？"[75]

这种对大脑的重点关注就像是在表示身体其他部分有固然好但并非必要一样。特别是随着外科手术越来越先进，我们身体的其余部位似乎都可以被替换了，唯独大脑无法替换，因为大脑负责的是思考和控制我们的身体。在指挥身体方面，大脑就像一个管理者，是身份认同感的来源。这是有一定道理的。大脑固然极其重要，但拥有一个大脑就能解释人类存在的所有意义了吗？当然，大脑通过神经系统与其他身体部位紧密相连，但如果我们转而讨论大脑在"吩咐"其他部位该做什么时使用的心理语言，那就是在大脑和身体之间建立了二元论，最终陷入了一个悖论（如何解释这种区分）。

我们在第 1 章中描述了大众媒体对神经科学研究的报道，它们被作为"硬科学"呈现给读者，但其中一些研究不过是对一些我们已有知识的重新描述而已。[76]例如，如果我们知道，经历过丧亲之痛的人在看到亲人的照片时，会有更多的血流涌向伏隔核[77]，这可能是一条有用的信息，但它并没有告诉我们更多与这种强烈悲痛的本质相关的信息。只有与其他知识相结合，才能有助于我们理解这种强大的人类情感。

对于那些表面上看起来属于生物学的证据，人们似乎更有信心。在一项研究中，声称喜爱巧克力的女性对看到和品尝巧克力的评价，比没有同等渴望的女性更愉快。看到和品尝巧克力会激活渴望者的大脑奖励系统，而那些没有同等渴望的人则不会。[78]通过这项昂贵的研究，我们真的学到了什么新东西吗？而这可是被视为值得在《卫报》上大发特发的新闻！如果没有发现两组女性的差异，那肯定是设备出了问题。但这里并没有解释纯粹的大脑活动和欲望之间有什么关联。我们不需要耗资巨大的大脑扫描就能知道渴望巧克力的人喜欢吃巧克力。知道了他们大脑的哪些部位是活跃的并不能解释这一点，它只是给出了另一个层面的描述而已。当然，这种重新描述与其他知识相结合时，可能会增加我们对人类神经科学的理解，但这种理解是关于大脑活动的位置，而不是思维本身的性质。

在《发现》（Discover）杂志的一篇文章中，大卫·伊格尔曼（David Eagleman）讨论了他所谓的"大脑的10个未解之谜"，指出神经科学尚未回答的一个首要问题就是"大脑是如何思考的"。[79]我们认为这是一个具有误导性的问题。事实上，它的措辞很容易让人产生困惑：并不是大脑会思考，是人[80]，大脑只是整个系统的一部分。事实上，只有在尸检过程中，大脑才会独立于相互作用的身体而存在。[81]当然，大脑是做任何事情的必要条件，包括思考，但这并不意味着我们应该只在大脑这个部位寻找思维，就像我们不应该只在手上寻找道德一样，尽管握剑或握笔的是手，握凶器或握法官木槌的也是手。我们还是认为，在扣动扳机的手指上寻找道德肌肉是一种误导，而且我们不会把手送上审判席。在某些文化中，小偷会被砍掉某只手，但这样做是对那个人的惩罚，并不是只为了阻止那只手再去偷。我们可以说可以思考、做出判断和决定的是人本身，并不只是他们的大脑。[82]

也许这种谈论大脑思维的方式只是无伤大雅的简略表达，每个人都知道大脑是嵌入身体中的，而身体又是嵌入复杂的社会网络中的。尽管有一些研究人员真的这么认为，但哲学家们已经警告过我们，在我们提出问题的方式中，已经包含了可接受答案的可能形式。"在宇宙的所有物体中，"大卫·伊格尔曼说，"人类的大脑是最复杂的，大脑中神经元的数量和银河系中恒星的数量一样多。"[83] 也许所有的科学家都认为自己研究的就是宇宙中最复杂的东西。然而，让神经科学家兴奋的不仅仅是神经元的数量，还有这些神经元之间复杂得令人难以置信的相互联系。大脑当然是非常复杂的，但当我们把大脑作为嵌入身体的一部分来审视时，别忘了身体也是嵌入物理、社会、文化和历史世界中的一部分，此时不妨认真思考一下这种相互联系所带来的更多复杂性，简直是呈指数级增长。正是这种来自环境的输入塑造了大脑中的各种活动，而大脑又是支持我们社会关系的器官。

大脑的作用

为了避免产生任何误解，我们在此强调，在解释思维的发展时，来自神经科学的看法当然是极其重要的。但是，从分子到心智，或者从基因到思维，是一段曲折蜿蜒的旅程。神经科学强调与他人的互动在发展过程中所起的作用，因此必然涉及神经通路的构建，这就是"神经建构主义"。[84]

在试图对人类思维做出尽量完整全面的解释时，神经科学是重要的主角。

尽管如此，我们在评价这项工作时仍需谨慎，因为在它的理论基础和结论中通常已经包含了一些心理学假设，而这些往往是看不见的。我们将在下一章批判的就是这种通常被称为"信息处理框架"的理论。我们的学生往往坚持认为"肯定有处理的过程"，这在某种意义上当然是实情。换句话说，当我们与世界互动，并思考我们体验到的一切时，神经活动就会发生，但这种神经活动与思考的联系并不是那么简单直接。

在"信息处理框架"理论的一个版本中出现了类似的问题。在这个版本中，大脑被描述为一台计算机。思维也被描述为一系列按先后顺序发生的处理过程，包括感知的输入，以及接下来的加工处理，然后是输出。然而，把大脑或思维比喻成计算机是建立在一个错误的基础上的，它错误地将每个系统处理"信息"的方式混为一谈。我们在本书中一直在指出信息处理框架的问题所在，并主张用另一种方式来概念化人类思维。大脑并不是被动地存储和处理信息。我们在本书中要提出的观点是，是大脑和整个神经系统将我们与经验世界联系起来。它使儿童能够了解他们行动的结果，并预测接下来会发生什么。

我们在自己的行动中感知世界。在教别人开车的过程中，每当接近停车标志时，很多人会下意识地用脚去踩刹车。当然，如果你是坐在副驾驶位上，这个动作是不起作用的。当我开车时，可以很明显地看到我的妻子在旁边做出了踩刹车的动作，尽管我已经是驾龄 35 年的老司机了。由此看来，当芭蕾舞者观看芭蕾舞表演时，他们大脑中与那些身体动作有关的运动区域肯定被激活了。[85] 人类的大脑使人类思维赖以存在的社会活动成为可能，使个人能够凭一己之力掌握这一社会过程，并通过经验共享来促进社会理解。

本章小结

本章我们从讨论人类思维的发展转而介绍各种针锋相对的理论。生物学在当代科学领域无疑拥有突出的话语权，鉴于此，我们批判性地探讨了各种与生物学在人类发展过程中所起作用相关的主张。我们首先对人类思维形式由基因决定这种说法进行了评价，然后简要回顾了生物学领域最近的研究成果。这些研究表明，尽管基因是发育系统的重要组成部分，但它们本身并不能决定任何事情。更确切地说，它们在个体与环境相互作用的双向过程中发挥着重要作用。

在研究从基因到心智的实际生物过程中，我们越来越发现，这是一条非常复杂的道路。虽然在解释人类思维时我们的生物系统起着至关重要的作用，但光靠它们显然还远远不够。"基因不能（也确实做不到）指定特定的行为输出或认知过程，除非以最间接的方式。"[86] 因此，"我们忽视了分子的存在和个体发育[87]的复杂性，忽视了发育环境的重要性，这是很危险的"。[88] 其他对近期生物学和神经科学发展状况有所了解的学者也认为，"将基因与认知联系起来的道路难免蜿蜒曲折。"[89] 本章我们已经看到了发育背景的复杂性，包括多层次相互作用的因素。有人声称某些特征是天生的，这意味着直接放弃了对解释的上下求索，完全不鼓励这方面的研究，产生了非常不好的影响。我们应该做的是开展更广泛的研究，去搞清楚发展系统中到底还有哪些因素有助于人类思维的形成。

在对人类发展不同特质所涉及的生物学有所了解后，我们就能清楚地看到发展所涉及的复杂系统以及环境在此过程中发挥的作用。这并不是由基因主导的一场宏大演出，不过是基因的规范表达罢了。对于我们要讨论的思维发展主题，对环境的作用做进一步研究是非常必要的，特别是人类与他人的互动所产生的影响。[90]

发展环境包括细胞、细胞组织、激素水平、生态和社会因素等在内的所有因素。现在，一些持不同观点的理论家正在将发展重新纳入进化理论，如发展系统理论[91]、生态位构建理论[92]和进化发展生物学[93]。现在我们有必要扩大视野，将进化和发展发生的背景，即发展环境纳入其中。而这只是开始，要搞清楚如何从大脑神经活动前进到思维的问题，我们还有很长的路要走。

推荐阅读

- Fuchs, T. (2011). The brain—a mediating organ. *Journal of Consciousness Studies*, 18, 196–221.

- Gottlieb, G., (2007). Probablistic epigenesis. *Developmental Science*, 10, 1–11.

- Mareschal, D., Johnson, M. H., Sirois, S., Spratling, M. W., Thomas, M. S. C., & Westermann, G., (2007). *Neuroconstructivism: How the brain constructs cognition, vol. 1*. New York: Oxford University Press.

- Meaney, M. J. (2010). Epigenetics and the biological definition of gene xenvironment interactions. *Child Development*, 81, 41–79.

- Spencer, J. P., Blumberg, M. S., McMurray, B., Robinson, S. R., Samuelson, L. K., & Tomblin, J. B. (2009). Short arms and talking eggs: Why we should no longer abide the nativist-empiricist debate. *Child Development Perspectives*, 3, 79–87.

- Stiles, J. (2009). On genes, brains, and behavior: Why should develop- mental psychologists care about brain development? *Child Development Perspectives*, 3, 196–202.

注　释

1. Stiles（2009）; Stiles, Brown, Haist, & Jernigan（2015）。

2. Mikhail（2007）; Hauser（2006a, 2006b）。

3. Pinker（1997）。

4. Cobb（2020）; Meaney（2010）。

5. Beach（1955）。

6. Beach（1955）。

7. Mameli & Bateson（2006，2011）。

8. Griffiths（2009）。

9. West & King（1987）。

10. West & King（1987）; Spencer et al.（2009）。

11. Meaney（2010, p. 41）。

12. Meaney（2010, p. 42）。

13. Stotz（2008）。

14. Meaney（2010, p. 69）。

15. Mameli & Bateson（2006）。

16. Griffiths（2009）。

17. Pinker（1997, p. 31）。

18. Pinker（1997, p. 32）。

19. Pinker（1997, p. 24）。

20. Fisher（2006, p. 291）。

21. Pinker（1997）; Cosmides and Tooby（2013）。

22. Wereha & Racine（2012）。

23. Hebb, Lambert, and Tucker（1971）。

24. 一些实证研究见 Bakermans-Kranenburg & Van IJzendoorn（2007，2011）。关于这一文献的复杂性，见 Bakermans-Kranenburg & Van IJzendoorn（2015）。

25. Bakermans-Kranenburg & Van IJzendoorn（2015）。

26. 然而，即使是单卵双胞胎，他们的 DNA 也不尽相同（Bruder et al.，2008）。

27. 关于大众媒体中描述的例子，见 Callahan & Lewis（2014）。

28. Joseph（2001）。

29. Joseph（2001）。

30. Joseph（2001）。

31. Joseph（2001）。

32. Joseph（2001）。

33. 关于单卵双胞胎和双卵双胞胎的人格研究，已经有很多元分析了。武卡索维奇（Vukasovic）和布拉特科（Bratko，2015）的研究是其中最具代表性的。该研究表明，40%的人格是可以遗传的。威廉斯（Willems）等人（2019）的一项分析只关注了自我控制。这些遗传影响极其复杂而且相互作用。其中一部分遗传影响似乎与孩子所产生的影响有关——影响父母对待孩子的态度和行为（Avinun & Knafo，2014）。

34. Pinker（1997, p. 21）。

35. Lewontin（2000）。

36. Meaney（2010, p. 44），引用 Chong and Whitelaw（2004）。

37. Finlay（2007）；Jablonka & Lamb（2005，2007）。

38. Mameli & Bateson（2006）。

39. Gottlieb（2007）。

40. Fisher（2006, p.270）。

41. 心理学家经常使用"硬连线"或"基因决定"这样的词，似乎认为基因包含了"遗传程序"中的信息。但这到底是什么意思呢？大概是表示有机体通常会变成那个样子？然后这个问题就这样被交给了进化生物学家，没有任何解释，意思是这个我们解决不了，该你们了（见Hebb, Lambert, & Tucker, 1971）。但这个问题是不能以此方式解决的。我们已经大致介绍了其中的一些复杂性，也说得很清楚，生物学家应该把这个问题交还回去。基因参与生产蛋白质，DNA 为 RNA 分子编码，而 RNA 分子又指定了氨基酸的序列。但这些序列仍然必须被折叠起来以产生蛋白质。而在蛋白质与行为或思维之间，还有一段很长的距离。保罗·格里菲斯（Paul Griffiths）指出，在这些氨基酸序列形成后，细胞中会发生许多变化（2009）。可以说，基因携带的信息仅体现在看到烟就可能预示着发生了火灾这种意义上。因此，人类的 Y 染色体携带着关于性别的信息，表明有关个体是一个男性（Griffiths, 2009）。但我们不能认为基因已经决定了之后会发生的一切。除了基因之外，发育系统中还有许多其他元素。例如，"基底体和微管组织中心、DNA 甲基化模式、细胞极性、细胞膜和细胞器都是遗传的"（Griffiths & Stotz, 2000, p.35）。此外，"基因在不同的细胞和不同的时间有不同的解释，构成发育系统的所有其他因素也是如此"（Griffiths & Stotz, 2000, p.35）。包括母亲的饮食在内的一系列因素都会影响胎儿的基因。我们并不是说基因不重要，而是说现实情况可不是只需关注基因那么简单，复杂的发展系统中有很多具有多层次相互作用的其他因素，包括环境。

42. Griffiths & Machery（2008）。

43. Mameli & Bateson（2006）。

44. Griffiths & Machery（2008）。研究胚胎发育的生物学家在两百多年前就知道，在发育过程中，生物体内的生物结构会影响后续结构的发育。胚胎学的创始人之一卡斯帕·弗里德里希·沃尔弗（Casper Friedrich Wolff）在1764年写道："每一部分首先是前一部分的果，而它本身又成为下一部分的因。"

45. Griffiths & Stotz（2000）。

46. Griffiths & Stotz（2000, p. 33）。

47. Meaney（2010, p. 43）。

48. Fisher（2006）。

49. Meaney（2010, p. 45）。

50. Meaney（2010, p. 46）。胸腺细胞是一种白细胞（淋巴细胞），存在于免疫系统的器官胸腺中。

51. Meaney（2010）。

52. Adams（1980）。

53. Meaney（2010）；Suomi（2006）。

54. Lehrman（1953）。

55. Chomsky（2007）。

56. Lehrman（1953）。

57. Gottlieb（1991）。

58. 有了"一个承认分子和发育复杂性的系统生物学框架，我们就有了更多的机会去解开将基因与认知联结起来的复杂网络"（Fisher, 2006,

p.292）。换句话说，神经科学家似乎是在告诉心理学家，在提出类似基因决定思维这样坚定的主张之前，要先学习一些生物学知识。

59. Mareschal et al.（2007, p. 41）。

60. Watson & Breedlove（2016）。

61. Mareschal et al.（2007）。

62. Greenberg & Partridge（2010）。

63. Mareschal et al.（2007）。

64. Stiles（2009）；Stiles et al.（2015）。

65. 淡水枝角水蚤是一种几乎必须用显微镜才能观察到的甲壳类动物，以藻类为食，是鱼类的猎物，其体内约有31 000个基因（Colbourne et al., 2011）。

66. Mareschal et al.（2007, p. 44）。

67. 经验会以特定的方式改变大脑，成人的大脑皮层结构是大脑皮层逐渐成形的发展轨迹的结果"（Mareschal et al., 2007, p. 20）。大脑的这种塑造方式涉及一个复杂的过程，在此过程中，神经元先是"出生"，然后会迁移到不同的位置。它们有时是沿着形成引导线系统的放射状胶质细胞移动，接下来就是长出轴突和树突，最终形成与其他神经元的连接。轴突可能沿着其他轴突生长，形成轴突束，也有可能被一个目标细胞分泌的化学吸引物所吸引，还有可能被其他细胞排斥掉。神经元也会死亡，在胚胎发育过程中，神经细胞会过度繁殖，这些细胞中约有一半会死亡。细胞的死亡可能是因为检测到某些化学物质，也有可能是因为其他化学物质按下了细胞的自动"自杀程序"。减少细胞死亡的一个重要因素就是神经活动——记住，不用它就会失去它！

68. Mareschal et al.（2007, p.71）。

69. Stiles（2009）；Stiles et al.（2015）。

70. Knecht et al.（2000）。

71. Bates（1999, 2005）。

72. 神经建构主义取向的理论家将大脑的发展描述为一个依赖于多层次相互作用因素的逐步建构过程。正如"embodiment"一词是为了鼓励我们思考人类的身体在发展过程中产生了多么重要的影响，Mareschal和他的同事（Mareschal et al., 2007; Westermann et al., 2007）创造出了"encellment"一词，让我们注意神经元的发育取决于该细胞的邻近细胞。在更高的层次上，他们引入了"embrainment"的概念，以表明一个细胞在大脑中的位置会影响其最终的发育方式。

73. Churchland（2004, p. 42）。

74. 关于这一点以及其他文化差异的讨论，见 Greenberg & Partridge（2010）。

75. Lillard（1998, p. 19）。

76. 2006年，认知神经心理学家马克斯·柯海特（Max Coltheart）向脑成像技术的使用者提出挑战，要求他们找出任何足以改变心理学理论性质的数据。2013年，他重申了这一挑战，指出我们仍在苦苦寻找大脑成像数据来改变自己的理论立场，或帮助我们在不同理论立场之间做出决定（Coltheart, 2006, 2013）。这些文章对神经科学家来说颇具挑衅。

77. Beck（2010）。

78. Tallis（2011）。

79. Eagleman（2007）。

80. Bennett & Hacker（2003）。

81. Fuchs（2011）。

82. 这被描述为神经科学中的"部分谬误",指把只能适用于整只动物的东西归于动物的一部分(Bennett and Hacker, 2003, p. 73)。

83. Eagleman(2007, p. 54)。

84. 这种神经科学理论的支持者保留了发展是一个建设性过程的概念。见 Mareschal et al.(2007)。

85. Kinsbourne & Jordan(2009)。

86. Fisher(2006, p. 279)。

87. 个体发育是一个生物学术语,用于定义个体的发展。它通常与系统发育即物种的进化形成对比。

88. Fisher(2006, p. 280)。

89. Fisher(2006, p. 279)。

90. 我们应该牢记一点:人类的某些生活形式可能在不同文化中具有普遍性,但我们没必要从导致它们出现的遗传机制的角度来解释。心理学家伊丽莎白·贝兹(Elizabeth Bates)以所有人都用手吃饭为例(1984),这显然是一个跨文化的普遍现象。那我们会说这是天生的吗?嗯,从某种意义上说是的,这是我们这个物种一个可预期的稳定结果。但我们当然不需要用任何一种遗传机制来解释它。作为动物,我们必然要吃东西,而且,由于我们身体的性质,用手吃东西比用脚吃东西更容易。

91. Oyama, Griffiths, & Gray(2001); Lickliter & Honeycutt(2009)。

92. Odling-Smee, Laland, & Feldman(2003)。

93. Stotz(2008)。

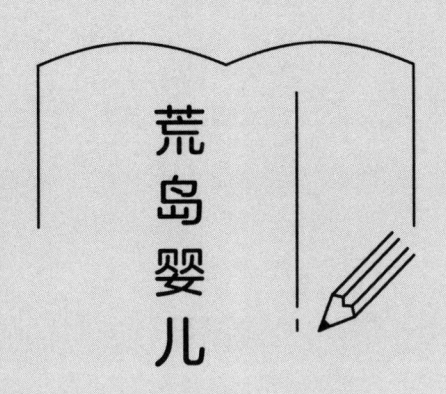

第 9 章

荒岛婴儿

本章我们将批判性地探讨人类思维就像一台计算机的说法。

"技术奇点"一词指的是在某个时刻，科技将先进到将人类取而代之。按照这种说法，随着计算机变得越来越先进，它们将达到能够自我设计的水平，智力也将提高到超过人类的地步。到那时，人类将面临灭顶之灾，因为这种"超级智能"可能会认为没必要保护人类了，除非它们有了人类的情感和道德。甚至早在阿兰·图灵（Alan Turing）关于人工智能（AI）的开创性研究中，他就预测机器会"超越我们微弱的力量"，从而"获得掌控权"。[1]迄今已有不少人表达了这种担忧，比尔·盖茨（Bill Gates）就是其中之一。他虽然承认人工智能大有潜力，但也警告了危险的存在。[2]埃隆·马斯克（Elon Musk）则认为这是在"召唤恶魔"。[3]而斯蒂芬·霍金想得更深远，他说这样的超级智能"可能意味着人类的终结"。[4]甚至有人声称，将来有可能把人类的心智"上传到"电脑或"云端"。[5]所有这些猜测性的希望和对末日的恐惧都是基于同一个假设——计算机是人类智能的合适模型。的确，心理学和认知科学中有一些理论就是以这种观点为基础的。

本章我们就来深入探讨这一假设。在这本书中，我们根据人类智能的发展过程提出了一个与众不同的解释。为了让读者对最后的结论有心理准备，我们提示大家，它与前面介绍的关于人类智能的说法是相反的。并不是科幻小说家们所担心的那样，当机器拥有智能之后我们必须再赋予其情感，事实是，情感是人类发展系统的一部分。说得更明确一点，我们要探索的是与心理学理论相关的人工智能工作，是该领域中试图模拟人类智能的那一部分，有时被称为通用人工智能（artificial general intelligence）。人工智能的其他工作，有时被称为弱人工智能（artificial narrow intelligence），主要与建立解决特定问题的工具有关。它和任何工具一样，对人类而言有利有弊，取决于其具体的设计和应用。

关于是否可以将计算机视为人类思维的适当模型，一个关键的问题是，我们对"信息"和"知识"这样的核心概念到底是如何定义的？你可能认为要对这些常用词汇再三琢磨很奇怪，但我们希望能说服你相信，忽略这一点会导致就计算机与心智之间的联系得出的结论出现缺陷。关于该如何对信息进行概念化的问题，我们在上一章中已经提出并探讨过了。正如我们在第1章中所言，对人类发展和思维的解释是基于对知识如何发展的假设。我们在本书第一部分提出的解释是基于一种和其他理论不大一样的知识观，可以说它对人类思维的解释独辟蹊径。我们赞同的是建构主义的知识观，这种知识观认为，当婴儿与世界和他人互动时，会注意到这种互动引发的种种结果，并在此过程中形成对物质世界和社会世界的经验。通过这种方式，他们了解到可以对这个经验世界做些什么，并据此预测如果他们以特定的方式行事会发生什么。婴儿在了解他们周围的世界时逐渐养成了一些习惯，这些习惯就是各种行动和感知的模式，让·皮亚杰称之为"图式"（schemes），如转身看向一个噪音的来源、伸手抓取一个有趣的物体，等等。随着婴儿做事的方式越来越熟练，他们逐渐学会将各种动作以不同的方式结合起来。对于人类思维是如何在社会互动过程中逐渐发展的问题，我们已经提出了自己的解释，并认为在这种互动中发展起来的技能正是思维的基础。通过对不同互动形式的了解，我们追溯了婴儿期交流形式的发展，语言以及后来的各种思维形式正是在此基础上发展出来的，这表明人类思维的发展需要这样的背景。

不是所有心理学理论都是以这种知识观为基础的。现在，我们将本章和前一章的讨论重点扩展到不同理论对人类思维的解释，并将我们的方法与其他理论进行比较。在第 1 章中我们就承认，关于人类思维的理论方法有很多，现在就让我们开始对它们进行更直接的思考吧。在上一章中，我们探讨了基因决定各种特质和思维形式的说法，还审视了认为先天神经认知模块是进化而来的观点。我们在第 1 章中就举出了史蒂芬·平克的例子，因为他的著作广为人知，也被广为接受，而且他还将我们想批评的诸多观点集于一身。现在我们要探讨的是"思维就像计算，计算机就是思维的绝佳模型"这一说法。

计算机与心智

我们已经指出，心理学理论是以哲学假设为基础的，但这些假设并没有经过明确的检验。在描述思维的发展时，我们不能忽视儿童是如何认识世界、如何获得知识的问题。这确实很容易被人们忽视，因为它看起来并不像一个问题。你可能认为，儿童只需通过观察周围的世界就可以学习各种知识了，或者由父母言传身教他们需要知道的东西就足够了。任何超出这个范围的问题都可以留给哲学家们去操心，心理学家待在实验室里研究大脑扫描图即可。如果我们关注的是心理学或认知科学，那为什么还要和哲学打交道呢？难道我们不能利用 fMRI，根据大脑中含氧血液的流动形成的绚丽图像来研究心智，把认识论留给哲学家去伤脑筋吗？很遗憾，我们不能这样做，因为我们的理论和方法是建立在关于"什么是知识"的哲学假设基础上的。这些先入为主的观念就像特洛伊木马中的偷渡者，因为他们已经设定了问题，并偷偷地把可能的答案带了进来。

研究人员往往更青睐那些现成的知识理论，比如当前流行的"心智表征理论"（representational theory of mind）。这种观点认为，当我们形成对世界的某种认识时，就像形成了一个与这个世界相匹配的心理图像或表征。但是"表征"这个词的含义非常模糊——它可以有多种不同的含义。正是因为这个原因，詹姆斯·拉塞尔（James Russell）[6]称其为"万金油词汇"——似乎可以用来代表任何你想说的东西。[7]正如我们在前几章中指出的，将知识视为表征的假设虽然拥趸者众，但也一直受到猛烈的抨击。

心智表征理论

根据这一理论，心智是通过操纵外部现实的内部表征来工作的。该理论认为，我们通过在内部形成对世界的表征来了解世界，因此思维是建立在对世界的这些内部表征的操纵之上的。为了理解这一点，大家不妨想想计算机的操作原理，它经常被用作这一观点的隐喻。哲学家约翰·海尔（John Heil）[8]就用了一个与计算机程序相关的例子来说明这一理论，该程序通常被用来记录杂货店的库存情况。它需要一些代表香蕉、罐头等商品的符号，程序会记录有多少库存，什么时候需要订购加货，等等。计算机的操作并不依赖符号所代表的内容，即符号的含义或它们与真实世界的联系。因此，同样的程序可以用在不同的计算机上，或者在不同时间用同一台计算机来记录一家五金店的库存，此时完全相同的符号可以用来表示胶水和钉子等商品。我们不用去管计算机内的磁偏转模式中是否真的存在着任何符号，是使用计算机的人把这些东西当成了符号。但人类的思想是有意义的，这一点毫无争议。我们会不断反思自己的经验，无论它们是真实还是假想，所以我们的思维与世界是有意义地联系在一起的。这正是我们需要解释的。计算机中的符号可能具有的任何意义都是由使用计算机的人通过输入诸如香蕉或胶水等信息来赋予的。所以，程序本身并不等同于人类思维中符号被赋予的意义。

在目前与知识相关的理论中，心智表征理论是得到公认的，尽管如此，到底应该如何解释"表征"的问题却鲜有人提及。我们可以对那些不在眼前的事物反复琢磨，可以让它们在我们的脑海里重现，以这样的方式来进行表征。但问题是，该过程具体是如何操作的呢？具有讽刺意味的是，这个概念明明是心理学家和认知科学家要解决的最大问题之一，却往往被简单地当作了理论的前提。换句话说，"表征"并不是一种解释，而是一个仍然需要被解释的概念。[9]

然而许多心理学家认为，知识只需通过我们的感官就能获得。只要睁开眼睛，信息自然就会如潮水般涌入，我们就会对这个世界有更多的了解。但如果从这个意义来说，信息与知识就没什么两样，那么如前所述，为什么我们不能说相机博学多识呢？无论是胶片还是数码相机，图像都是由光子产生的，尽管上次度假的照片仍然存在相机的存储卡上，但相机对我们的度假情况仍然一无所知。这种关于表征的假设导致了对知识的误解，我们需要另一种更有说服力的观点。

让·皮亚杰努力想解决如何解释知识，如何重现不在眼前的世界这个问题，他拒绝接受知识只是感知结果的观点。他认为，如果知识是由我们感知到的事物的某种副本组成，那我们就必须先了解世界才能制作这个副本。但是，如果我们没有办法对这个世界形成直接的理解，副本又从何而来？这种观点预设我们肯定已经具备了一些关于世界的知识，却并没有解释我们是如何获得这些先验知识的。[10]

该理论的另一个问题是，如果思维是通过表征现实并在这些表征上工作，而不是直接在现实上工作，那么除了对照世界的另一个表征或副本，还有什么办法能对我们的表征进行检验吗？假设我们在阅读早上的报纸时，发现有一条新闻很难令人相信，我们会去买另一份报纸来进行核查吗？当然不会，这听起来完全是无稽之谈。[11]而根据前面提到的这种心智观点，我们没有办法直接了解现实，只能通过表征，所以我们只能将一个表征与另一个表征进行比较。检测错误的能力是必不可少的，但当比较两个表征却无法判断其中任何一个正确与否时，我们怎么可能知道孰对孰错？如果儿童无法判断他们何时犯了错误，就无法实现真正的学习。显然，没有对"学习"做出解释的理论是有问题的。[12]

为了说明他的知识观，并消除"知识只是感知"的谬误，皮亚杰引用神经学家魏茨泽克（Weizsäcker）的话说："当我感知一所房子时，我看到的不是通过眼睛进入的图像，而是一个我可以进入的实体！"[13]也就是说，我们对房子的认识不仅仅是一个图像，它不仅仅是基于感知，还包括我们对其用途的理解，这是以我们与世界的互动经验为基础的。

即使我们同意在某种意义上可以说计算机是在处理符号（尽管我们并没有在计算机中看到类似符号的东西），这些符号又是如何与世界发生有意义的联系的呢？如果非要说计算机中的符号有意义，那也只能是如同纸上的标记那样的意义。在书写中我们需要理解这种标记的意义，就像是只有使用计算机的人才能了解与符号对应的事物是什么，而不是计算机。这种想法显然很荒谬，为了给事物添加意义，我们需要一个虚构的小人——传统上称为"荷蒙库鲁斯"——在我们的心智模型中与计算机一起工作。但这实际上根本就算不上什么解释，它只是让需要解释的东西更多了。想象一下，假设我们赞叹一台正在工作的新机器，并询问它的工作原理是什么，如果我们得到的答案是它有一个告诉它该怎么做的装置，那么我们实际上根本就没有得到任何答案。这就和"荷蒙库鲁斯"的想法是一样的[14]，这只会产生一种得到了解释的幻觉。我们还需要在那个小人的脑袋里想象另一个小人，以此类推。就像那个关于地球固定在乌龟背上的说法一样，如果我们追问乌龟站在什么地方，就会遇到麻烦。我们不希望关于思维的理论是"无尽头的乌龟"（见第 7 章，注释 5）。没人愿意承认和支持这样一个需要"荷蒙库鲁斯"的理论，但如果没有办法解释符号是如何获得意义的，只要认可思维的计算观点，就必然与这种暗示联系在一起。[15]

心智模型的根本问题在于"信息"一词的用法实在太多了。虽然我们可以说计算机会处理信息，但这只在某种特定意义上才成立。事实上，无论计算机处理了多少信息，它们仍然什么都不懂，就像《牛津英语词典》包含了大量信息却仍然是无知无识的死物一样。[16]火车时刻表也包含了很多信息，但同样，这与拥有知识是不同的。举个例子，假设有一个目不识丁的奴隶，有人在他头上文了一条信息。我们可以说这个奴隶的头部包含了某种信息，但他自己并不知道，甚至可能看不到。[17]"知道"恰恰是我们在理解儿童发展时要解释的内容。

"信息"一词的含义之一是指能量的转换。例如，我们可以说，当光子抵达一个人眼睛的视网膜细胞时，能量得到了转换，"信息"通过神经元传输到了大脑。这可能会使得这个人对某种情况有所了解，从某种意义上说，拥有了"信息"。也就是说，这个人看到了什么，知道了什么。同样的光子可能击中了照相机，而且如上所述，图像可以存储在照相机中并被传输到计算机上。虽然我们可以说信息被存储下来了，但无论是相机还是计算机都不会"了解"任何东西。而当一个人在观看某一个场景时，这个过程有什么不同呢？可以说人类是能"了解"一些东西的，而相机则不能。如果把人和相机相提并论，就相当于声称门的自动开关装置对接近者的反应，与人类看到有人过来就把门打开是一样的，我们不会乐意看到这样的混为一谈。从因果意义上讲，这就是把来自光子的信息，即光子引起眼睛视网膜细胞的某些变化，与一个人获取知识和认知的过程等同起来了。

知识来自我们与这个世界的联结。那么，心智计算理论所假设的符号又是如何从这个世界产生的呢？那就要提到意义和参照的问题了，这在本书前几章讨论的哲学中是备受争议的话题。有一种理论认为，意义和参照之间的关联算得上一种因果。也就是说，在世界与人们的想法或概念之间存在着某种因果关系，这就是符号获得意义的方式。[18]如果知识真的是由我们对世界的表征组成，那就相当于把知识假定为一种类似于图像的东西，我们来分析一下这大概是怎么回事。假设有个人看向了窗外，对窗前的一棵树形成了心理表征，那么这大概就构成了知识，因为在这棵树和它的心理图像之间存在着因果联系。也就是说，光子击中了人眼视网膜上的细胞，神经冲动将信息传送到人的大脑。这个图像是由树"引起的"，所以一些理论家声称，它因此而有了意义。但正如我们在第3章和本章前面所指出的，意义并不能附加在图像上。这个问题我们暂且不论。

为了评估这一主张，哲学家希拉里·普特南（Hilary Putnam）建议我们想象一个科幻小说的情节：一棵树的照片被意外地遗落在了另一个星球上，这里居住着和我们一样的人群，只不过这个星球上没有树，没有比灌木更高大的东西。这个星球上的某个人捡到了这张照片，当他看着该照片时，我们可以说他已经形成了对这棵树的心理表征，而且还建立了一个与实际物体的因果联系。但是，即使在树和他的心理图像之间有一个因果链，我们能说这个人对树有任何了解吗？不能。拥有这种心理表征并不意味着拥有知识。我们可以把这个故事再往前推一步，打破因果链。假设掉落在那个星球上的照片实际上不是一张照片，而是一个意外事故的结果，洒出的颜料恰好看起来像一棵树。现在，这个人的心理表征——由看到洒出的颜料形成的图像引起的，与任何真实树木之间都没有因果关系。你或我都会看到一棵"树"，但是这个人可能有和你我完全相同的心理表征，却有完全不同的知识。因此，我们不能说"心理表征"的说法是对"知识"的解释。[19]

计算机是祸根

计算机当然是非常有用的，既然如此，为什么这一节会起这样一个带有强烈贬义的标题呢？这是因为计算机被一些人当成了理解人类思维的隐喻。这就是声称思维就像计算一样的主张。这种心智计算观的基本假设与上面讨论过的关于知识的假设相同，因此它不但有我们刚刚提到过的所有问题，还多了一些其他问题。计算机可以是强大的工具，但自从"认知革命"以来，许多心理学家还将它视为思维的合适模型。但是无论我们制作的程序多么复杂，处理速度多么强大，机器实际上并不会做任何思考。计算器对数字和它正在做的事情一无所知，真正有智慧的是它的设计者，他们可以对默认规则和决定成功结果的各种条件进行编程。我们还可以用滑尺来说明这一点，也许有些读者现在只能在博物馆才能看到这个工具了。它的使用方法很简单，操作者只需滑动尺子的某些部分就可以进行复杂的计算。同样，我们不会认为是这把尺子在执行计算，即使它可以用于这样的目的，也是设计师在发明之初就先进行了相关思考。所以我们为什么要把自己和计算机相提并论呢？我们被它们表面上的复杂性诱惑了。它们看起来比计算器和幻灯片规则复杂得多，但在过程中的被动性是一样的。人类有一种为万物寻找意义的倾向，这在我们选择对待婴儿的方式时至关重要，唯有如此，婴儿才能逐渐成长为"人"，但可能正是因为人类具有的这种倾向，导致我们总是不由自主地想为计算机赋予某种意义。[20]

关于什么是思维，我们可以从相关书籍中看到一些常见的观点，比如史蒂芬·平克那本书名颇具煽动性的著作《心智探奇》，他在书中如是说：

心智是一个由计算器官组成的系统，它是由自然选择设计出来的，用来解决我们的祖先在觅食时遇到的各种问题，特别是如何理解并操纵各种物体、动物、植物和他人。我们可以把这个总结解读为好几个主张：心智就是大脑的工作内容，具体来说，大脑要处理信息，思维就是一种计算；心智被组织成模块或精神器官，每个模块都经过了精心设计，专门负责处理我们与外界在某个方面的互动；这些模块的基本逻辑是由我们的遗传程序规定的，它们的运作是由自然选择形成的，以解决我们的祖先在进化史上大部分时间过的狩猎和采集生活中会出现的问题。对我们的祖先来说，各种各样的问题都不过是一个大问题的子任务而已，这个大问题就是如何将复制到下一代的基因数量最大化。[21]

这真是一个精辟的总结，涵盖了目前流行的关于人类思维本质的多种主张，算得上简洁明了。但它真的能令人满意吗？尽管在所有解释中进化论肯定都是一个重要的部分，但在讨论上述问题时，平克将该理论列为唯一可能的答案，且这种答案只有在我们一开始就接受了平克关于思维本质的假设时才算数，但这些假设本身就可能存在着根本性的缺陷。当然，我们并没有质疑进化论和神经科学的重要性，我们质疑的是当这些理论与"心智的工作原理与计算机一样"的观点结合起来时会产生的结果，即所谓的心智的计算观。在本章中，我们要探讨的正是平克所总结的一系列假设中与这方面相关的内容，即"大脑处理信息，而思维是一种计算"的说法。在上一章中我们已经回应了关于进化和生物学的其他主张。

有人认为，不管在哪个时期，人们都会用当前可用的最先进技术来比喻心智的工作原理，这种情况肯定会发生在计算机上。在大量的心理学研究中，计算机一直被视为研究大脑如何工作的模型而受到欢迎。人们在思考中处理信息，计算机也是如此，这似乎是很直观的道理。虽然隐喻是一种常见且有用的修辞手法，但如果我们在使用的时候不仔细斟酌，它们也是有一定风险的。可对于这个计算机隐喻，我们却没有察觉到任何需要警惕和谨慎的地方。它被视为理所当然，"信息"一词的不同含义被完全忽略了。在我们试图将思维概念化的时候，计算机有时可能是一个有用的组织化隐喻。它还可以帮助我们以流程图的形式将其组成部分和工作过程组织起来，但也极易让我们陷入一种错觉，认为它远远不止是一个隐喻，而是一个真实而合理的心智模型。

按照心智计算观，计算机所做的工作与心智完全一样，也就是说，它们会处理信息，这是该理论的一种基本假设。所以该理论认为，计算机提供了一个类似于心理现象的例子，它们实际上是将心理现象在一个物理设备中实例化了。不仅如此，认知科学家还能编写出一些计算机程序，在特定的问题解决任务中模仿人类的行为，如果我们认为这些程序是成功的，那似乎就表明研究人员已经成功地捕捉到了人类解决这类任务的方式。如果一个计算机程序产生的输出看起来与人类完全一样，就会让人不禁认为研究人员已经确定了构成外部行为的过程，因此有人声称这足以解释有关思维的问题。例如，在研究儿童的心算时，研究人员可以编写一些计算机程序来再现儿童的表现和他们的犯错模式。所以，这看起来可能会让人以为已经解释了儿童在这个领域的思维方式。

这一理论立场问题不少。首先，我们有可能编写出多个可以产生类似输出的计算机程序。那我们怎么知道哪一个才是符合儿童实际使用过程的正确程序呢？更大的问题是，即使我们只有一个成功的程序，我们怎么能确定它就是儿童心理计算的方式？我们可以用非常抽象的术语来描述这一活动，但并不意味着这就是实际的工作方式。例如一只狗抓飞盘或一个孩子系鞋带的行为，这些动作可以用复杂的微分方程来描述，但狗或孩子实际上不太可能用微积分来完成这个动作。[22] 我们还可以用飞机来举例，若要搞清楚飞机的起飞和降落特性，我们完全可以根据对机翼形状、重量、空气密度和推力的了解来计算出升力、推力和阻力，在很多情况下人们就是这样做的，特别是当涉及大型飞机或在炎热天气下的高空起飞时，知道在某些条件下需要的跑道长度是很有必要的。但有时候飞行员也可以借鉴过去的经验，"凭感觉"飞行。尽管鸟类是一流的飞行者，但它们不太可能明确知道任何关于飞行理论的知识。例如，信天翁利用风吹过波浪带来的升力进行优美的动态翱翔，但这种动作对它们来说不太可能涉及任何计算。相反，这是一种实践技能，信天翁早就学会了如何与它的环境合作。同样，"松鼠不会通过归纳推断出它明年冬天也需要储存很多食物"。[23] 也就是说，一定有一种更简单的方法来解释松鼠的行为。

再来看一个例子，假设你要确定另一艘船是否会与你的船相撞，可以通过计算两艘船的角度和速度来完成，但也可以用另一种更简单的方法，先在你的一侧船沿设定一个参考点，然后注意另一艘船是超过还是落后于这一参考点，以此来确定。这些例子告诉我们，研究人员强加的描述不一定符合实际的心理过程。换句话说，人的心理计算过程就像研究人员编写的计算机程序的说法没有任何实证依据。

此外，大多数采用这种计算或信息处理方法的理论在实际应用中都受到限制。研究人员主要关注的是一些特殊的任务，比如儿童如何进行心算或解决涉及平衡木的问题，却没有形成对心智的整体看法，到目前为止也没有整合出什么通用的理论。该理论方法的支持者声称这只是时间问题，但实际上它可能本来就是现在这样的状况。

还有一个问题是，计算理论涉及的只是儿童思维的某些方面。在研究儿童心算时，这种方法也许能够解决儿童是如何"记住"5加7等于12的，但我们想要解释的是儿童在理解数字时的其他一些问题。例如，我们想知道，儿童是如何"知道"5加7等于12的，又是如何对这一事实深信不疑的。他们知道结果必然如此，不可能有其他答案。这种理解与记忆是截然不同的两码事。如果一个孩子只是将5加7等于12牢牢记住了，就像她记住了自己的电话号码一样，那我们就有可能让她忘记这个答案，或者让她相信答案其实是等于13或11。但如果这个孩子真的理解了数字，她就会知道答案一定是12，而且不会忘记。即使真的忘记了，她也能很快得出答案，无论给她多少糖豆作为奖励，她都不会相信其他答案（如13）是正确的。让·皮亚杰所关注的正是这样一个事实，即在某些时候，儿童明白5加7一定等于12。而这个事实是无法用心智的计算模型来解决的，因为计算机对这种知识的必然性，即某些东西必然是什么，一无所知。

构建知识

如果心智表征理论真的有这么多问题，那为什么它仍然被广泛接受呢？该观点之所以能长盛不衰，可能有几个原因。首先，人们通常不会认为知识是哲学以外的问题。心理学家一般不会去操心我们到底知道什么或如何知道的问题，他们认为知识是早就存在的，没有必要去追问它的来龙去脉，它的存在被视为理所当然。只有哲学家们才会坐在那里操心这样的事情。这个问题属于道格拉斯·亚当斯口中"别人的问题领域"。[24]

还有一个可能相关的原因，虽然人们对知识的普遍假设受到了前面提到的各种挑战，但我们都看到了，这些反对意见被彻底忽视了。毕竟，既然我们可以成功地与世界和他人互动，这不就表明我们对世界和他人已有所了解吗？是的，确实如此。但如果要这样想的话，就为我们提供了心智表征理论之外的另一种选择。如果认为知识是由对世界的表征组成的，我们就必须解决伴随这一观点而来的所有问题。那我们不如换一个思路，我们可以从我们能对世界做什么的角度来思考，不管成功与否。这是思考知识的另一种截然不同的方式，它就是皮亚杰和马克·比克哈德（Mark Bickhard）等当代理论家采取的建构主义取向。

我们在本书中采取的就是这种建构主义观点。婴儿并非天生就对事物或他人有理解能力，知识也不是被动地从环境中强加给他们的。与先天和后天这两种经典观点不同，第三种观点认为，儿童通过他们的行为逐渐对世界有了更多的了解。他们根据自己过去的经验来认识世界，但新出现的事件可能与过往的体验不一样，因此他们根据这种新的经验来做出适应或改变。这是一个动态的过程，它让我们不断进步，获得的知识也越来越完整，尽管在这个过程中我们永远无法跳出自己的经验。[25]

根据这种以行动为基础的理论，婴儿在行动中知道自己可以对各种物体采取怎样的行动：吸吮，查看，抓取，放下……他们根据自己能采取的行动来看待这个世界，即与之互动的可能。通过这种方式，他们形成了实用而生动的知识。这被称为感觉运动理解（或感觉运动智能），因为它是以协调婴儿的感觉和他们的行动为基础的。在与物体和他人的互动中，婴儿形成了可以对物体采取哪些行动的一般性认识。可以说婴儿与他们的活动是密不可分的，这意味着他们可能会犯一些令人惊讶的错误。在婴儿非常年幼的时候，如果他们正在玩的玩具被夺走并被藏在毯子下面了，他们不会去寻找这个玩具。等稍微年长一点，他们才学会去找那些有一部分被毯子覆盖的物体。但在这个学习的过程中，从大约八月龄开始，他们经常会犯一个非常奇怪的错误，被称为"A不是B错误"。如果有一个婴儿好几次都在某个地方（称之为A）找到了一个物体，当实验者当着他们的面把这个物体放在另一个不同的地方（称之为B）时，他们往往仍会去A处寻找，也就是他们以前找到该物体的地方。皮亚杰是第一个注意到该现象的，他看到一个幼儿的球滚到了床下，看不见了，但这个幼儿并没有去床下找这个球，而是去玩具箱里翻找。你可能会问，这只是记忆的问题吗？记忆与知识有关，所以它只是描述同一错误的不同方式而已。也就是说，在婴儿没有发展出这种与世界互动的方式之前，他们无法记住外界的客体，而这种互动方式的前提是知道客体是具有永久性的。另外，在一些研究中，当物体在透明板后面清晰可见时，婴儿仍然会犯这种错误，所以记忆不可能是唯一的问题。[26]

作为成年人，我们发现自己很难理解婴儿的体验，因为我们对外部事物（以及自我意识）已经形成了更为复杂的理解，并认为天生就该如此。我们知道物体不会在我们转身离开的那一刻突然消失。但如果成年后我们打算写一本自传，会如何形容人生头几年的时光呢？可能我们也会像圣奥古斯丁那样否认自己对这段发展时期有记忆的缺失，并把我们的成年经验强加给婴儿，非说他们看待世界的方式是如何如何的。

很多人会想当然地认为，知识得来全不费工夫，根本就不成问题。打破这样的认知需要我们暂且搁置或超越自己的成人经验，去看看它们是如何逐步形成的，这就是我们作为发展心理学家要做的事情。我们恪守伊丽莎白·贝茨的忠告，尽力不让复杂的成人经验将我们淹没，而是去探索它是如何逐渐形成的。当透过表面现象深入探索时，我们会看到一个缓慢进行的过程，婴儿会在与世界的互动中一点点形成自己的行为模式，当他们接触到和以往不同的客体时，会对原有的模式进行微调，同时将已经掌握的动作加以结合或协调。例如，将视觉和抓握动作配合起来是在出生后的几个月时间里慢慢掌握的，接下来婴儿还会将这套组合动作与其他动作相结合，比如翻身。这表明婴儿在从事任何活动时都需要将动作模式（即图式）结合在一起，比如他们与拨浪鼓的互动，婴儿可以对拨浪鼓采取的行动包括翻看、抓握、吮吸、摇晃、聆听、放下等。当婴儿形成了如何与该物体互动的知识，就像形成了一张可能的行动网络，并非所有组合动作都有明显的目的或会一直存在于孩子的行为模式中。例如，五个月大的威廉会把双手合在一起，反复上下晃动他的手臂。但这种仪式化的动作只持续了几个星期，而且该动作似乎只是为了帮助他掌握这套组合动作才出现的。婴儿的行为模式并不仅仅是身体动作的简单组合，行为也是社会参与的一部分，特别是在半岁之后，婴儿喜欢和大人玩给予或接受的游戏，还会与他人分享对一个物体或事件的关注。

谈到构建知识，有一点我们要说清楚，这可不意味着婴儿可以创造世界。知识的形成是我们与物体和他人进行必要互动的结果，世界各地的婴儿在关注、接触和操纵物体时都面临着类似的挑战。他们在解决问题的时候都需要将个人技能协调成更复杂的组合或"操作"。按照这种发展观，我们是从各种实践活动或对世界的"生动"参与开始，逐渐形成了不同层次的知识网络。刚开始的时候，婴儿完全是通过自己的身体来学习日常行为（正如上面所说威廉的仪式化动作），在此过程中他们学会了用一些特殊而重复的方法来摆弄物体（最初只是把它们放进嘴里，但随后会变得更复杂），也学会了无数重复的、与他人互动的社交仪式，这些都是朝着交流和语言发展前进的必经步骤。随着儿童知识水平的进一步提高，特别是通过语言的促进，他们会逐渐形成对自身所作所为加以反思的新能力。[27]

皮亚杰的反对者

我们主张的是心智表征观和计算观以外的另一种理论。为了理解我们在知识这个问题上采取的建构主义理论取向，我们需要先来讨论一下世人对皮亚杰的批评。我们在上文中描述了皮亚杰的思考方法，但这种方法并没有被所有人接受。虽然皮亚杰得到了世人对其理论的大加赞誉，他对婴儿和儿童所做的敏锐观察也被更多人熟知，但与此同时他也遭到了来自各方的批评。自 20 世纪 60 年代以来，发展心理学领域涌现出各种理论流派，在这个舞台上你方唱罢我登场，在这样的繁华热闹中他也显得越来越不合时宜了。皮亚杰曾说自己是"心理学史上被批评得最多的人，却笑到了最后"。[28] 举个例子，最近对皮亚杰的婴儿期研究提出批评的一个比较有名的人是勒妮·巴亚尔容（Renée Baillargeon），她是法裔加拿大人，现就职于美国伊利诺伊大学。巴亚尔容在研究生阶段就研读了皮亚杰关于婴儿期的研究，但她认为这些研究毫无意义，在她看来，婴儿通过互动逐渐形成对客体的理解这一观点肯定是错误的。在后来的职业生涯中，她一直试图反驳皮亚杰关于婴儿如何发展知识的观点。她认为，婴儿不需要与世界互动来了解它，他们生来就具有一些知识。巴亚尔容进行了一系列巧妙的实验，按照她的说法，这些实验表明婴儿对物体的了解比皮亚杰预期的要多很多。[29]

由于多方原因，对年幼的婴儿进行研究是很有难度的，要发现他们对物体的认识尤其困难。婴儿可能会因为饥饿而哭个不休，也可能在实验过程中直接睡着，但最大的问题还是不能直接对他们提问，这当然是因为他们还不会说话。为了解决这个问题，研究人员想了不少办法。例如，如果反复让婴儿观看一个视觉图案，直到他们对它彻底厌倦，婴儿就会像成人一样感到意兴阑珊并停止注意。这个时候对他们呈现不同的视觉图案，如果婴儿仍然没有给予注意，那就有可能表示婴儿还不能分辨出其中的差别；但如果婴儿再次打起了精神并认真看向第二个图案，就可以作为证据表示他们一定能分辨出这两个图案的区别。这是一种利用婴儿的注视时间来进行实验的方法，它也可以用于评估婴儿区分声音的能力或其他方面的感知力。不过更有争议的做法是将这种方法从研究婴儿的感知延伸到推断他们的理解。

让我们再举一个例子，看看巴亚尔容和其他人是如何将这种利用婴儿注视时间的方法推而广之，用来探索婴儿对物体的概念性理解的。在巴亚尔容的早期研究中，她设计了一些让婴儿观看各种事件的实验程序，其中有一些是貌似不可能发生的。例如，她向婴儿展示了一个吊桥装置，当吊桥晃动起来的时候，原本应该撞上箱子并停下来，却明显地穿过箱子摆动到了后面。这是因为在孩子们没看见的情况下，箱子被研究助理迅速移开了。该实验的目的是评估婴儿对这些看似不可能事件的反应。巴亚尔容发现，与可能的事件（吊桥摆动和停在箱子前）相比，一些年仅三个半月的婴儿对不可能的事件多看了几秒钟。她认为，这种较长的注视时间表明，这些婴儿知道箱子就在那里，并预期吊桥会在碰到箱子时停下来，而当吊桥继续在箱子应该在的位置上移动时，他们感到很惊讶。巴亚尔容解释说，这表明年幼的婴儿知道物体有一种不能被穿透的稳固性。她认为婴儿对物体这一特性的认识要比皮亚杰预期的早很多，在皮亚杰看来，婴儿在形成对物体的理解之前需要对世界进行反复的探索。[30]

巴亚尔容的研究一直很受欢迎。也许它更符合当前的时代潮流，家长们都在问什么时候可以开始用卡片来教小婴儿学习乘法，因为他们希望自己的孩子长大后能成为另一个爱因斯坦或莫扎特。这是一种新的"先天论",或许我们可以将之命名为"婴儿比我们想象的懂得更多"。我们也认为婴儿很了不起,他们在婴儿期就会发生各种惊人的变化,但并不需要要卡片,也没有证据表明它们会对婴儿的发展产生影响。[31]宝宝只需要你对他们感兴趣,并与他们一起玩耍和交谈就够了。那么,巴亚尔容是否驳倒了皮亚杰呢?

对反对者的批评

发展心理学领域的一个现状是,大多数教科书都对皮亚杰进行了介绍,但通常是寥寥数语,然后就迫不及待地开始描述巴亚尔容和其他人的研究,例如伊丽莎白·斯贝尔克(Elizabeth Spelke)和凯伦·怀恩(Karen Wynn)。怀恩声称已经证明婴儿能够理解数字,并且能够进行简单的算术。[32]故事到此通常会以这样的话题结束:尽管皮亚杰是这项研究的先驱,但他已被巴亚尔容和其他人证明是错误的。这是一件可悲的事情,首先,大多数教科书都未能充分展示皮亚杰的观点;其次,它们将故事止于巴亚尔容及其同事。事实上,争论还在继续,而且正变得越来越有趣。学术界对新先天论者的研究实验有很多反响,其中不乏对其研究方法和研究结论的批评。

首先针对方法论的层面,一些研究者指出了许多潜在的问题。如前所述,巴亚尔容等人使用的方法是以婴儿注视不同事件的时间差异为基础,是在不能够询问婴儿的情况下,研究出婴儿能看到和听到什么。研究表明,婴儿能够分辨各种刺激或事件之间的区别,但仅此而已。剩下的就是对注视时间差异的解释,这对于确定婴儿能看到或听到什么的研究来说是没有问题的,因为我们想知道的是他们能否发现差异。但是,当涉及研究婴儿对物体的认识时,我们无法测试其他观点，这就成了问题。我们知道，婴儿在某些情况下注视的时间会更长一些，但我们并不知道为什么。有一种说法是，他们注视得更久是因为他们对某些事情感到惊讶，巴亚尔容及其同事便由此推断出婴儿对物体有所了解。但有一些研究人员指出，婴儿可能会因为很多原因而注视得更久。[33] 例如，众所周知，如果婴儿看到有点熟悉的事物，可能以前见过几次，他们就会给予更多关注；但如果他们已经看过很多次了，就会对新事物注视得更久。所以，婴儿观看特定场景的次数会影响他们注视时间的长短。这意味着研究人员必须非常小心，以确保注视时间延长不是因为熟悉或新奇的影响。事实上，当研究人员对巴亚尔容的一些实验进行详细测试并控制了这些影响时，他们发现，婴儿较长的注视时间可以用新奇性和熟悉性来解释。这强烈地暗示我们，注视时间上的优势不一定能告诉我们婴儿对物体的认识。[34]

关于特定实验的方法及其解释，巴亚尔容与其反对者之间的争论仍在继续，但就算我们认为这些研究确实表明婴儿在大约三个半月大的时候就对物体有了一定的认识，又能代表什么呢？三个半月时的这种理解能力与皮亚杰所说的 18 个月大时对物体的认识是一样的吗？要回答这个问题，我们必须对巴亚尔容得出的结论做一番评估，这意味着我们需要更多地了解皮亚杰的主张。

皮亚杰的另一面

针对新先天主义者的研究，我们要讨论的第二个方面涉及对研究的解释，也就是说，他们的研究结果到底意味着什么？首先应该明确一点，批评在科学中是必不可少的，皮亚杰的理论也不例外。科学和知识的发展离不开批评，正如英国诗人亚历山大·蒲柏所言：

不要太过相信自己，

要了解你的弱点；

不管是敌是友，

每个人都可供借鉴。[35]

不管怎么说，有根有据的批评是有价值的，前提是批评者对自己要反驳的立场有扎实的理解。如果批评不是建立在对要反驳的立场有充分把握的基础上，它就会失去准头。很多研究的初衷是为了检验皮亚杰的主张，但这只是研究人员的自以为是而已，事实上皮亚杰从未提出过这样的主张。[36] 因此，批评本身就需要被仔细评估。随着各方神圣不断提出五花八门的批评，皮亚杰的研究似乎在被误解甚至被歪曲的路上越走越远了。任何理论想得到进一步发展都需要接受各方评估，事实上，皮亚杰就自称他是自己最好的批评家。[37] 不过，一旦人们对皮亚杰的理论有了更好的理解，他们提出的批评就会变得不一样了，还会变得更有趣。[38]

前面我们提到了巴亚尔容阅读皮亚杰作品的经历，她觉得皮亚杰的理论毫无意义。其他一些心理学家，尤其是有着北美文化传统的心理学家，在阅读皮亚杰时可能也有类似的体验，因为他的作品理解起来实在颇有难度。第一，可能正如一些评论家所说，是皮亚杰晦涩难懂的写作风格导致理解困难，尽管这可能是由于不同的文化背景造成的。也有可能是因为皮亚杰的书被翻成英文时质量堪忧，因为他的原作是用法语写的，而且，他的一些书至今仍未被翻译成其他语言。[39] 第二，虽然皮亚杰写了很多东西，但有很多内容与支持和推动其研究的概念和哲学问题无关。这就给我们带来了阅读皮亚杰作品时的第三个挑战，也是最难的挑战——观念！皮亚杰对很多假设都提出过批评，而其他心理学家几乎从来没有质疑过这些假设。对知识如何发展的关注是皮亚杰所有研究工作的背景，即使这一点在他的书中有时候并没有被明确提及。

在人生最后阶段，当皮亚杰被问及对自己的作品受到欢迎有何感想时，他表达了复杂的情感，"我当然感到高兴。但看到人们是怎么理解我的，又感觉非常糟糕。"[40] 他还说，他觉得人们对他的理解"更多的是从表面上，而非从内容上"。[41] 他这么说是什么意思呢？真正的问题可能在于皮亚杰理论的跨学科性质。也就是说，他研究的不仅仅是心理学，正因如此，心理学家很容易误解他的问题，从而对他的答案感到不满。为了从"内容上"理解皮亚杰，我们需要对他的工作动机、他所关心的问题，包括问题产生的背景做更多的了解，这不仅仅是历史意义上的问题。一些心理学家承认皮亚杰是一个先驱者，但声称他早已被现代方法远远甩到后面了，因此除了作为一个历史注脚而存在外，他完全无关紧要。但我们在这里可不是只将皮亚杰作为一个历史教训才对他大谈特谈。他所指出的问题尽管已经被掩盖了几十年，但并没有消失，它们在今天同样具有现实意义，而且皮亚杰采取的基本方法仍然非常有成效，当然，他的理论还有很多可以补充和修改的地方。在本书中，我们也借鉴了很多其他学者的理论，这使我们能够发现一些皮亚杰没能接触到的潜在方法，毕竟他只有短短一生的时间。

让·皮亚杰被公认为最伟大的儿童心理学家，他对发展心理学的影响足以媲美莎士比亚对英语的影响。他出版了大约 100 本书和 600 篇文章，虽然他和他的合作者们所做的实验数量从未被统计过，但肯定大大超过了其他任何心理学家。[42] 关键的是，皮亚杰不仅仅是一位儿童心理学家，他把自己的研究工作描述为"认识发生论"（Genetic epistemology）。"Genetic"在这里并不是基因方面的含义，而是来自希腊语"genno"，即生育的意思，皮亚杰用它来指代知识的起源和发展。皮亚杰最关心的是知识——特别是科学知识，是如何发展的。他认为这是一个跨学科的目标,在他设立于日内瓦的研究中心,就包括了逻辑学家、数学家和心理学家等跨学科人才。[43] 皮亚杰的目标不仅是解释新知识是如何产生的,他还想搞清楚为什么知识具有严谨性,也就是说,为什么答案必然是这样的,不能是那样的,而且是所有理性的人都这样认为的。

要理解皮亚杰工作的动机,我们需要先看看这些问题产生的背景。皮亚杰于 1896 年出生在瑞士纳沙泰尔,从小就对自然历史,特别是鸟类和软体动物,有着浓厚的兴趣。年仅 10 岁时他就发表了一篇关于白化麻雀的短文,还向纳沙泰尔自然历史博物馆的主任提供过帮助。青少年时期的他对科学的兴趣也伴随着对科学和宗教之间冲突的认识。他无法忽视这一点,这也许是他的家庭背景使然,他的母亲是虔诚的教徒,而他的父亲则是一个宗教怀疑论者,强调批判性思维的重要性。年轻的皮亚杰也认为,真理和价值观之间的冲突是导致世界问题的原因之一。[44]

皮亚杰在 15 ~ 17 岁之间经历了一场人格危机,也就是现在所说的身份危机。在此期间,由于身体原因,他在山里待了一年,并把自己这段时间的感受写成了一本自传体小说。[45] 在这本小说中,主人公努力想解决真理与价值之间的冲突,并思考如何在科学中寻找价值的问题。他的直觉告诉他,要解决这个问题,就应该去研究知识的起源和发展,不仅要研究历史,还要研究儿童的发展。这对当时面临身份危机的皮亚杰而言确实是一个解决方案,因为他看到了未来的方向,一条通往未来的大道,一种可以用于研究的直觉。这种方法不但解决了他当时的危机,还为他的整个职业生涯形成了思想总纲。这些思想的种子在他漫长的职业生涯中不断生根发芽,蓬勃发展,一直持续到 1980 年他 84 岁时去世。皮亚杰一生致力于研究儿童思维的发展,希望用这种方法来理解一般知识的起源。他关注的是真正的知识,也就是说,是公认的知识,而不是仅属个人的意见。[46]

因此，皮亚杰关注的问题与大多数心理学家在层次上就不一样，尽管他的方法在他所受的欧洲传统教育中更为普遍。为了理解这些争议，我们需要正视对知识的各种假设中存在的问题，而不是听之任之。也许是因为涉及哲学议题，皮亚杰努力想解决的有关知识的问题并没有得到完全的认可。[47]例如，心理学家可能会研究儿童如何学习算术和解决"2加2等于几"这样的问题。他们感兴趣的可能是找出什么是教学龄前儿童学习数学的最佳方法，搞清楚为什么某些儿童在算术方面会有困难。但他们很少过问皮亚杰关心的那些更基本的问题，比如什么是数字，儿童如何理解这些数字的性质。要理解数字，就得理解一个系统。例如，杰里米的儿子马克斯六岁时对无穷数的理解是"数字永远不会停止"。2加2一定等于4，答案必然如此，这种理解是基于对数字的理解。我们是怎么知道这个答案的呢？肯定不会像记电话号码那样，将4这个数字背诵下来，如果那样做的话，我们就有可能把这个答案忘掉。另一个原则是理解数字是恒定的。比如你有10个鹅卵石，正着数是10个，倒过来数还是10个。你还可以把它们打乱重新排列，不管怎么数，最后得出的数字都是10！这对成年人来说是明摆着的常识，但这些常识与鹅卵石无关，与它们的颜色、大小或重量也无关。这些知识不是来自鹅卵石，而是来自我们的行为——我们对鹅卵石的处理。皮亚杰感兴趣的正是这种知识。

在研究知识发展并提出一些相关问题时，接下来的方法就是描述知识的一系列形式，或儿童与世界互动的模式。它们可以被描述为不同的"阶段"，对皮亚杰来说，这是第一个描述性的步骤，不过更重要的是下一阶段，要解决的是儿童如何通过知识形式发展出更完整的理解这一问题。可惜大多数教科书对皮亚杰的阶段学说只是简单一提。他用发展性的方法描述了婴儿在理解客体时的一系列形式，并不是只有一种。这与巴亚尔容的研究形成了鲜明的对比，巴亚尔容的研究可以被归结为对客体有无认识的二分法。但如果采取的是发展的方法，就不应该在只看到某种能力初露端倪时就匆忙得出结论说完全找到了。就像当婴儿刚刚迈出第一步时，父母不应该急于为他们报名参加 10 千米长跑。

事实上，皮亚杰确实写道，即使是在两个月大的时候，也就是亚阶段 2，婴儿就能够理解客体的永久性，因为当物体消失在障碍后面时，他们会继续去那个地方寻找它们。这很可能是巴亚尔容的研究方法想要评估的知识形式，她据此声称婴儿对客体的理解要比皮亚杰所说的更早。但根据皮亚杰的说法，这只是婴儿对客体形成知识形式的第一步，在发展出对客体更全面的认识之前，他们还有很多东西要学。在巴亚尔容的测试中，当吊桥穿过箱子这一貌似不可能的事件发生时，有的婴儿注视的时间确实比较长，但这些婴儿几个月后仍然会对客体产生奇怪的错误。例如继续在某个物体最后出现的地方寻找它，即使他们明明看到该物体被放在了不同的地方，甚至当物体被放置在透明玻璃后面或明显（对我们来说）在一块布下面时，他们仍然会这样做。[48] 所以，也许我们不应该认为这些通过了巴亚尔容测试的婴儿真的对客体有了全面的理解。婴儿是在与世界的互动中逐渐发展其技能的，我们应该用一张曲线图来描绘这个渐进的过程。

本章小结：思维与社会过程

有人认为计算机是一个很好的心智模型，人类的思维就是计算，我们在本章的目标之一就是对这一说法进行评估。在解释思维及其发展的时候，这种心智计算理论只是其中的一种，它与我们想在本书提出的理论可谓针锋相对。不过我们前面已经介绍了许多针对这一假设的批评，让大家看到它在理论根基上就存在问题——对"意义"和"信息"概念的理解有缺陷。对那些被称为"信息处理"的方法，我们也同样进行了反驳。

本章一开始就强调了对人工智能可能产生的负面后果的担忧。我们这样做是因为目前大多数人工智能研究与心智计算理论的假设相同，即认为思维是机械的。那么问题就来了，本章的讨论对人工智能有什么影响？正如我们指出的，人工智能可以被归为两类。一类有时被称为"弱人工智能"，主要负责制造有用的工具，这些工具在完成特定任务时比人类的效率更高，自动驾驶汽车就是其中之一。据称这些自动驾驶汽车可以减少交通事故的发生，并因此降低伤亡率。但有时事故的发生在所难免，因此汽车需要预先设定一个程序，根据事故发生时分别对车内人员、其他车内人员或行人所造成的不同伤害采取不同的行动。[49] 例如，软件可以被设计成"如果在驾驶汽车驶离道路（即使是撞到墙壁或悬崖）和杀死车内人员或撞向一群人之间做出选择，选择避让行人"，但这是程序员的决定，汽车只会按照程序操作。这些属于道德决定，但它们不是由汽车通过道德推理达成的，相反，它们是由程序员预先设定的，程序员制定了预先编程的算法来决定做出怎样的选择。之所以称之为弱人工智能，就是因为它被设计为在有限的背景下发挥作用，不能超越这个范围来解决在其他情况下发生的问题。

人工智能的第二个领域被称为"人工通用智能"，顾名思义，它的本意是希望计算机像人类的智能一样，做人类能做的任何事情，能和人类一样进行理解和推理。当然，这样的人工智能并不存在，尽管我们不断被告知它就在不远处。该领域确实也取得了一些令人印象深刻的成就，如计算机可以下国际象棋和围棋并击败世界冠军。具有讽刺意味的是，这似乎应该属于人工通用智能的范畴，但它和弱人工智能一样弱，甚至更弱。更搞笑的是，弱人工智能要做的是制造一些机器来做我们人类不想做的事情。所以只要我们需要，现在的计算机完全可以替我们下国际象棋。但一般来说，人们选择下国际象棋是因为他们享受这样做。我们会不会制造机器来替我们吃蛋糕，或替我们散步，替我们跳舞呢？只有在我们自己不想做这些事情的时候才会。事实上，让计算机去下国际象棋可不只是为了赢，而是试图让别人相信机器是智能的。毫无疑问，计算机在某些事情上会比我们做得更好，甚至计算器也可以。

如果计算机能在国际象棋和围棋上击败世界冠军，那可以说它们肯定非常聪明，但它们对输赢一无所知，甚至不知道自己实际上在做什么。这只是一个机械过程，它与人类的智慧不同。用彼得·霍布森（Peter Hobson）的话说，"只有人类本身，而不是计算机'本身'，才能真正理解那些输入和输出的数据是何意义。计算机不理解任何东西，它们也不关心。它们找不到意义，因为它们没有与周围的世界建立必要的联系"。[50] 事实上，也许它们不理解是因为它们不关心。对计算机来说，世界不可能变得有意思或有意义，因为它们与世界的联系只是被动和机械的，不会像婴儿那样积极投入并对世界感兴趣。

本书所持的观点与心智计算理论不同，前文中我们已经明确讨论了该观点所依据的知识理论。我们以皮亚杰关于儿童发展的研究为例，对这种理论进行了阐述。而且，为了更好地理解皮亚杰的理论，我们还探讨了反对者对他的批评。虽然科学的发展确实涉及批评和改进，但很遗憾的是，我们通常看到的对皮亚杰的批评往往是基于误解。将这些误解与皮亚杰的理论进行对比，可以进一步理解建构主义的方法，帮助我们研究知识的发展过程。

我们在本书中一直想证明，随着交流变得越来越复杂，心智会在社会过程中出现。在本章中，我们详细探讨了各种关于知识本质及其发展的观点。大部分讨论都集中在婴儿对物理世界的认知上，但同样的原则也适用于婴儿如何理解他人的问题。人类婴儿在社会环境中发展,与物理环境相比,社会环境会对他们的行为给予完全不同的反应。婴儿逐渐了解到他们能与这个世界发生哪些可能的互动,包括物理方面和社会方面。要解释发展的问题,此时我们就不能止步于对个人大脑的思考。显然,婴儿还有一个身体。的确,与其他物种的幼崽相比,这是一个相对无助的身体,但婴儿照样可以用它来表达他们的需求。而且,面对各种物体时,他们可以伸长胳膊去触碰,伸出手掌去抓取,这使得他们的兴趣和欲望对其他人来说显而易见。当他们指向周围世界的某一处时,父母和其他照顾者立刻就能明白他们的态度。我们可以看到他们的目标是什么,想要什么或害怕什么,喜欢什么或不喜欢什么。社会环境——通常指其父母,用实际行动对婴儿的态度、兴趣和欲望做出反应。这是一个互动的环境,会根据婴儿的行为和态度随时做出调整。正是在这样的过程中,婴儿发展并掌握了属于人类的交流和思考方式。这就是成为一个人的过程。这就是我们对人类认识发展做出的解释,它与心智计算理论和心智表征理论形成了鲜明的对比。我们认为,人类是通过互动来学习的,这是使我们成为人类的根本原因。

推荐阅读

- Bibok, M. B., Carpendale, J. I. M., & Lewis, C. (2008). Social knowledge as social skill: An action based view of social understanding. In U. Müller, J. I. M. Carpendale, N. Budwig, & B. Sokol (Eds.), *Social life and social knowledge: Toward a process account of development* (pp. 145–169). New York: Taylor & Francis.
- Chapman, M. (1991). The epistemic triangle: Operative and communicative components of cognitive development. In M. Chandler & M. Chapman (Eds.),

Criteria for competence: Controversies in the conceptualization and assessment of children's abilities (pp. 209–228). Hillsdale, NJ: Erlbaum.

- Heil, J. (1981). Does cognitive psychology rest on a mistake? *Mind*, 90, 321–342.

注　释

1. Turing（1951）。
2. Rawlinson（2015）。
3. McFarland（2014）。
4. Cellan-Jones（2014）。
5. Friend（2018）；Khatchadourian（2015）。
6. Russell（1992）。
7. 在刘易斯·卡罗尔（Lewis Carroll）的《爱丽丝镜中奇遇记》（*Through the Looking-Glass*）中，胖墩儿（Humpty Dumpty）声称，他只需用一个词就可以表示任何他想要的东西（只是在周六晚上要额外付钱）。
8. Heil（1998）。
9. Bickhard & Terveen（1995）。
10. Chapman（1988, p. 414）；Müller, Carpendale, & Smith（2009）；Piaget（1970）。
11. 这个例子被维特根斯坦用来证明这个问题（1968）。
12. Bickhard（2001, 2009）。
13. Piaget（1972, p. 66）。
14. Heil（1998）。
15. Heil（1981）。

16. Kenny（1991）；Müller, Sokol, & Overton（1998a, 1998b）。

17. Kenny（1991）。

18. Perner（1991, p. 41）。

19. Putnam（1988）。

20. 如果心智计算观未能解释思维中使用的符号是如何与现实世界联系起来的，那我们的思维与世界有何关系呢？我们在本书中提出了一种建构主义的知识观，根据这种观点，婴儿是根据他们能对物体做些什么来理解物体以及他人的。

21. Pinker（1997, p. 21）。

22. Heil（1981）。

23. Wittgenstein（1972, §287）。

24. Adams（1982）。

25. 我们把对世界的认识当作一种极限。极限是一个数学概念，是关于曲线如何在不接触直线的情况下越来越接近直线。这个概念也可以在日常生活中得到说明。想想看，在一个参与者都斯文有礼的朋友聚会上，如果最后只剩下了一块蛋糕，人们会怎么做呢？可能会有人把它切成两半，拿走一半。下一个人再把剩下的那块也切成两半，就这样一直持续下去，虽然在实际上蛋糕最终会分完，但理论上它永远不会完全消失。

26. Müller（2009）；Müller, Carpendale, & Smith（2009）；Piaget（1952, 1954, 1970）。

27. 婴儿与世界的互动在情感和智力之间并不是泾渭分明的，兴趣、价值与智力互相关联。我们可以在婴儿的活动中看到兴趣、动机、情感，也能看到理解和认知。它们密切相关，并非各自为政。当婴儿构建出他们对物理世界和社会世界的知识时，就形成了与这个世界互动的方式。婴儿的世界既有物理面，也有社会面，他们与之互动的方式也有所不同。而这些作用于世界的方式既涉及情感，也涉及思维（（Piaget, 1962, p. 207："个人图式，就像所有其他模式一样，既明智又有效"）。

28. Smith（1996, p. vi）。
29. Baillargeon（1987, 2005）。
30. Baillargeon（1987, 2004, 2008）。
31. Hirsh-Pasek et al.（2004）。
32. Wynn（1992）。
33. 自20世纪80年代以来，对这项工作既有解释性的分析（Bremner, 1988），也有方法性的分析（Bogartz et al., 1997）。
34. 评论见 Allen & Bickhard（2013）；Müller & Overton（1998）。
35. 摘自《批评论》（*An Essay on Criticism*）第二部分。
36. Chapman（1988）。
37. Piaget（1970）。
38. Chapman（1988）。
39. Smith（2009）。
40. Bringuier（1980, p. 54）。
41. Piaget in Chapman（1988, p. 1）。
42. Smith（2009）。
43. Chapman（1988）；Carpendale, Lewis, & Müller（2018, 2019）。
44. Chapman（1988）；Müller, Carpendale, & Smith（2009）；Bennour & Vonèche（2009）。
45. Chapman（1988）；Müller, Carpendale, & Smith（2009）。

46. Chapman（1988）; Müller, Carpendale, & Smith（2009）。

47. 虽然心理学是从哲学中分出来的，但心理学家们可能更想让哲学远离心理学，这样就能各司其职了。可惜这根本行不通。哲学仍然在那里，只是很多人看不见，所以很多理论依据的假设都没有得到检验，也没有受到质疑，只被认为理所当然。

48. 婴儿的经验在这里似乎至关重要。如果他们对有机玻璃的屏幕不熟悉，就不会去它的后面寻找（Butterworth, 1977）。有趣的是，如果在实验前允许他们玩一会儿屏幕，婴儿就一定会去屏幕后面搜索（Yates & Bremner, 1988）。这凸显了经验在婴儿获取知识时的作用。

49. Greene（2016）; Rhim et al.（2020）。

50. Hobson（2002, p. xiv）。

第 10 章

自我意识

本章我们要探讨的是前文所概述观点的含义，并讨论文化在人类发展中的作用。

人类思维的本质是什么

在本书开篇我们就抛出了一个难题：如何解释人类思维的进化和发展。迄今我们已经在如下问题上进行了探索：我们是如何从一堆细胞转变为会思考的东西的？万物是如何开始思考的？心智是如何从大自然中产生的？有很多动物都非常聪明，例如乌鸦。它们善于以灵活、聪明的方式在它们的世界里活得游刃有余，甚至可以做到将清管器弄弯从试管中钩出奖励物。但人类能够做到反省思考，其复杂性无疑是属于另一个层次的。其他动物能够与这个世界成功地进行互动，但若要让它们像人类那样知道自己是活着的，就需要另一种形式的思考，以及另一种形式的意识。我们在很多方面都有自我意识。我们不仅可以反思与他人的直接互动，还可以欣赏或遗憾过去，期待或恐惧未来。如果我们想提醒自己这一点，那我们有一系列的符号系统（口头和书面语言，照片和电影）。这些能力可以产生积极或消极的影响。我们可以提前计划，想象未来可能的结果，可以有意识地在做出关乎未来的决定时借鉴过去的经验。即使很多时候我们并没有明智地使用这些能力，但人类确实有潜力这样做。

这些都是我们在本书中讨论的问题。尽管学者们已经就这些问题辩论了好几个世纪，但它们最近才进入大众的讨论范围。很多人对物理学感兴趣，因为它似乎解决了关于宇宙本质和起源的基本问题，包括宇宙的其他地方是否存在着生命。但本书聚焦的是一个简单的事实：人类不但会提出一些深刻的问题，例如宇宙是如何开始的，有朝一日它是否会结束，还会试图去寻找这些问题的答案。为什么是我们人类而不是其他物种，能够为未来担忧，为过去后悔，并不断反思自己？

心理学中还有许多其他本书没有涉及的问题需要解决，比如情感和家庭问题是如何产生的，但这些问题至少有一部分是以人类的思维形式为前提并衍生出来的。我们在本书中关注的是一个更基本的问题，即人类智力的起源。再重申一次，我们希望能够解释人类智力的本质、发展和进化，为了达到这个目的，我们将互动过程视为发展的起源。

人类思维是如何发展的

人类的思维形式从何而来？在这个问题上我们参考了乔治·赫伯特·米德等人的观点，他们认为自我意识和反思能力是通过意识到他人对我们的看法而获得的。因此，思维是在社会过程中习得的。为了发展出这种反思能力，儿童需要在成长过程中与他人接触。因此，人类的思维形式必然是社会性的，只有在领教过别人对我们的看法之后，我们才能形成对自己的看法。这种思维方式首先是作为一种与他人互动的方式出现的，一旦它作为一个社会过程被掌握，个人就可以接受它并据此思考和行动。

语言是帮助人类思考的一个重要媒介。思考包括一个意义系统，它使我们能够思考和想象那些实际上并不在眼前的东西。还有一些思考形式需要借助各种系统（如音乐）、符号媒介（如图表）以及一些组织系统。但反思的主要模式以语言为基础，这也是我们的关注焦点。关于语言在思维中的作用，人们已经持续争论了好几个世纪，可以一直追溯到柏拉图的时代，他认为思考是我们与自己对话的一种形式。这一观点现在更普遍地被认为是苏联心理学家列夫·维果茨基（Lev Vygotsky）提出的，尽管其他许多哲学家也对此进行了讨论。前面我们提到的很多分析已经公开或隐晦地提到了这方面的思想。

哥白尼式的革命

在这本书中，我们发起了两个哥白尼式的革命。第一个是从读者的角度。作为成年人，亲身体验告诉我们，每个人都有独属于自己、完全与他人无关的心智活动。我们完全沉浸在这些日常活动中，很难去想象另一种完全相反的情况。当这种认为心智早已存在的先入之见成为心理学理论并被认为理所当然的时候，就无法解释心智的来龙去脉——即它是如何发展出来的。这倒是很符合哲学中的一个传统观念。笛卡尔的阐述可能最广为人知，但事实上我们还可以追溯到更久远的源头。本书开头即指出，这种思维方式在1500年前圣奥古斯丁的《忏悔录》中就已经清晰可见了。不过，有一种大约始于150年前的思想与这种哲学老观念截然相反。按照这种思想，与其假设我们的心智早已预先存在，不如思考一下它们是通过社会经验发展起来的可能。这种思维方式可以追溯到查尔斯·桑德斯·皮尔斯（Charles Sanders Peirce）和其他美国哲学家，他们的观点被称为实用主义或实用主义哲学。我们已经从米德那里领教了这种思想，其他一些思想家也分别提出了类似的观点，而且彼此之间显然并没有事先通气，如维特根斯坦和海德格尔（Heidegger），以及近代的尤尔根·哈贝马斯等人。[1] 我们要求读者进行的哥白尼式革命是，不要因为心智一直存在，就将其视为既定的，我们应该把人类心智视为处于发展中的事物，而且这种发展是在社会关系中发生的。贯穿全书，我们一直想证明，采取发展视角对于理解是什么让我们生而为人至关重要。

关于成年人是如何面向社会互动的问题，我们可以用一个古老的实验设计来说明（如图 10–1）。想象一下，假设你正坐在一张桌子前，我把一个大写字母如"R"放在了桌面上。这个字母可能是正着放的，也可能是倒着放的。总之，我可能会把这个字母用各种角度呈现在你面前的任何地方。50 年前的原始研究表明，判断字母是正确的还是它的镜像所花的时间，与它相对于你的朝向直接相关。这被称为"心理旋转任务"，因为完成这项任务时我们要在脑海中用心灵之眼将物体进行旋转，以识别它的样子。[2] 但最近人们发现，如果执行这项任务时有另一个人在场，当字母是朝向这个人而且此人也在看着该字母时，我们的决策时间就会大大减少。如果把这个人换成一盏灯，就没有这种优势了。这不仅让人对"心理旋转"的工作方式心生疑问，还提供了明确证据表明在我们处理世界的过程中，与他人的"互动"或方向对我们的影响有多大。心智并不是源于我们向内反思的能力，它深深扎根于社会过程之中，其中一些是最基本的，比如与另一个人一起观看某个东西并因此有了不同的视角。[3]

图 10–1　字母定向任务

这就引出了第二个哥白尼式革命，这回是从发展中的婴儿的角度出发。如果我们想要解释心智是如何发展的，而不是一上来就从心智开始，就要寻找一个不同的起点。首先必须在想象力上有一个飞跃。物理学家在试图理解宇宙本质时，必须努力去想象一个与我们的直接经验截然不同的世界，他们认为，如果想象中的世界不够奇怪，那就肯定有哪里不对。那为什么在理解心智的时候我们不这样做呢？与其假设新生儿对世界的认知和我们一样，把自己和别人区分开来看待，不如把婴儿想象成完全沉浸在经验的海洋中，还没有明确地把自我与这个由各种人和物组成的海洋区分开来。这就是唐纳德·温尼科特试图通过他的大胆声明"不存在所谓的'一个'婴儿"要表达的意思。在心理学领域，这种思考问题的方式在皮亚杰身上最为突出，在皮埃尔·詹尼特和詹姆斯·马克·鲍德温的理念中也有所体现。[4] 在哲学领域，乔治·赫伯特·米德的作品也是如此。婴儿完全与自己的体验融为一体，还分不清自己和他人的界线到底在哪里。当然他们也可以分辨出一些区别，例如正在触碰脸颊的手指是属于自己还是别人。[5] 当他们与这个世界产生互动，并在行动中了解自己和他人时，这种能力是必不可少的。成年后对自我和他人的体验是一个长期发展取得的成就，是大量学习的结果。内在和外在、自体与客体、自我和他人之间的区别是婴儿在与他人和物质世界的互动中逐渐构建的。早期的交流形式和后来的语言是日常生活的延伸，它们建立在典型的互动模式之上。随着与外在世界的沟通变得越来越复杂，沟通就成了人类心智的源泉。

那我们在本书中打算解释哪些人类经验呢？关于这个问题，为了防止大家产生误解，在此有必要增加一点说明。前面已经讨论了人类在发展思维形式的过程中是如何获得自我意识的。但我们并不认为，当个体在特定情境下做出情感反应时，他们能够清醒地意识到自己的一切所作所为。也就是说，我们并不是永远都能拥有清醒的自我认知，因为我们会在特定情况下反复做出不成熟的情感反应。根据西格蒙德·弗洛伊德[6]及其追随者们的研究，婴儿时期的某些情感反应模式可能会成为持续的障碍，阻止我们的进一步发展和享受生活。不成熟的情感反应就像阴魂不散一样，会不断卷土重来并破坏进一步的发展。关于人类思维形式发展的问题，我们已经明确亮出了自己的观点，但必须承认的是，还有很多我们没有触及的人类经验领域，它们同样非常重要。

自我意识的结果

我们认为，人类的思维和自我意识是在体验社会关系的过程中发展起来的，下面我们将就这一观点展开讨论。伴随着发展而来的是一系列后续影响，我们对自我的理解就是这种自我意识的结果。幼儿有自己特有的行为和反应方式，从这个意义上说，他们是有"自我"的，但并不需要意识到这种"自我"。要更深刻地理解什么叫"拥有自我"，我们得先深入体验他人对我们的反应，然后才能发展出这种意识觉察能力。这种透过他人眼光和反应来看待我们自己的方式是在社会关系中出现的[7]，用乔治·赫伯特·米德的话说，自我是"社会潮流中的一个漩涡，因此仍然是潮流的一部分。"[8]它在社会交往的过程中出现，就像一个漩涡在液体的流动中形成一样，比如小溪或河流中的水，它的存在取决于这种流动，但其本身又具有一定的稳定性。显然，我们的自我意识需要这种持续感，但也有可能受到一些负面体验的威胁，比如在社会隔离中长大的孩子或被关押在集中营的成年人。自我理解的进一步发展就是形成一种身份认同感——一种与社会系统相关的自我概念，通过这种概念我们获得了一种意义感、目的感和重要性。我们感觉自己是独立于他人的个体，当然在某种意义上我们的确是独立的个人，但这是一个发展的结果。我们是在人际关系网络中长大成人的，而且绝大多数人成年后仍然生活在其中。虽然个体都是这样长大的，但后来可能会有一些人选择离群索居。就算是后来成为隐士的那些人，一开始也是在这种关系网络中成长起来的。此外，推理的出现也是通过各种社会交往，通过一个期望得到理由的社会世界（一个合理空间）的发展而出现的。[9]

当我们的能力足以进行这种形式的思考后，也就意识到了自己不可避免的死亡。伍迪·艾伦（Woody Allen）在五岁时就第一次意识到，他和所有人一样终有一死，并觉得这种感觉"很不好"。他说，从那时起他的立场就没变过，那就是"抗争到底"。[10] 这种难免一死的认识对我们人生的目标感影响深远。大自然创造出一种动物并赐予其生存的环境，但当这种动物有了思考自我的能力后，在这个环境中的生活就变得不那么自在了。正因如此，人类试图在信仰系统中寻求其他一些能让自己感到更舒适的世界。我们是一个善于讲故事的物种，当意识到自己在宇宙中多么渺小后，我们必须为生活构建某种意义上的"目的"，以获得人生的意义。[11]

能够吸取他人对自己的看法并给予重视，这是人类的优点，正因如此人类才形成了独有的思维形式，但这同时也是一种诅咒，因为这种体验会使人感到痛苦。我们不仅能意识到自己无法避免的死亡，还会因来自他人的评价而痛苦，为过往犯下的错误而悔恨。人类与其他动物不一样，我们能意识到自己是活着的，而这种意识意味着被永久逐出伊甸园。[12] 我们是一个为自己创造了一个对自身来说太不舒服的环境的物种，在意识到未来和自身的死亡时，我们需要为生活找到一些意义，所以必须改变这个环境——构建各种信仰体系，为生活提供意义或重要性。

正如道格拉斯·亚当斯（Douglas Adams）在《宇宙尽头的餐厅》（*The Restaurant at the End of the Universe*）中指出的：

正如我们看到的，宇宙是一个大得令人不安的地方，而大多数人为了平静地生活，往往选择对此视而不见。许多人会很高兴地搬到他们自己设计的一个更小的地方，事实上，这就是大多数生物所做的。[13]

库尔特·冯内古特也发现"宇宙很大，也许是最宏大的"。[14]认识到这一点后，人们发展出各种信仰体系并对之深信不疑，因为只有这样他们才能活得更安心、更自得。

欧内斯特·贝克尔（Ernest Becker）和大卫·斯普林特森（David Sprintzen）等批评理论家则探讨了人类为找到人生目标而想出的种种办法。斯普林特森借鉴了贝克尔的观点，认为"我们需要感受到这个世界的意义，感受到自己在其中的价值"。[15]他还进一步阐述说："我们需要感到自己是一个有意义的活动中心，在一个扎根于社会的宇宙剧中具有价值。"[16]当然，有些人试图通过在文化信仰系统中扮演英雄角色来获得人生的意义感和目标感，比如努力争取高位、赢得奖项，等等。但对有些人来说这些可能并不那么重要，有各种不同的方式可以让我们在社会中获得存在感。对一些人来说，关照他人、照顾儿孙享受天伦之乐、打理花园、建造或修理东西、烹饪别人喜欢的食物并看着他们享受，可能同样重要。这些都是社会或家庭生活中的日常琐事，虽然就在身边时时发生，我们却很少意识到它们的重要性，因为早已对这些行为习以为常了。或许我们永远注意不到和他人在社会和情感方面的这些联系，除非有朝一日失去了它们。卡尔·萨根（Carl Sagan）有句名言：没有什么比与绝症擦肩而过更能让人确定什么才是人生中最重要的东西了。[17]这同样适用于当我们拥有的某段关系发生破裂时。对有些人来说，宠物在维持关系方面起着重要作用。当某段关系可能会失去时，我们才会意识到它在生活中的重要性。正如前面所言，我们是在关系中发展的。大多数人的生活都要依靠人际关系网的支持。大量研究表明，社会关系对我们的健康至关重要，这既适用于亲密的人际关系，也适用于日常生活中的泛泛之交。[18]

我们可以从社群的重要性看到社会关系在人们生活中扮演的角色及其影响力。库尔特·冯内古特认为，年轻人在生活中可以做的最大胆的事情就是"创造稳定的社群，任何源于孤独的可怕疾病都可以从中得到治愈"。[19] 而且，就算是治愈癌症或登上火星这样的事情，也不会比融入社群更能使人快乐。

个人主义是我们在第 9 章讨论的计算观和表征观的核心。它是一种只关注个体的人类发展理论。作为一种意识形态，它是有缺陷的，因为它没有解释个人的发展，正如我们在本书中讨论的那样。此外，该理论还具有一定的经济和政治影响。如果我们只是孤立的个体，那么我们就可以毫无牵挂地从一个地方迁移到另一个地方，只要这个地方有工作机会或能享受美好时光。但这就破坏了我们的社交网络和社群，导致社会孤立和个人身心健康方面的问题。这种流动性也会导致人们对地方环境的关注减少，因为他们会认为永远有另一个地方可去，那破坏环境也没什么大不了。

个人主义也让进化论中的一种流行观点显得理直气壮。有人认为人类已经进化成了一种自私的生物，而这不过是"人类本性"的一部分罢了。首先，对这种本性观，丁尼生有一段著名的描述，他称其为"野蛮残忍"，托马斯·亨利·赫胥黎在解释"适者生存"的进化理论时，也认同这一说法。[20] 这种认为人性就是自私，活着就是竞争的观点是在人口高度密集的工业化英国发展起来的。不过彼得·克鲁波特金（Peter Kropotkin）提出了完全相反的观点，他强调合作和"互助"，这种想法源于他作为一名年轻的自然学家在俄罗斯北部工作的经验，他认为生存依赖的是物种之间的合作而不是竞争。[21] 继克鲁波特金之后，最近也有很多理论主张，在人类和其他灵长类动物群体中，更多的是合作。[22] 如果人类的交流发展最初是在无助和关怀的背景下发生的，那我们就可以说，人类智力的发展靠的是一个以合作为主的社会和情感发展系统。

我们对个人主义还有第二个反对意见，也是本书试图从各种角度阐明的观点，即人类本性在生物学中并不是先天固有的，而是在一个专属于人类的发展系统中构建出来的。显然，人类的生物特征创造了供儿童在其中成长的发展系统，但这只是一个开始。要搞清楚这样的一个系统，就一定要考虑生物特征以及发展的文化背景，接下来就让我们来讨论这个问题。

人类是文化生物

> 文化造就了人类，反之亦然。
>
> 保罗·格里菲斯（Paul Griffiths）
> 卡罗拉·斯托茨（Karola Stotz）[23]
>
> 人类的发展严重依赖外部"脚手架"的支撑，虽然不是唯一的支撑，但所起作用肯定是格外突出的，这种"脚手架"通常被称为文化。关于人类本性，一些传统观念认为应将那些不依赖文化的特征分离出来。这些分离出来的"生物"特征就代表了我们真正的本性——剥去文化外衣的裸猿。在我们看来，这种传统做法就像完全无视蚁穴的影响来研究一只蚂蚁的真实本性一样，大错而特错！人类和他们的文化是共同进化的，就像蚂蚁和蚁穴，狗和狗群一样。人性必然是一个发展矩阵的产物，其中包括大量的文化"脚手架"。
>
> 保罗·格里菲斯
> 卡罗拉·斯托茨[24]

正如脱离蚁穴和蚂蚁利用信息素完成的相互影响来研究蚂蚁（详见第1

章）毫无意义一样，孤立地研究人类发展也是不合适的，因为文化是儿童和成人环境中最核心的部分。在考虑这个发展生态位时，婴儿父母的具体信仰和实际做法当然是一个重要的影响因素。但作为文化生物，人类也会在发展过程中改变他们的文化。这是一个相互作用的过程，通过这个过程，文化和人类实现了互相创造。

人类已经进化为文化生物，是我们的生物性使之成为可能，而文化在儿童的发展中不可或缺。因此我们努力想解决德国社会学家诺伯特·埃利亚斯（Norbert Elias）提出的问题：

人类的哪些生物特征使历史成为可能？或者用社会学上更精确的措辞来表述，哪些生物特征是人类社会表现的可变性，特别是发展能力的先决条件？[25]

这一直是我们想要完成的任务之一。一方面，我们已经探索了那些使人类生活形式成为可能的生物特征的进化，但关注的大多是婴儿成长过程中的社会–情感发展系统，它们形成于文化和历史过程中。用颇有影响力的美国人类学家克利弗德·纪尔兹（Clifford Geertz）的话说，"人类是一种作茧自缚的动物，被困于自己编织的意义之网上。这些网就是文化……"[26]我们在第1章就指出，人类是一个擅长讲故事的物种。在人类的发展过程中，这些故事构成了我们的心理摇篮，但它们也在传递过程中不断被新的一代改变。人类群体的结构随着时间的推移不断变化，这与蚂蚁群体的社会结构不同，在蚂蚁群体中，社会结构上的任何改变都需要历经数百万年的进化才能完成。对个体而言，人生的意义正是那些由我们自己编织的网络提供的，它们以这样的方式支撑着人类的生活。

文化研究是一个很广泛的领域，人们对于如何定义"文化"一词争议颇多。有一种定义是将其视为一套代代相传但也不断变化的传统。这就是迈克尔·托马塞洛（Michael Tomasello）、安·凯尔·克鲁格（Ann Cale Kruger）和希拉里·霍恩·拉特纳（Hilary Horn Ratner）口中的"齿轮效应"（ratchet effect），因为特定的做事方式会被保留下来并传给下一代，虽然它们在这个过程中也会发生改变。[27] 这一点可以从不同社会之间的细微差别中看出来，有一些社会强调少数人服从多数人的利益，而一些西方文化则推崇个人主义。例如，在集体主义文化中，同样是对6个月大的孩子，印度母亲比个人主义文化中的英国母亲发出的指令性言语更多。[28] 到8个月时，我们会看到印度儿童对这种指令性言语的反应较英国儿童更多。类似的情况是，与同样24个月大的印度儿童相比，加拿大儿童更有可能主动上前帮助那些掉了东西或拿不到东西的成年人。[29]

文化具有巨大的多样性，可能会有人因此认为人类的生活方式可以自由变化而不受限制，但事实并非如此。尽管社会互动在发生的方式上可能存在着文化差异，但我们也可以认为，既然所有互动都是发生在具体的人与人之间的，那么它们在形式上可能具有某种程度的普遍性。与他人的互动是人类生活方式中共同的部分，正如第1章所言，由于所有人类婴儿在出生后都面临着种种问题，所以不管他们在哪种文化背景中出生，都需要发展出向成人提要求的本领。[30] 当然，这种行为在不同文化中可能会以不同的方式完成，但不管是哪种形式的人类社会，都有一些最基本的行为要求，提要求只是其中之一，还有一些其他行为如致以问候、引导注意力、结束互动等也是如此。既然不同文化下的生活方式有可能是相似的，那么来自不同文化的人群之间就有实现交流的可能。例如，在语言不通的情况下，我们要怎样跨越文化差异分享一个笑话呢？举个例子，几年前杰里米去了缅甸，当时他正加紧脚步去赶当天唯一一趟从曼德勒到仰光的火车，当时他的同伴已经在火车上了，所以他很着急。和他比起来，当地友好的缅甸人显得非常悠闲自在。街道对面有个年轻小伙子一边朝着杰里米微笑，一边模仿他一路小跑的样子，和他开了一个玩笑。走路和小跑是全人类共同的行为，这使一个缅甸人和西方人能够以这种方式进行交流，并成功地让这个西方人认识到这样着急可能不太好。

文化提供了一个复杂的社会环境，这个环境是由一个社会群体的成员重新创造的，它持久而稳定。在这样的社会环境中，知识是在家庭、社区以及更广泛的范围内共享并约定俗成的。儿童的发展过程相对稳定，但这样的过程并不是在他们的基因里编码的。事实上，正是所有人的经验加起来构成了他们所在的文化。如果环境的某一方面具有持久性，在发展过程中它就是可以依赖的。发展是包括从遗传到社会过程在内的多种因素共同作用的结果，所以作为人类没有什么是固定不变的。[31] 在不同文化和历史时期，人们有不同的生活方式，对人性本质的假设同样随着时光的流逝而不断发生变化。特定历史时期的文化提供了独特的存在方式。[32]

虽然我们并不认为会有一种基本人性是源于生物性，但某些人类互动模式确实是由生物特征决定的，这些模式会导致一些共同的结果。例如，发育正常的人类学会了用两条腿走路，因为他们生长在地球上，受地心引力的影响。如果是在没有引力的空间站或像木星这样更大的星球上长大，那结果可能完全不同。在共同的引力环境中，大多数婴儿在学会走路之前先学会了爬，但也有一些婴儿先学会了用屁股向前蹭，甚至还有一些婴儿跳过爬这个步骤直接学会了走。至于那些更具社会性的发展项目就更复杂了。例如一些用来提醒别人注意的方式，我们认为它们在每一种文化中都很重要。正如我们在第 4 章中所讨论的那样，伸出食指来指指点点似乎是一种常见的表达方式。造成这种情况的原

283

因很复杂，也许是因为人类长期用拇指和食指夹东西，导致食指的肌肉结构适合做指物动作，还有可能是因为在婴儿发展的社会情境中，他们需要用这个手指来进行探索，这样成人才会对他们的行为做出反应。不过，在不同文化中还有很多不用食指的指物方式，比如用嘴唇甚至鼻子。

生物体适应环境的方式多种多样，其中一种是利用智力。正如让·皮亚杰所言，"智力是生物适应的一个特例。"[33] 智力发展取决于生物性，但人们对生物学在发展中所起的作用有不同的看法。我们在第1章中描述了两个理论框架，在解释人类思维时，它们对生物和进化的作用持截然不同的观点。在第8章中，我们讨论了一些使用诸如"基因决定"或"硬接线"等术语的理论，这些理论认为心智是"基因信息"的产物。我们指出了这些理论存在的一系列问题，包括基因如何发展到心智、如何定义有机体和环境等。不同于这些理论，我们认为发展是一个复杂的系统，有必要对该系统中多层次相互作用的因素多加考虑，因为它们在人类学习和积累经验的过程中产生了巨大的影响。不断进化的是互动条件，即人类发展的生态位。思维的本质就是这种社会互动的结果，作为个体，正是因为有了思维，我们才有能力从事各种文化行为。

本章小结

本章一开始，我们就提出了如何解释人类思维本质的问题。当代心理学的答案往往是着落在个体身上，把思维简化为计算或对内部"表征"（即头脑中的画面）的操纵。这种方法招来了不少批评，我们已经大致讨论过了。如果这是当代对人性的解释，那它根本就不能真正解释知识是什么。在过往漫长的时间里，人们一直怀疑这类说辞不过是老观念换汤不换药而已。面对批评的声音，该理论取向的拥趸们通常选择无视，即使我们对世界和他人的理解很明显是在发展中形成的。如果表征理论解释不了我们如何获得与这个世界相关的种种知识，那还有别的解释吗？

一些研究人员将这种有问题的观点和进化论结合起来，陷入了更深的麻烦。我们在第8章和第9章中大致说了下这些假设中存在的一些基本缺陷。我们需要用另一种方式来概念化人类思维的本质。我们必须从头开始，以儿童与他们的物理世界和社会世界的互动为基础，建立另一种观点。事实上，这也同样适用于我们这些成年人。

具有讽刺意味的是，就在提出要解决的问题时，提出方式中往往假定了特定的立场，也假定了答案的性质。也就是说，答案可以随着问题的提出方式被偷偷地带进来。我们的出发点一直跟着我们走到最后。[34] 美国哲学家苏珊娜·兰格（Susanne Langer）认为，我们必须要完成的任务之一就是认识到假设本身就是我们需要解决的问题。答案就在问题中，所以为了得到新的答案，我们必须提出新的质疑、新的问题。这意味着对初始假设进行再三检查非常重要。例如，我们可以问自己，作为个体，我们是怎么做到与他人交流的。但这种构思问题的方式似乎已经预设了以自我为起点，交流也是在此基础上进行的。正如乔治·赫伯特·米德等人指出的，这就使我们陷入了一个理论的泥潭。对此他的看法是，交流是首先发展出来的，而"自我"是在这个社会过程中产生的。

我们的看法是，人与人之间的交往才是首要的。对世界的认识源于我们对世界成功的行动。对我们所有人来说，思维是在社会互动中产生的，这涉及情感的参与，而不是一套抽象的、脱离实际的推论。在莎朗·奥尔兹（Sharon Olds）[35] 题为《头几周》的诗中，她描述了自己作为一个新手妈妈在与新生儿接触时遇到的困难，但她以这样的句子结束，"当她对我微笑／我爱上了她／作为人／我终于变得完整"。在此我们要补充一点，当她意识到这一点时，她的小宝宝也在作为一个人的发展过程中迈出了重要的一步。在人类各种可能的关系中，因为有一些东西的存在，人类的思维形式才成为可能。人类婴儿和父母的互动是一个进化出来的系统——婴儿很可爱，我们喜欢和他们玩耍。人类的发展正是在这种互动中开始的，思维也是在这种互动中产生的。

推荐阅读

- Carpendale J. I. M., & C. Lewis, C. (2011). Self constructed in culture. In K. J. de López & T. G. B. Hansen (Eds.), *Development of self in culture* (pp. 25–40). Denmark: Aalborg University Press.
- Carpendale, J. I. M., Lewis, C. & Müller, U. (2018). *The development of children's thinking: Its social and communicative foundations*. London: Sage.

注　释

1. Bernstein（2010）。
2. Shepard & Metzler（1971）。
3. Ward, Ganis, & Bach（2019）。
4. Piaget（1972, p. 21）；Baldwin（1906）；Hobson（2002）；Merleau-Ponty（1962）；Piaget（1954）；Werner and Kaplan（1963）。
5. Rochat & Hespos（1997）。
6. Lear（2005）。

7. Carpendale & Lewis（2011）。

8. Mead（1934, p. 182）。

9. Forst（2005）。

10.《伍迪·艾伦：一部纪录片》（*Woody Allen: A Documentary*），由 Robert B. Weide 导演。

11. Becker（1973）。

12. Canfield（2007）。

13. Adams（1980, pp. 58–59）。

14. 来自库尔特·冯内古特创作的虚构人物基尔戈·特劳特（Kilgore Trout）。

15. Sprintzen（2009, p. 26）。

16. Sprintzen（2009, p. 26）。

17. 这一说法被广泛引用，并被尼尔·达格纳尔（Neil Dagnall）和肯·德林克沃特（Ken Drinkwater）（2018）在一篇题为《当你死后，大脑会发生什么》（*What Happens to Your Brain When You Die*）的文章中采纳。

18. 参见 Cohen（2004）。

19. Vonnegut（1981, p. 144）。

20. Gould, 1992。

21. Glassman（2000）；Kropotkin（1989）。

22. de Waal（2006）；Meloni（2013）。

23. Griffiths & Stotz（2000, p. 45）。

24. Griffiths & Stotz（2000, p. 44-45）。

25. Elias（1978, p. 107）。

26. Geertz（1973, p. 5）。

27. Tomasello, Kruger, & Ratner（1993）。

28. Liebal et al.（2011）。

29. Callaghan et al.（2011）。

30. 例如 Canfield（2007）。

31. Smith（2007）。

32. Sugarman（2015）。

33. Piaget（1952, pp. 3-4）。

34. Jopling（1993）。

35. Olds（2002, pp. 40-41）。

What Makes Us Human：How Minds Develop through Social Interactions

ISBN: 9780367537937

© 2021 Taylor & Francis

Authorized translation from English language edition published by Taylor & Francis Group LLC.

All rights reserved.

本书原版由 Taylor & Francis 出版集团出版，并经其授权翻译出版。版权所有，侵权必究。

China Renmin University Press Co, Ltd. is authorized to publish and distribute exclusively the Chinese（Simplified Characters）language edition. This edition is authorized for sale throughout Mainland of China. No part of the publication may be reproduced or distributed by any means, or stored in a database or retrieval system, without the prior written permission of the publisher.

本书中文简体翻译版授权由中国人民大学出版社独家出版并仅限在中国大陆地区销售。

未经出版者书面许可，不得以任何方式复制或发行本书的任何部分。

Copies of this book sold without a Taylor Francis sticker on the cover are unauthorized and illegal.

本书封底贴有 Taylor & Francis 公司防伪标签，无标签者不得销售。

北京阅想时代文化发展有限责任公司为中国人民大学出版社有限公司下属的商业新知事业部，致力于经管类优秀出版物（外版书为主）的策划及出版，主要涉及经济管理、金融、投资理财、心理学、成功励志、生活等出版领域，下设"阅想·商业""阅想·财富""阅想·新知""阅想·心理""阅想·生活"以及"阅想·人文"等多条产品线，致力于为国内商业人士提供涵盖先进、前沿的管理理念和思想的专业类图书和趋势类图书，同时也为满足商业人士的内心诉求，打造一系列提倡心理和生活健康的心理学图书和生活管理类图书。

《思辨与立场：生活中无处不在的批判性思维工具》

- 风靡全美的思维方法、国际公认的批判性思维权威大师的扛鼎之作。
- 带给你对人类思维最深刻的洞察和最佳思考。

《理性思辨：如何在非理性世界里做一个理性思考者》

- 英国畅销哲普大师、畅销书《你以为你以为的就是你以为的吗？》作者朱利安·巴吉尼最新力作。
- 以一种更温和的理性去质疑和思辨，会更有力量，也更有价值。